재난의 대중문화

자연재해 · 역병 · 괴이

일본대중문화총서 06

재난의 대중문화

자연재해 · 역병 · 괴이

고마쓰 가즈히코 엮음
류정훈·이가현 옮김

보고사
BOGOSA

역자 서문

요즘 아시아뿐 아니라 전 세계에서 일반적인 문화, 젊은이 문화, 시대의 문화, 유행 문화라고 한다면 대중문화(pop culture)로 통용된다. 미디어 환경의 변화 탓/덕분이 크다고 할 수 있는데, 그만큼 문화라는 것이 시간적인 세로축보다 공간적인 가로축을 중심으로 공유를 전제로 하는 성격을 띠게 된 것을 의미한다. 또 이는 글로벌화의 현황이자 동시에 코로나19가 가속시킨 측면임을 부정할 수 없다.

본 시리즈는 소비되고 망각되기 바쁜 뉴 미디어를 기반으로 순식간에 전 세계에서 맹위를 떨치는 소비 중심의 대중문화를, 일본이라는 창을 통해 문화사, 재난, 신체, 캐릭터, 전쟁이라는 다섯 테마로 나누어 학술적으로 정리한 것이다. 원서는 인문학 기반 일본 관련 최대 연구 기관인 국제일본문화연구센터(이하, 일문연)가 2016년부터 2021년까지 5년 동안 착수한 대중문화연구 프로젝트의 성과이다. 일본 문화를 국제적이자 통시적으로 고찰하여 대중문화의 큰 흐름을 주도하는 일본의 새로운 상과 문화적 특징을 파악하기 위한 목적에서 기획되어 KADOKAWA가 간행한 다섯 권의 연구서이다. 이를 고려대학교 글로벌일본연구원(이하, 본 연구원)이 팀을 구성하여 번역하였으며 일본대중문화 총서 5~9권으로 간행하게 되었다.

2020년과 2021년, 즉 코로나19가 세계를 강타했던 그 시기에 잇따라

결실을 본 이 시리즈가, 2023년 본 연구팀의 번역 과정을 거쳐 2024년 초두에 한국에 소개된 데에는 몇 가지 중요한 과정이 있었다. 우선, 최근 한 세기 동안 세계에 유래가 없었던 팬데믹을 경유하는 동안 각종 매스 미디어와 소셜 미디어, OTT 등의 발달과 더불어 전 세계가 공유하게 된 대중문화의 유동성을 고려하면, 학술적 성과라고 할지라도 신속한 해석과 소개가 필요하다고 판단했다.

이후 본 연구팀의 번역 문의에 일문연이 전폭적으로 부응하였고, 번역의 가장 큰 난관인 도합 47명에 이르는 각 권의 편저자들 및 대형 출판사 KADOKAWA와의 교섭에 나서 주었다. 그 과정에서 일문연의 교직원들로부터 수고로운 연락과 공지, 번역 및 자료 게재 허가 등 일일이 열거하기 어려운 다대한 행정적 지원을 받게 되었다. 돌이켜보면 일본의 대중문화를 일본 내에서 해명하려는 이 시리즈가 바다를 건너 현재 대중문화의 큰 물결, 그야말로 K-wave를 활발히 만들고 있는 한국에서 한일 연구자들의 관심, 신뢰, 협력을 통해 완역되어 간행된 것이라 하겠다.

일본 대중문화의 폭과 저변이 상당히 넓다는 것은 주지의 사실인데, 본 시리즈는 이를 다섯 테마로 나누어 그 연원을 추적하고 일본적인 문화의 특성을 탐색하고 있다. 일문연 대중문화연구 프로젝트로 기획된 시리즈 다섯 권의 개요는 다음과 같다.

먼저『일본대중문화사』는 만화 원작자로도 유명한 일문연의 오쓰카 에이지 교수가 대중문화연구 프로젝트를 발안하여 착수한 첫 번째 서적으로, 본 연구원의 엄인경 교수와 일본 대중문화를 전공하는 고려대 박사과정 하성호 씨가 공역하였다. 고대로부터 현대에 이르기까지 대중 또한 작자로서 문화를 만들어 왔다는 것이 이 연구의 근간이 되는 입장인데, 이 책은 다종다양한 문화가 지금까지 어떻게 만들어지고 계승되며 갱신되어 왔는지 천착한다. 각 시대마다 존재했던 '장(場)' 혹은 '미디어'와의 연결에 착목하여 장르를 횡단하면서 이를 통사로 읽어 나가는 의욕적인 작업이라 하겠다. 지금까지의 문화사를 쇄신하여 다가올 사회와 문화의 양태를 고찰하는 연구 프로젝트로서, 시간과 영역을 넘나드는 '2차 창작'이라는 행위의 성쇠를 흥미진진하게 그리고 있다.

두 번째 『재난의 대중문화 – 자연재해·역병·괴이』는 일문연 전 소장인 고마쓰 가즈히코 명예교수의 편저로, 고려대 류정훈 연구교수와 가천대 이가현 연구교수가 공역하였다. 고대부터 현대에 이르기까지 대중 또한 창작의 주체였음에 초점을 맞추어 지진, 화재, 역병 등 다양한 집단적 경험을 통해 공포와 슬픔을 극복하기 위해 사람들이 만들어낸 것을 탐색한다. 이처럼 재앙과 구원의 상상력을 힌트로 민중의 심성에 접근하는 본서는 아마비에, 메기 그림 등 사람들은 무엇을 그렸고, 무엇을 바랐는지, 일본의 역사를 되돌아보며 자연재해가 가져온 재앙과 재난에 대해 사람들이 어떻게 대응해 왔는지 살펴본다.

세 번째 『신체의 대중문화 – 그리다·입다·노래하다』에서는 '신체(몸)'가 중심 주제로, 일문연 야스이 마나미 교수와 에르난데스 알바로 연구원이 대표 편저하였고, 본 연구원 정병호 원장과 충남대 이상혁 연구교수가 공역하였다. 신체는 단순히 우리의 몸이라는 의미를 넘어 그 자체가 세계와의 관계 방식이자 욕망이 기입되는 장소이기도 하다. 대중문화라는 미디어에 나타나는 성(性), 두려움, 소망과 욕망을 통해 이 장소로서의 신체를 살펴봄으로써 우리의 몸에 기입되는 세계와의 관계 방식 및 욕망이 어떻게 구성되고 있는지 엿볼 수 있다.

네 번째 『캐릭터의 대중문화 – 전승·예능·세계』는 일문연의 아라

키 히로시 교수와 교토예술대학의 마에카와 시오리 교수, 교토첨단과
학대학의 기바 다카토시 교수가 편저하였고, 본 연구원 김효순 교수와
엄인경 교수가 공역하였다. 본서는 고대부터 현대에 이르는 다양한 문
화 사상(事象)을 '캐릭터'와 '세계'라는 키워드를 중심으로 고찰한 것으
로, 대중문화에 있어 '캐릭터'란 무엇인지를 규정하고, 그것이 미인,
전승세계, 회화 및 예능 분야에서 어떤 양상을 보여 왔는지, 그리고
그것이 현대 대중문화에 어떻게 투영되었는지를 분석하고 있다.

　마지막 다섯 번째 『전시하의 대중문화 – 통제·확장·동아시아』는
일문연 류지엔후이 교수와 이시카와 하지메 연구원이 편저하고, 고려
대 일어일문학과 유재진 교수와 남유민 연구교수가 공역하였다. 본서
는 전시하 '일본 제국' 일대 지역의 대중문화를 다루는데, 문학, 광고,
건축, 만화, 영화, 패션, 스포츠 등의 장르가 일본을 넘어 '외지'에서
전개된 양상을 통해 제국주의 지배의 실태와 의미를 밝히고 있다. 이
를 일본 식민지 대중문화 연구 영역으로 편입하려는 이 책의 시도는
일본 역사와 문화 총체를 파악하여 보다 나은 미래로 나아가기 위한
것이다.

　번역 과정에서는 일본 문학과 문화를 전공으로 한 번역팀 입장에서
내용의 재미와 각성을 크게 얻을 수 있었던 것과는 전혀 별개로 두 가
지 거대한 난관이 있었다. 먼저 내용적으로는 일본 특유의 전통적 대
중문화의 흐름을 다루는 관계상 전근대의 다양한 문화 현상과 인물,
작품이 현대의 수많은 대중문화의 캐릭터 및 작품, 현상 속에서 끝도
없이 등장하는 것을 어떻게 처리해야 할지 고민이 많았다. 하지만 학
술적으로 철저히 추적한다는 원서의 취지를 살려, 가독성에는 다소 방
해가 되지만 역자들의 각주가 많을 수밖에 없었던 것을 미리 말해둔다.

거듭 이야기하지만 이와 별도로 그야말로 종횡무진 자유자재로 신화에서부터 대중문화적 요소를 다루고 연결하는 일본 연구자들 각 저자들에게는 일일이 고개 숙여 경의를 표하고 싶은 만큼 감탄하며 흥미롭게 공부할 수 있는 번역 작업이었다.

　아울러 형식적 측면에서도 난관이 있었는데, 대중문화라는 분야의 특성상 원서에는 독자의 이해를 돕는 이미지가 상당히 많았다는 면이다. 이는 300장이 넘는 방대한 양의 이미지들을 각 이미지 소장처로부터 일일이 사용 허가를 받아야 하는 것을 의미했고, 상당히 지난한 과정이었다. 다행히 일문연이 소장한 그림들에 대해서는 일괄 허가를 받아 수월하게 진행할 수 있었으며, 대부분 개별 저자들로부터 세세한 이미지 사용 허가의 안내를 받을 수 있어서 생각보다는 많은 이미지들을 수록할 수 있었다. 이를 정리하고 도와준 일문연의 사카 지히로 연구원과 학술적 사용임을 감안하여 무료 사용을 허락해 준 수십 곳의 일본 소장처에 깊이 감사한다.

　마지막으로 역자 서문의 자리를 빌려 이 책이 번역 간행되는 데 도움을 주신 분들께 감사의 말씀을 드리는 바이다. 우선 집필자들에게 한국어 번역의 취지를 전달하고 이를 진행할 수 있도록 도움을 주신 일문연의 대표 편자들 고마쓰 가즈히코 전 소장, 야스이 마나미 교수, 아라키 히로시 교수, 류지엔후이 교수, 오쓰카 에이지 교수께 감사드린다. 또한 저작권 과정에서 문제가 없도록 계약서와 법률관계 등을 꼼꼼히 살피고 조정해 준 일문연의 국제연구추진계와 다키이 가즈히로 교수, 출판사 KADOKAWA, 무엇보다 일문연과 본 연구원의 기관 대 기관의 연구 교류 작업으로 본 번역 작업을 추진할 수 있도록 각종 의결 과정에서 큰 힘을 실어주신 이노우에 쇼이치 소장님, 마쓰다 도시히코 부

소장님께도 심심한 감사 인사를 드린다.

　또한 무엇보다 이 총서의 번역 과정을 함께 해 주시면서 방향 제언과 행정적으로 전폭적 지원을 해 주신 본 연구원의 정병호 원장님, 번역 워크숍 진행과 제반 연락에 동분서주했던 이상혁 선생을 비롯한 번역 팀 연구자 동료들에게 박수를 보낸다. 그리고 오랫동안 본 연구원과 호흡을 맞추어 총서 작업을 함께 해 준 보고사의 사장님, 편집장님을 비롯한 편집부 모든 담당자들의 수고에 진심으로 감사드린다. 끝으로, 일본대중문화 총서 작업에 찬동하여 출판비 지원을 결정해 준 공익재단법인 간사이·오사카21세기협회에 마음으로부터 깊은 감사를 전하는 바, 이 출판 지원이 없었더라면 아무리 중요하고 관심 있는 테마일지언정 본 번역서 시리즈 완간에는 감히 도전하기 어려웠을 것이다.

　유행을 따라잡기 바쁜 것과, 어떻게 볼 것인지의 관점을 갖고 넓은 시야로 세상을 보려고 노력한다는 것은 너무도 다른 차원의 의식이자 행위라 할 수 있다. 본 시리즈의 간행이 애니메이션이나 다양한 캐릭터로 대표되는 일본의 대중문화에 대한 이해뿐 아니라, 한일 대중문화의 교류와 이해, 동아시아의 대중문화 교류사 등 보다 거시적인 연구에 학술적 자극이 될 수 있기를 바라 마지않는다.

2024년 1월 초

교토 서쪽 일문연 연구실에서

엄인경 씀

목차

일러두기

1 이 책은 『禍いの大衆文化 —— 天災·疫病·怪異』(KADOKAWA, 2021)의 한국어 번역서이다.

2 일본의 지명 및 인명과 같은 고유명사의 표기는 국립국어원이 제정하고 교육부가 고시한 외래어 표기법에 따랐다. 다만, 이미 한국에서 번역, 유통되고 있는 작품이나 대중문화 콘텐츠는 한국 내에서 소개된 제목의 표기를 따랐다.

3 단행본, 잡지명, 신문명 등은 『 』로, 논문, 기사 등은 「 」로, 강조, 간접 인용은 ' ', 직접 인용이나 ' ' 내의 인용은 " "로, 그 외의 예술 작품 및 대중문화 콘텐츠의 제목이나 행사명은 〈 〉로 표시하였다.

4 원어나 한자가 필요한 경우 ( )로 병기하였으며, ( ) 안에 다시 병기가 필요한 경우는 [ ] 안에 넣었다.

5 본문 중의 각주는 모두 역자들에 의한 것이며, 원저자의 주는 각 장의 뒷부분에 제시하였다.

6 본문 중의 그림은 소장처로부터 역서 사용에 허가를 받은 것으로, 소장처 등을 그림 캡션에 표기하였다.

7 원저자 주는 내용이 있을 경우 우리말로 옮겼으며, 문헌의 서지사항만이 제시된 경우에는 원어 그대로 표기하였다.

역병과 자연재해에 관한
대중문화론 시도

고마쓰 가즈히코(小松和彦)

일본 열도는 재해 열도라는 평을 자주 듣는다. 확실히 일본의 역사를 되돌아보면 매년 어딘가에서 폭우와 지진 등의 피해를 입으며 역병의 유행이 반복되어왔다.

이 책의 주제는 이러한 자연이 초래하는 재해에 대해 사람들이 어떻게 대응해 왔는지를 대중문화에 초점을 맞추어 살펴보는 데 있다.

역병이나 지진 등의 재앙에 휩쓸린 대중의 반응은 말할 것도 없이 공포였고, 그로부터 벗어나기 위한 여러 가지 궁리였고, 분노와 슬픔 등 격앙된 감정의 진정이었다. 그리고 그러한 체험은 대중의 상상력을 크게 자극하여 문학, 회화, 예능 등으로 표현되었고, 또한 방역·방재 강화와 기념물 건설 등으로 이어졌다. 여기서 말하는 재해의 대중문화란 이 모든 것을 가리킨다.

여기서는 '대중'이라는 말을 사용하고 있지만, '민중'이나 '서민', '상민', '인민'으로 대체해도 무방하다고 생각한다. 물론 각각의 용어에는

각각의 정의가 있으며 서로 겹치거나 어긋나는 면도 있다. 그러나 거기서 공통적으로 발견되는 것은 본서에 앞서 통사적 관점으로 편집된 『일본 대중문화사』에서 이야기하고 있듯, '무리(群れ)'로서의 사람들이다. 즉 여기서 말하는 대중문화란 무리가 만들어낸 문화이다. 대중문화를 만든 것도 무리이지만 더 말하자면 그 문화를 누린 것도 이 무리이다.

자세한 것은 앞의 책을 읽으면 되겠으나, 본서의 편자 나름의 '무리'에 대한 이해를 간단히 말해 두고자 한다. 이 무리로서의 작자와 무리로서의 향유자는 협동 공범관계에 있다. 그리고 이 관계를 지탱하는 것은 쾌락, 카타르시스 등 다양한 욕망이다. 이 '욕망'은 직설적으로 표출되는 경우도 있고 무의식 상태로 나타나는 경우도 있지만, 어쨌든 '향유자'의 '욕망'을 충분히 충족시키는 것이 대중문화로 자리 잡은 것이다. 거기에는 예술적이다거나 고급스럽다거나 하는 평가도 포함되어 있기는 하지만, 그보다 우선시된 것은 이 욕망이 무엇인지를 인지하고 그에 부응하도록 만들어진 작품이라는 점이었다.

대중문화를 만들어내는 그룹 중에는 유명한 사람들과 그렇지 않은 사람들이 혼재해 있다. 그러나 그들도 대중문화 소비자로서의 욕망을 이해하고, 그 욕망에 부응하기 위해 자신들의 의견이나 모습을 욕망에 맞추어 표현하는 사람들이었다. 또한 이것이 그들의 삶의 성공 여부에도 영향을 미쳤다.

향유자들의 욕망은 다양했다. 때로는 체제 비판, 성적인 것, 재해, 주변에서 일어나는 사건, 기이하거나 그로테스크한 것에 대한 관심이 욕망의 대상이기도 했다. 이는 가볍게 보일 수 있으며, '흥미로운 것'이나 '저속한 것', '천박한 것' 등의 라벨이 붙을 수도 있다. 하지만 대중의 특성은 그 안에서 찾아야 할 것이다.

대중문화의 창작자와 소비자는 같은 욕망에 지배되고 있으며 동시에 깊게 연결되어 있다. 그 양측을 이어주는 매체는 대량으로 정보(문화 표상)를 전달할 수 있는 매스미디어이다.

이러한 매체는 일본에서는 처음에 목판기술의 발달을 통해 책방이나 에조시(絵双紙),[1] 가와라반(かわら版)[2]의 요미우리(読売)[3]로 나타났다. 이후 근대에 이르러서는 활판이 되어 목소리라는 정보를 전달할 수 있는 라디오나 레코드, 그리고 영상이라는 정보를 담은 영화나 텔레비전이 등장했다.

주목할 점은 이러한 매체의 도움이 있다 하더라도 연극이나 길거리에서 연출되는 예능이 대중문화의 발전과 침투에 가장 큰 역할을 했다는 것이다. 거기에서는 '무리'로서의 '작가'(또는 그 대변자)와 '소비자'가 협력 관계를 이루면서 양측의 욕망에 부합하는 것이 대중문화의 핵심으로 정착했다.

앞서 대중문화의 '욕망'은 다양하다고 언급했다. 어떤 대중문화는 많은 사람들의 욕망을 충족시키지만 어떤 대중문화는 일부 그룹의 욕망만 충족시키는 경우도 있다. 후자를 '서브 컬처'라고 부른다. 대중문

---

1) 에도시대에 세상 돌아가는 일을 한두 장의 그림과 함께 엮은 인쇄물.
2) 에도시대에 천재지변이나 대화재, 정사(情死) 등의 시사성이 높은 뉴스 등을 빠른 시간에 전하기 위해 만들어졌던 정보지. 찰흙에 글씨나 그림 등을 새겨 기와처럼 구운 것을 판으로 하여 인쇄함.
3) 에도시대 일본에서 유행했던 시사성, 속보성이 높은 뉴스를 다룬 인쇄물. 천재지변, 대화재, 동반자살 등으로 대표되는 서민의 관심사가 주요 소재였다. 길거리에서 읽어주면서 팔았다고 해서 요미우리(読売)라고도 한다.

화로서 하나로 묶여 있지만 내부에는 크고 작은 다양한 하위문화가 존재한다는 것을 의미한다. 이는 대중문화 내부의 다양성으로 볼 수도 있다.

무시할 수 없는 것은 지배자나 권력층에 속하는 사람들은 때로는 '무리'의 '욕망'이 체제에 대한 비판으로 향하지 않도록 억압하거나, '무리'의 '욕망'인 대중문화를 이용하여 자신들에게 바람직한 방향으로 유도하기도 한다는 점이다. 즉, 무리의 욕망은 성가신 측면도 함께 갖고 있는 것이다.

이상의 내용을 바탕으로 본서의 특징을 설명해 보겠다.

이 책은 국제일본문화연구센터(일문연)의 기능강화사업의 일환으로 실시된 '대중문화의 통시적-국제적 연구를 통한 새로운 일본상 창출'(대중문화연구 프로젝트)의 성과보고서를 한 권으로 엮은 것이다. 이 프로젝트는 '고대·중세', '근세', '근대', '현대'의 4개 분과를 설치하고, 그 성과를 바탕으로 해를 거듭할수록 다른 분과와의 연계를 강화하고, 거기서 파생된 다양한 주제를 둘러싼 연구와 국제심포지엄 등을 이어왔다. 지금까지의 구체적인 성과는 일문연 홈페이지를 참고하면 된다.

편집자가 담당한 것은 '근세반'으로, 근세를 일본 대중-통속문화의 태동-생성기라고 보고, 거기서 발견한 대중문화의 연장선상에서 근현대의 대중문화를 이해해보자는 의도로 기획되었다.

근세(에도시대) 후반에 이르면 생산력의 발전과 함께 산업도 발달하고, 특히 인구가 100만 명에 달하는 대도시였던 에도에서는 인구의 절반을 차지하는 상인층, 이른바 '무리'로서의 핵심 계층이 성장하고 이들을 상정한 '시장'이 형성되었다.

일반적으로 에도의 대중은 산업화로 인해 생겨난 이러한 계층을 염

두에 두고 논의되지만, 사실 에도의 대중은 크게 '상층', '중층', '하층'
의 세 가지 계층으로 구성되어 있다.

하층에 있는 것은 생활세계라는 영역에 사는 사람들의 '무리' 혹은
'노동자'이다. 에도 시민의 하층에는 대부분 농촌에서 이주해 온, 육체
노동으로 생계를 유지하며 금전적으로 가난한 사람들이 있었다. 이것
은 민속학에서 말하는 '상민(常民)'에 가까운 계층이다. 그들은 생활인
으로서의 문화를 가지고 있으며, 그것은 생활공간-영역 안에서 만들
어지고 향유되는 문화이다. 그 문화는 축제나 노래(민요, 가곡), 놀이 등
이 대표적인데, 그것을 발산하는 자도 향유하는 자도 같은 영역에 사
는 생활인이며, 생활과 표현은 불가분의 관계로 연결되어 있었다. 이
것은 나가야(長屋)⁴⁾ 거주자의 문화라고 할 수 있다.

그런 하층부 위에 산업의 발달로 생겨난 다양한 직업에 종사하는 사
람들로 구성된 중간층이 있었다. 그들은 그에 상응하는 수입을 얻고,
극도로 부유하지도 가난하지도 않으며, 유사시에 대비한 약간의 저축
을 가진, 위로부터의 몰락과 아래로부터의 상승의 흐름이 합류하는 풀
로서의 중간층이었다. 가부키(歌舞伎),⁵⁾ 조루리(浄瑠璃),⁶⁾ 요세게(寄席

---

4) 길쭉한 형태로 지어진 건물의 총칭. 고대로부터 사찰, 관청 안에 있어 승려나 하급
   관리의 주거 공간으로 사용되었다. 내부를 여러 개의 주거공간으로 나누고 각각
   전용 출입구를 가진 것으로, 중세와 근세의 무가 저택이나 상가도 이 형식으로 지어
   졌다. 전자의 경우, 무가 저택의 부지 경계에 도로와 면해 세워져 하급 무사나 중간
   관리자 등의 주거로 사용되었다. 후자의 경우, 대로변에 면한 오모테나가야(表長
   屋)와 노지에 세워진 우라나가야(裏長屋)가 있으며, 대부분 임대주택이었다.
5) 근세 초기에 발달한 일본 고유의 연극 형태. 게이쇼 8년(1603년) 무렵 이즈모타이샤
   (出雲大社)의 무녀 오쿠니(阿国)가 교토에서 염불춤을 공연한 것이 시초로 알려져
   있다. 당시 큰 인기를 끌었으나 풍속을 어지럽힌다는 이유로 금지되었다. 이후 미소
   년 중심의 가부키로 이어지다 모든 역할을 남성이 담당하는 형태로 정착하였다.

芸),[7] 미세모노(見世物),[8] 요미혼(読本),[9] 니시키에(錦絵),[10] 온쿄쿠(音曲)[11] 등 에도의 오락문화, 대중문화는 주로 이러한 중산층에 의해 육성되었다고 해도 과언이 아니다.

에도 대중문화의 상층부에 위치한 것은 상인 중에서도 호상(豪商) 등으로 불리는 부유층이다. 그들은 에도의 마을을 관리하기 위해 공권력의 의도에 따라 다양한 제도를 만들고 자신의 재산을 늘리기 위해 산업을 일으켰는데, 이것이 에도의 상인들 사이에 침투, 정착되어 하나의 문화로 자리 잡았다. 예를 들어 화재예방제도나 유곽, 간다마쓰리(神田祭)[12] 등과 같은 제례, 스모, 의료, 복식, 데라코야(寺小屋),[13] 이세 참배(伊勢参り)[14]와 같은 여행 등이 그것이다. 에도의 대중문화는 하층 문화를 빨아들이고, 상층 문화도 흡수하고 변용하면서 발전해 왔다.

이처럼 에도의 대중문화는 중층화되었고 다양했다. 여기에 앞서 언급한 '무리'의 다양한 '욕망'을 겹쳐보면 대중문화의 특징이 더욱 뚜렷하게 드러나는 것이 아닐까.

---

6) 노(能), 가부키(歌舞伎)와 더불어 일본 3대 전통극의 하나로 근세초에 성립된 서민을 위한 인형극이다. 분라쿠(文楽)라고도 불린다.
7) 서민들 대상의 예능 공연을 위해 마련된 장소인 요세에서 이루어지는 대중예능.
8) 요금을 받고 각종 신기한 물건과 기술을 보여주는 공연.
9) 에도시대 중후기에 유행한 소설 형태.
10) 에도시대에 확립한 우키요에 판화의 최종 형태.
11) 근대 이전의 음악, 또는 음악을 이용한 예능을 총칭하는 말.
12) 매년 5월 15일에 가장 가까운 주말, 도쿄 간다묘진신사를 중심으로 열리는 민속축제. 오사카의 덴진 마쓰리(天神祭), 교토의 기온 마쓰리(祇園祭)와 함께 일본의 3대 마쓰리로 꼽힌다.
13) 에도시대 미성년자에 대한 민중교육기관.
14) 이세신궁(伊勢神宮)에 대한 신앙을 바탕으로 한 참배 방식.

근세 분과에서는 다양한 대중문화가 다루어졌지만, 특히 괴이-요괴 문화 관련 발표가 많았다. 그러나 이 책에서는 주어진 지면이 한정되어 있고, 또 신종 코로나라는 감염병이 전 세계적으로 확산되고 있는 상황도 있어 주제를 좀 더 좁혀 서두에서 언급했듯이 근세를 중심으로 지진이나 역병 등 자연이 가져오는 '재난'에 초점을 맞추고, 그로 인해 생겨난 대중문화와 관련된 논의를 정리하기로 했다.

태풍 등으로 인한 폭우-폭풍은 현재 과학기술의 발달로 상당히 정확하게 예측할 수 있게 되었지만, 그 내습을 막을 수 있는 수단을 찾지 못했고, 지구 환경의 변화에 따라 그 규모가 점점 커진 탓에 해마다 각지에서 큰 피해를 입고 있다.

지진에 관해서는 예견조차도 불가능한 상태이며, 예나 지금이나 갑작스럽게 닥친 대지진이나 대지진이 가져오는 피해에 어떻게 대처할 것인가가 핵심이다.

역병에 관해서는 근대 이전과 이후의 사정이 크게 다르다. 근대 이전에는 증상에 따라 한약이 해열 등에 약간의 효과를 보였지만, 백신과 같은 예방약이나 치료약도 거의 없는 것과 다름없는 상태였다. 근대 이후에는 예방약과 치료약이 속속 개발되어 전염병에 대한 적절한 대처가 가능해졌지만, 이번 신종 코로나바이러스 감염증처럼 예방을 위한 백신도 치료약도 개발되지 않은 상황에 직면하기도 했다.

사람들을 괴롭히는 천재지변이나 전염병의 유행에 직면했을 때, 어떻게 대처하고 이를 어떻게 표상해 왔는가? 또한 이를 통해 당시 사람들이 어떤 대중문화적 환경에 놓여 있었는가 하는 의문을 품고, 이 책에서는 다양한 자료를 통해 앞서 말한 대중문화의 특징을 풀어내고자 했다.

전체 구성을 보면, 코로나 사태도 있고 해서 역병에 관한 것이 큰 비중을 차지하게 되었다.

아래에서는 각 장에 대한 편집자의 소감과 의견을 역병과 천재지변으로 나누어 서술하고자 한다.

제1장(후쿠하라 도시오)은 막부 말기의 역병과 요괴라고 할 수 있는 '악신'에 대한 사람들의 대응을 폭넓게 다루면서 당시의 역병관, 특히 민간신앙적 측면을 조명하고 있다.

다루고 있는 것은 '아마비에(アマビエ)', '아마비코(アマビコ)', '히메우오(姫魚)', '하쿠산의 쌍두까마귀(白山の双頭鳥)' 등의 '예언의 짐승' 또는 그 동료라고 할 수 있는 '간다묘진의 사자 동자(神田明神の使いの童子)', 콜레라가 유행했을 때 에도를 비롯한 인근 농촌 등에서 유행했던 빙의물의 일종인 '오사키 여우(オサキ狐)' 등 다양하다.

특히 흥미로운 것은, 지카마쓰 몬자에몬(近松門左衛門)이나 가쓰시카 호쿠사이(葛飾北斎) 등의 작품에도 등장하는 스사노오(牛頭天王)의 신이 역병을 일으키는 악귀를 제압하고는 다시는 나쁜 짓을 하지 않겠다고 맹세하게 하는 '역귀의 사죄증서(疫鬼の詫び証文)'로, 이는 민간에서 볼 수 있는 '갓파의 사죄증서(河童の詫び証文)'나 메기 그림 취향의 하나이기도 한 '지진 메기의 사죄증서(地震鯰の詫び証文)'와도 관련되어 있다.

특이한 것은 '오타후쿠감기(おたふく風邪)'(유행성 이하선염)가 유행할 때 행해진 '오타후쿠(おたふく)보내기'이다. 잘 알려진 바와 같이 이 역병에 걸리면 얼굴 아래쪽이 부풀어 오르는데, 그것이 교겐(狂言) 등에 등장하는 '오타후쿠(おたふく)'를 닮았다고 해서 붙여진 병명인데, 이

병이 유행할 때 이 병을 쫓아내기 위해 이 가면을 쓰고 '오타후쿠 보내기'를 했다. 히로시마현(広島県) 미요시시(三次市)의 '일본 요괴박물관(미요시 모노노케 뮤지엄)'이 소장하고 있는『인면 조시(人面草紙)』가 관람객들의 인기를 끌고 있는데, 후쿠라는 거기에 그려진 아랫배가 불룩하고 귀여운 캐릭터가 이 '오타후쿠'에서 유래한 것일 것이라고 지적하고 있다.

제2장(가가와 마사노부)은 에도의 천연두 유행을 다루며, 당시 사람들이 이 천연두에 어떻게 대응했는지를 상세히 고찰하고 있다. 에도시대, 특히 산업이 발달한 에도시대 후반의 대중문화의 특징 중 하나는 '놀이(遊興)'에 대한 성향이 전면에 등장했다는 것이다. 금전적으로 어느 정도 여유가 있는 상인들은 가부키, 조루리, 미세모노 등의 가판대가 즐비한 장터에 나가 인기 가부키 배우 등의 그림을 구입하고, 샤레본(洒落本), 골계본(滑稽本), 기뵤시(黄表紙), 고칸(合巻), 요미혼, 닌조본(人情本) 등의 작품을 즐겨 읽으며 화제로 삼았다. 이러한 사람들의 놀이 취향은 '천연두'에 대한 대응에서도 나타났다.

'천연두'는 예로부터 '완두창(豌豆瘡)'이나 '상창(裳瘡)'이라 불렸는데, 그 첫 기록은『속일본기(續日本紀)』에 나오는 '텐표(天平)의 역병 대유행'으로, 이 유행으로 헤이조쿄(平城京)에서는 정권을 쥐고 있던 후지와라(藤原) 형제 넷이 연달아 죽고 고위 귀족들도 사망해 정권이 대혼란에 빠졌다고 한다. 이후에도 유행이 반복되면서 결국 누구나 한 번쯤은 걸리는 병으로 여겨지게 되었다. 많은 사람들이 어린 시절에 걸려서 어떤 사람은 목숨을 잃었지만, 어떤 사람은 면역력을 획득해 이후 삶을 살아갈 수 있었기 때문에 에도시대에는 천연두에 걸리는 것이 통과의례처럼 여겨졌다고 한다.

가가와는 특히 다음과 같은 점에 주목한다. 하나는 당시 사람들은 무서운 천연두를 유행시키는 것은 '악신'인 '천연두신(疱瘡神)'이며, 이를 '제사'지냄으로써 천연두의 증상을 완화하고 죽음을 면할 수 있다고 생각하여 '천연두신 마쓰리(疱瘡神祭り)'를 지냈다는 점, 그리고 그러한 의례에서 붉은 종이, 붉은색 인형, 팥밥 등 붉은색이 사용되었다는 점이다.

또 하나는 '놀이'라는 측면이 있다는 것이다. '천연두 그림'이라 불리는 금화 등에 그려진 천연두에 걸린 아이는 다양한 장난감에 둘러싸여 있다. 그것들은 집사람이나 친척, 지인들이 사준 것으로, 천연두를 가볍게 하기 위해서는 '놀면서' 치료하는 것이 좋다는 관념이 퍼져있었다고 한다. 악신을 생활영역에서 쫓아내거나 제사를 지내는 것은 천연두신 특유의 특징은 아니지만, 장난감을 주어 병에 걸린 아이를 놀게 함으로써 병을 가볍게 하려는 것은 천연두신에게 두드러진 특징이라고 한다. 코로나 재난 속에서 에도의 가와라반에 그려진 '아마비에'에 주목한 '아마비에 챌린지'에 참여한 사람들의 마음도 사실은 이러한 '놀이', '산만함'과 통하는 것이 아닌가 하는 지적은 매우 흥미롭다.

제4장(다카하시 사토시)에서는 1858년 콜레라 대유행으로 우왕좌왕하는 사람들의 모습이 현지의 사료를 통해 밝혀지고 있다. 에도시대 말기가 되면 거듭되는 천재지변과 기근으로 쌀값이 폭등하고 전국 각지에서 농민 봉기나 농민 반란이 발생하여 더 이상 기존의 정치로는 대처할 수 없게 되었다. 대외적으로도 서양과의 접촉이 점차 늘어나기 시작했고, 막부는 마침내 미일수호통상조약을 체결하며 개국에 박차를 가했다. 그런 와중에 개국을 알게 된 국가들이 수교와 무역을 위해 속속들이 일본을 찾아왔고, 그 선원들이 가져온 것으로 추정되는 '코로리

(コロリ)'(콜레라)가 퍼지기 시작해 마침내 에도까지 번져나갔다.

다카하시는 당시 콜레라 소동과 그 전후의 세태에 대해 스루가국 후지군(駿河国富士郡)의 오미야(大宮)라는 마을에서 양조업을 하는 호상(豪商)의 9대째 당주인 요코세키 야헤이(橫関弥兵衛)가 남긴 『소데일기(袖日記)』를 단서로, 시시각각 다가오는 콜레라에 대한 두려움에 떨고 제사나 의약 등 다양한 지식을 동원해 이를 막으려는 사람들의 움직임을 다큐멘터리 형식으로 그려냈다.

이 사료를 통해 엿볼 수 있는 콜레라에 대처하는 방법은 회향(廻り題目), 오만다라(オマンダラ), 대일여래(大日如来)의 개장(開帳)과 같은 불교적 방법과 도조신제(道祖神祭り), 밤낮으로 총을 쏴대거나, 정월 대보름에 액운을 쫓는 의례와 같은 민속적 방법 등 온갖 신앙적 실천이 이루어지고 있었다. 다카하시가 특히 상세히 고찰한 것은 그래도 안 된다고 생각한 사람들이 고민 끝에 뛰어든 '미국 여우'의 풍설이다. 당시 에도를 포함한 관동(関東)과 도카이(東海) 지방에서는 어디서 흘러나왔는지는 알 수 없지만, 콜레라를 퍼뜨리는 것은 미국(페리 일행)이 가져온 '여우'(지역에 따라 '구다 여우(下狐)'나 '오사키 여우(おさき狐)')라고 하는 풍설이 돌고 있었다. 사람들은 이 '여우'가 빙의하는 것을 봉인하는 영험이 있다고 알려진 미쓰미네 신사(三峯神社)의 권속인 '오이누사마(お犬様)'에게 의지하려고 했다. 이를 위해 분주히 움직이는 사람들의 모습은 대단했다.

이 사례는 사람들의 콜레라에 대한 공포를 잘 보여주고 있을 뿐만 아니라, 평시의 민간 신앙적 행사가 비일상적인 역병 확산에 어떻게 활용되는지를 여실히 보여주는 동시에, 외국선박의 입항과 개항이라는 큰 사건과 관련된 풍설에 휘둘리는 당시 사람들의 심성을 잘 보여주고 있다고 할 수 있다.

　제5장(다카오카 히로유키)은 위의 장에서도 언급된 '역병 보내기'에 초점을 맞춘 것으로, 고찰의 소재를 가미가타 라쿠고의 '감기의 신 보내기(風の神送り)'에서 찾았다는 점이 특징적이다. 이 만담은 나쁜 감기(독감)가 유행하고 있기 때문에 마을에서 '감기의 신 보내기' 의식을 하기로 하고, 감기의 신을 위한 간단한 제단을 만들고 거기에 감기의 신을 형상화한 인형을 세우고 제물을 바쳐 감기의 신이 물러가기를 기원하고, 징과 북, 샤미센 등으로 흥을 돋우면서 이 인형을 들고 강에 버리러 간다는 이야기이다.

　다카오카는 이 라쿠고가 에도시대의 창작이라고 생각하며, 『미미부쿠로』에 보이는 '감기의 신으로 만든 히닌(非人)을 다리 위에서 갑자기 떨어뜨려 껄껄 웃다가 자기 집으로 돌아갔다'는 묘사 등에서 그 배후에 감기의 신 '인형'을 대신해 감기의 신으로 만들어진 '사람'이 있었다는 것을 훌륭하게 풀어내고 있다.

　에도나 오사카의 거리에는 매일 먹을 것조차 부족한 하층민 중에서도 '최하층'에 속하는 종교인이나 예능인들이 있었다. 그들은 길거리에서 눈길을 끄는 간단한 기도와 예능을 선보이고, 또 마을 사람들의 '액'을 쫓아주거나 대신해 주는 것으로 일상의 생계를 이어가는 사람들이었으며, 이를 위해 감기의 신과 같은 악신의 역할을 실제로 연기하는 경우도 있었다.

　다카오카도 지적하듯, 놓치지 말아야 할 것은 감기의 신으로 분장한 자를 다리에서 떨어뜨리고, 의식을 집행하는 사람들이 웃고 있는 모습이다. '감기의 신 보내기'는 역병을 보낸다는 신앙적 측면뿐만 아니라 '놀이'의 측면도 가지고 있었던 것이다. 참으로 끔찍한 일이지만, 에도의 대중문화의 복잡한 측면을 알려주는 사례일 것이다.

제7장(요코야마 야스코)은 『한시치 체포록(半七捕物帳)』으로 유명한 메이지부터 쇼와시대를 살았던 대중문학가 오카모토 기도의 '일기'를 단서로, 병약했던 기도의 눈에 비친 서민의 역병관을 파헤치려 한다. 요코야마는 다음과 같이 지적한다. "기도의 읽을거리(読み物)가 그려내는 것은 인간이 용감하게 질병에 맞서는 숭고한 자세가 아니다. 오히려 병에 겁먹은 인간의 현실적이고 생생한 모습을 그려내고 있다. 그는 대중문학 작가였고, 오락으로서의 작품을 썼다. 오락 작품이기 때문에 재미를 위해 읽히는 것은 당연하지만, 독자들은 작품을 통해 과거시대 사람들이 질병을 어떻게 경험했는지를 알 수 있다."

기도는 물론 서양에서 도입된 근대 의학으로 예방과 치료가 가능하다는 것을 알고 있었고, 역병이 유행하면 가장 먼저 예방접종도 받았다. 그러나 그가 관심을 기울인 것은 여전히 전근대적이고 미신적인 역병관을 가지고 있던 서민들의 역병 대응이었다. 기도는 많은 자료를 참고하면서, 예를 들어 『한시치 체포록』의 「가무로 뱀(かむろ蛇)」과 「아마자케 장수(あま酒売)」, 메이지의 콜레라 유행을 다룬 「노란 종이(黃い紙)」 등과 같이, 에도와 메이지시대 서민의 역병에 대한 공포를 괴담식으로 작품에 담았으며, 거기에는 기도 자신이 역병에 시달리거나 근친자가 역병으로 사망한 고통의 경험도 겹쳐져 있었다. 우리는 세부적인 차이는 있지만, 신종 코로나로 인해 순식간에 목숨을 잃는 것과 크게 다르지 않은 상황을 기도의 일기와 작품 속에서 발견할 수 있지 않을까.

제8장(고자이 도요코)은 '위생'을 주제로 한 '그림 스고로쿠(絵双六)' '위생 스고로쿠(衛生双六)'의 분석을 통해 메이지시대 위정자의 역병에 대한 관념을 탐색하고자 한 것이다. 오카모토 기도의 관심이 오락으로

서의 대중문학 작품을 통해 서민의 전근대적 역병관을 향했다면, 고자
이의 관점은 메이지 정부가 근대적 국가를 만들어가는 과정에서 '역병'
을 둘러싼 제반 관념과 관행도 그 통제 하에 두려고 했다는 점에 주목
한다. 이를 위한 수단으로 당시 대중적인 '놀이'로 인기를 끌었던 '그림
스고로쿠(絵双六)' ── 그림 스고로쿠에는 '정토 스고로쿠(浄土双六)'
나 '여행 스고로쿠(道中双六)', '출세 스고로쿠(出世双六)', '요괴 스고로
쿠(妖怪双六)' 등이 있었다 ── 를 이용한 것이다.

　일본의 역병관은 서양의학의 도입으로 막부 말기부터 메이지시대까
지 역병을 악신, 역귀 등 외부세계의 누군가의 신체 침입과 침해로 보
는 사고방식에서 물리적인 병원균이 일정한 메커니즘에 의해 질병에
감염시킨다는 사고방식으로 크게 변화했다. 그 결과 전자는 '미신'으로
치부되고, 후자는 '올바른' 지식으로 널리 보급될 것으로 기대되었다.
'위생 스고로쿠'는 이러한 역병관, 의료관이 스고로쿠 위에 펼쳐져 있
는 것이다. 즉, '출발'에서 주사위를 굴려 여러 번 '질병'을 경험하면서
'도착'에 이르는데, 그 과정에서 '전염 병원'에 가서 치료를 받느냐, '판
매약'에 의지하느냐, 아니면 '미신'에 의지하느냐에 따라 운명이 갈리
게 된다. 물론 '미신'에 빠지면 '죽음'이 기다리고 있고, '병원'이나 '판
매약'을 청하면 '건강·장수'의 '도착'에 도달할 수 있다.

　대중문화를 생각할 때, 그 찬반을 따지기 전에 위정자들의 이러한
공작, 즉 대중문화의 이용이라는 측면도 충분히 염두에 두고 분석할
필요가 있을 것이다.

　이상이 역병에 관한 장이며, 천재지변에 관해서는 다음 세 편의 장
이 수록되어 있다.

　제3장(고마쓰 가즈히코)은 1855년 에도 대지진 직후에 대량으로 유통

된 '나마즈에(鯰絵)'라고 불리는 메기 그림이 만들어진 배경과 거기에
표현된 다양한 '취향(趣向)'(테마)을 통해 당시 에도 시민들이 향유하고
있던 대중문화를 들여다보려 한 것이다. '나마즈에'라는 호칭은 많은
그림에 지진을 일으킨 것으로 알려진 큰 메기, 즉 의인화된 메기가 그
려져 있는 데서 유래한다.

　지진으로 고통받고 있음에도 불구하고, 사람들은 왜 메기 그림을 구
입한 것일까? 이 장에서는 그 이유로 지진의 참상과 피해자의 생활상
을 전하는 역할을 했다는 점, 여진에 겁먹은 사람들의 마음을 진정시
키는 '부적'의 기능을 가지고 있었다는 점, 그리고 조금 진정된 이후에
다시 복구를 해나가는 세상의 모습이 그려져 있었다는 점 등을 들었다.

　하지만 그보다 더 흥미로운 것은 다양한 그림들을 나열해 보면 당시
에도의 대중(상인층) 내부의 계층과 당시 유행하던 대중문화가 드러난
다는 점이다. 지진으로 일자리를 잃어 어려움을 겪는 사람들, 부흥 경
기의 혜택을 받는 사람들, '보시'를 강요당하는 부유층 사람들이 때로
는 비판적으로, 때로는 호의적으로 그려져 있는 것이다. 더 나아가 그
러한 그림과 사서에는 당시 세상 돌아가는 모습과 다양한 유행이 '취
향'으로 선택되어 있다. 메기 그림은 어떤 의미에서 당시의 대중문화를
반영하는 거울이 되기도 한다. 이러한 메기 그림에는 '에도인의 기질'
이라고도 할 수 있는 유머와 풍자가 가득했다.

　제6장(사이토 준)은 폭우, 홍수 등으로 생긴 '구멍'을 둘러싸고 각지의
유사한 전승을 조사하면서 고찰한 것이다. 고대로부터 홍수는 '오로치
(大蛇)'에 의해 발생한다는, 즉 산속의 연못이나 늪에서 오로치가 바다
로 빠져나올 때 홍수가 발생한다는 신앙적 관념이 있었다. 이는 나가
노현이나 시즈오카현 등에서는 홍수나 절벽 붕괴를 '자누케(蛇抜け)'나

'자쿠즈레(蛇崩れ)'로 불렸던 것에서도 알 수 있다.

사이토가 주목하는 것은 이러한 오로치가 일으킨다는 홍수 전승을 계승하면서도 어떤 의미에서 왜소화된 전승, 규모가 작아진 전승, 즉 '호라누케(法螺抜け)'이다. 이 '호라누케'는 다소 기이한 전승이다. 어쨌든 폭우가 내린 후 절벽 등에 큰 구멍이 생겼을 때, 그 구멍은 묻혀있던 호라가이(法螺貝)가 밖으로 빠져나온 흔적이라는 것이다.

도쿄에도 '호라누케'에 대한 이야기가 있는데, 사이토는 1871년에 도쿄의 도칸야마(道灌山)산에 호라누케가 있었다는 가와라반(瓦版)을 소개한 바 있다. 이에 따르면, 땅속의 호라가이 속에 있던 용뱀 같은 생물이 껍질을 뚫고 승천하여 검은 구름 속에서 몸을 휘젓고 있는 모습이 그려져 있다고 한다. 또한 '호라누케'의 모습을 그린 그림으로 소개된 『에혼햐쿠모노가타리(絵本百物語)』의 「슛세호라(出世ほら)」는 요괴 연구자들에게는 잘 알려진 그림이다. 아마도 이 전승은 '지진 메기(地震鯰)'와도 통하는 부분이 있을 것이다.

제9장(가와무라 기요시)에서는 동일본 대지진의 기념물(기념비)에 대해 논한다. 기념물은 시간이 어떻게든 가져다 줄 망각에 대항하여 사건과 인물의 이름을 계속 기억하고자 하는 시도이다. 가와무라는 게센누마 시내에 설치된 기념물을 조사하고, 거기서 '제도화나 전체화에 정면으로 저항하는 것이 아니라, 공적인 권력적 배치가 가져온 제도와 환경도 수용하면서 개별적인 실천과 기억을 담보할 수 있는 기념물의 가능성'을 찾아내고자 한다.

여기서 가와무라가 고찰하면서 떠올리는 것은 대조적인 두 개의 지진 기념물일 것이다. 하나는 전전(戰前)의 지진 기념비, 즉 1923년 간토 대지진의 희생자를 모아 안치한 민관 협력으로 건설된 '진재 기념당(震

災記念堂)'(현재의 '도쿄도 위령당[東京都慰靈堂]')이고, 다른 하나는 전후
(戰後)의 지진 기념물, 즉 1995년 피해 지역 곳곳에 사람들의 뜻에 따라
세워진 한신·아와지 대지진 기념비이다.

전자의 기념물은 희생자의 '진혼', '위령'의 측면이 강조되었고, 또한
공권력이 깊숙이 개입되어 있었다. 간토 대지진의 기념물은 '진재 기념
당'만이 존재하고 있다. 반면 한신·아와지 대지진 이후에 세워진 기념
물에는 '전체화'를 이야기할 수 있는, 즉 '진재 기념당'과 같은 대규모
의 공설 기념관은 존재하지 않는다. 그것은 소규모 기념물의 군락이라
고 할 수 있으며, 기념물의 성격도 희생자를 염두에 둔 '위령비'가 있는
가 하면, 지진을 잊지 않기 위한 '기념'의 측면이 강조된 것도 있었다.
가와무라도 참고하고 있는『진재 기념물 순례(震災モニュメントめぐり)』
(편저, 매일신문 지진 취재반)에는 120곳의 다양한 기념물이 사진과 함께
소개되어 있다.

가와무라는 게센누마시의 여러 지역에 세워진 기념물을 조사하여
그 다양성에서 한신·아와지 대지진 후의 기념물과의 유사성을 발견하
고, 또한 철거된 '제18 교토쿠마루'에 바쳐진 제단·제물의 '혼돈의 상
태' 속에서 위령과 기억을 바라는 '무리'로서의 사람들의 다양성, 다중
성까지 엿보려고 하는 것 같다.

마지막으로 이토 신고의 연구노트 '화재·희문·인명(火事·戲文·人
名)'에 대해서도 언급해 두자. '화재와 싸움은 에도의 꽃(火事と喧嘩は江
戶の華)'이라는 표현이 있듯이, 에도는 화재가 자주 발생하는 '화재 도
시'이기도 했다. 이 때문에 화재를 둘러싼 대중문화도 많이 만들어졌는
데, 여기서 다루고 있는 것은 화재 이후 유행한 풍자, 평론, 이야기의
일종인『가나데혼 쇼신구라(火難出本燒進藏)』이다. 이는 1829년에 실

제로 간다사쿠마초(神田佐久間町) 강변에서 발생한 화재를 빗대어 제
목에서도 알 수 있듯이 『가나데혼 주신구라(仮名手本忠臣蔵)』를 패러
디한 작품으로, 당시 화재의 모습을 기술하고 있다.

　이토는 이 두 작품을 자세히 비교하여 중세부터 이어져 온 "의인화
작풍을 계승한 이야기 형식의 언어유희"라고 판단한 뒤 "화재는 문예
창작의 의욕을 불러일으키는 것이지만, 발표의 장이 없는 서민들은 낙
서 형태로 많이 남겼다. 그것들은 후세에 거의 남지 않고 사라졌다.
본 작품이 간신히 전승된 한 편이다"라고 결론을 내리고 있다.

　오늘날과 마찬가지로 에도에는 화재뿐만 아니라 많은 사건과 관련
해 사람들의 창작의욕이 낙서 같은 형태로 남겨졌다. 세상에 나오지
못한 수많은 작가 지망생들의 '무리'가 존재한 것이다. 그들도 대중문
화의 한 축을 담당하고 있었지만, 오락을 즐기는 많은 사람들의 '욕망'
을 충족시킬 만큼의 역량이 없었다는 말이기도 하다.

　이 책은 대중문화란 무엇인가, 대중이란 누구인가, 그 특징은 어디
에 있는가, 거기서 지금까지와는 다른 일본상을 발견할 수 있지 않을
까라는 질문을 염두에 두면서 구체적인 소재와 취향을 단서로 삼아 이
러한 문제를 풀어나가려고 시도한 것으로, 일본 대중문화의 태동·생
성기인 근세, 그것도 에도라는 도시를 중심으로 논하고 있지만, 이를
에도에 국한하지 않고 그 배경이 되는 민속적 세계와 근세 이후도 범위
에 포함시킴으로써 보다 깊이 있는 고찰의 필요성도 고려했다. 그러나
이 책에 수록된 논고는 고작 열 편에 불과하다. 매우 옳은 질문에 대한
충분한 대답이 되지 못하고 있다. 그러나 이 논고들은 서로 연관되어
있으며, 그것들을 연결해 보면 재난을 둘러싼 당시 대중문화의 양상과

그것을 생산하고 향유하는 대중의 숨결이 전해질 것이다.

이 일본대중문화연구총서 시리즈는 앞으로도 각각 테마를 설정한 세 권의 책이 더 출간될 예정이다. 그 속에 이 책을 위치시킴으로써 일본 대중문화의 양상을 더욱 분명하게 드러낼 수 있을 것이다.

제1장

역병과 괴이, 요괴

막부 말기 에도를 중심으로

후쿠하라 도시오(福原敏男)

들어가며

근대 서양의학의 보급 이전 원인불명에 치료법도 없는 역병(감염병)은 초자연적 재앙, 악령이나 귀신의 소행으로 여겨졌다. 예컨대 포창(천연두)은 그 증상보다도 여우에 홀렸다는 등의 두려움을 불러왔다.

섬나라 일본에서 역병이란 기본적으로 외딴 나라에서 오는 것이고, 729년~749년 덴표(天平) 연간에 크게 유행한 역병은 선진문명의 지식을 찾아 당나라나 신라에 파견된 사절들이 역병까지 가져왔다는 설이 있다.[*1]

서구 국가들과의 교류를 본격적으로 시작하고 있던 19세기 중엽, 특히 도시 서민들의 삶은 밀집된 거주 환경과 외출 시의 감염으로 여러 차례 역병의 위협을 받고 있었다.

에도의 경우에는 서양식 의료도 시작되었기에 역병을 초자연적 존

재의 매개로 믿고 있었던 사람들이 많지는 않았다고 한다.[*2]

한편, 일부에서는 주술적인 풍문도 퍼지고 있었다. 에도의 지역 유지이자 학자인 사이토 겟신(斎藤月岑)[1]은 『부코 연표(武江年表)』에서 다음과 같은 이야기를 전하고 있다.[*3]

1867년 1월 중순에 오지무라(王子村, 현재의 기타구(北区)) 근처에 사는 여인이 아이를 천연두로 잃은 뒤 애착이 너무 심해져 아이의 시체를 먹고는 귀녀(鬼女)가 되어 에도 주변뿐 아니라 시중을 배회하며 밤마다 아이를 잡아먹는다는 항간의 소문이 돌았다. 이미 1858년 이래 오타마가이케 종두소(お玉が池種痘所)[2]에서 우두접종(牛痘接種)을 시작했으므로 근거 없는 소문이라고 겟신은 잘라 말하지만 서민들의 뿌리 깊은 공포심은 사라지지 않았다.

유신 직전의 에도에도 이러한 주술적 풍문이 뿌리 깊게 남아 있었던 것이다. 본 장에서는 막부 말기의 에도를 중심으로 역병에 얽힌 요괴와 괴이에 대해 고찰한다.

---

1) 사이토 겟신(斎藤月岑, 1804~1878). 에도 후기, 메이지시대의 국학자. 조부와 부친이 만든 『에도명소도회(江戸名所図会)』를 간행했다. 편저로 『동도세시기(東都歳事記)』, 『무코연표(武江年表)』 등이 있다.

2) 오타마가이케 종두소는 천연두 예방의 획기적인 방법으로 난학자들을 통해 도입된 '종두'를 조직적으로 실시하기 위한 시설로 에도에서 최초로 개설된 곳이다. 난학의사와 한의사의 대립이 심했던 당시에는 개설에 많은 어려움이 있었지만 100여 명 이상의 난학 의사들의 막부에 대한 설득으로 민간 시설로 개설할 수 있었다.

1. 역귀의 약속어음과 콜레라 요괴

지카마쓰의 닌교조루리와 호쿠사이의 에마

퇴치된 악당이 '다시는 나쁜 짓 하지 않을 테니 목숨만 살려달라'고 용서를 구하는 것은 동서고금의 현실 세계에 존재했다. 이를 문학적으로 역신의 약속어음에 빗댄 사례에 대해 검토한다.

1718년, 지카마쓰 몬자에몬(近松門左衛門[3])의 『일본 후리소데하지메(日本振袖始)』가 오사카 다케모토좌(竹本座)에서 초연되었다. 일본 신화를 모티브로 한 이 작품에는 다음과 같은 역신의 어음 이야기가 나온다.[*4]

미노국 빈산(美濃国殯山, 기후현 미노시(岐阜県美濃市))에는 역신의 대장인 미쿠마노(三熊野)와 그 부하들이 있어 사람들을 역병으로 괴롭히고 있었기 때문에, 무용이 뛰어난 스사노오(須佐之男)에게 역신 퇴치의 칙명이 내려졌다. 일찍이 아마테라스오미카미(天照大神)가 아시하라노쿠니(葦原国)[4]를 평정했을 때, 여러 악귀·악신으로부터 일본에 원수를 갚지 않겠다는 맹세의 어음을 받았는데 미쿠마노의 이름은 빠져있었던 것이다.

빈산 전투에서 스사노오는 사백넷의 부하와 함께 미쿠마노를 물리

---

3) 지카마쓰 몬자에몬(近松門左衛門, 1653~1725). 에도 중기의 조루리, 가부키 작가. 대표작 『고쿠센야카센(国性爺合戰)』, 『소네자키신주(曽根崎心中)』, 『신주텐노아미지마(心中天の網島)』 등이 있다.

4) 신화에 근거한 일본 국토의 명칭으로, 갈대가 무성하게 자라는 원이라는 뜻이다. 천상계의 '다카마가하라(高天原)', 지하의 '요미노쿠니(黃泉国)'에 대한 중앙의 세계 즉, 인간계를 뜻한다.

〈그림 1〉 손도장을 찍는 사바에나스아시키카미
(「혼조 후리소데노하지메 스사노오노미코토 요괴 항복의 그림(本朝振袖
之始素戔烏尊妖怪降伏之図)」국제일본문화연구센터 소장)

쳤고, 미쿠마노는 아시하라노쿠니에 절대 보복하지 않겠다고 맹세했
다. 미쿠마노는 약속어음을 요구받자 목숨을 건질 어음이라면 천장이
라도 문제없다며 기뻐했다. 부하 역귀들이 약속어음에 마지막으로 도

장을 찍자 미쿠마노가 팔을 좌우로 펼쳤고 아시하라노쿠니에 사는 이들은 모두 병 없이 재난을 피해 오래 살 것이라는 소리만 남긴 채 역귀들은 모두 사라졌다.

스사노오가 모든 병력을 이끌고 도읍으로 개선하는 길에 적대세력이 일행을 막고는 금줄을 건네는 장면이 있다. 역신과의 전쟁에서 더러워진 일행을 안으로 들어오지 못하게 하는 주술적 봉쇄(지역의 경계에 금줄을 둘러 액을 물리치는 민속적 행사)에서 나온 발상일 것이다.

지카마쓰의 모티브를 후세에 그림으로 그린 것이 에도가와 홋키(江戸川北輝)의 「혼조 후리소데노하지메 스사노오노미코토 요괴 항복의 그림(本朝振袖之始素戔烏尊 妖怪降伏之図)」[5](〈그림 1〉)이다. 스사노오가 이끄는 신들의 군세에 항복한 요괴들을 그린 것인데 거울에 비쳐진 사바에나스아시키카미(蝿声邪神)가 어음을 찍는 장면이 있다.

다음으로 가쓰시카 호쿠사이(葛飾北斎)가 그린 역귀의 약속어음에 대해 검토하겠다. 역병을 하등한 역귀로(〈그림 2〉가 복원의 전도) 구상화해 다시는 유행하지 않도록 약속어음을 찍게 하고 길들이려는 에도 사람들의 상상력에 대해 생각해보자.

무사시국(武蔵国) 이시하라초(石原町)의 사람들은 1845년, 우두천왕(牛頭天王) 스사노오를 모시는 우시지마(牛嶋) 신사의 개장에 즈음해 호쿠사이에게 의뢰해 길이 3미터에 가까운 큰 에마(絵馬)[5]를 봉납했다.

---

5) 신사나 사찰에 기원을 하고 기원이 이루어졌을 때 그 사례로서 봉납하는 그림이 그려진 현판을 말한다. 원래는 신사나 사찰에 살아 있는 말을 봉납하는 대신 말의 그림이 그려진 현판을 봉납하는 것이었는데 점차 말 외에 신불, 마쓰리의 모습, 선박, 동물, 와카(和歌, わか)의 명인들의 그림 등이 그려지게 되었다.

〈그림 2〉 (상) 「스사노오노미코토 역신퇴치의 그림(須佐之男命厄神退治之図)」 복원 에마
(하) 역귀의 약속어음 (그림 제공: 스미다호쿠사이 미술관 / DNPartcom)

에마는 앞서 언급한 지카마쓰 작품과 마찬가지로 역병을 다스리는 유명한 신들이 열다섯 마리의 역귀를 퇴치한다는 내용인데 신들의 위광에 항복한 역귀들은 위에서 내려다보는 스사노오와 그 부하들에게 사과하고 앞으로의 복종을 맹세하며 목숨을 구걸한다. 에마는 80년 가까이 스미다 강변에 있는 이 신사에 걸려 있었지만, 1923년의 간토 대지진에 의해 신사가 모두 소실되어 버렸다(조금 남쪽에 있는 현재의 위치는 이전한 것이다).

스즈키 노리코(鈴木則子)에 의하면 1845년 전후의 에도에 역병 유행은 보이지 않으므로 특정한 역병 봉쇄를 바라고 봉납된 것은 아니라고 한다. 벚꽃 명소로 유명한 스미다가와 제방 근처에 있는 신사이기 때문에 에마의 그림 주제로 봄에 유행하기 시작하는 일이 많은 역병이 선택된 것으로 여겨진다(이하, 원저자 주 6을 참조).[*6]

호쿠사이는 이 에마를 그린 이듬해에 「주묘종려도(朱描鍾馗図)」(스미다 호쿠사이미술관 소장) 등 자주색이 지닌 주술적 힘으로 단오절에 천연두를 막아내고자하는 바람을 담은 작품을 그리기도 하는데, 본 에마의 주역은 일본의 신 스사노오이다.

교토의 기온샤(祇園社)도 행운과 역병 퇴치의 영험이 있다고 여겨지는 스사노오(牛頭天王)를 모시고 있으며, 기온마쓰리에서 수여받은 액막이와 '소민장래자손야(蘇民将来子孫也)'라고 쓰인 부적을 대문에 걸어놓는 풍습이 있다. 우시지마 고젠샤도 천연두 퇴치를 비롯한 질병 치유의 효험이 있으며 신불습합기(神仏習合期) 두 신사의 별당(別当)은 천태종 사찰이었다(후자는 센소지 절).

소실된 에마는 2016년 '스미다 호쿠사이 미술관(すみだ北斎美術館)' 개관에 맞춰 채색 추정 복원되어 「스사노오노미코토 액신퇴치의 그림(須佐之男命厄神退治之図)」이라는 제목으로 전시되어 있다(〈그림 2〉). 1910년 『국화(国華)』(20편 240호)에는 「가쓰시카 호쿠사이 스사노오노미코토 그림(葛飾北斎素戔雄尊図)」이라는 명칭으로 흑백 사진판이 게재되었다. 또한 같은 에마 모사도로 1860년 「스사노오노미코토 액신퇴치(須佐之男命厄神退治)」(대영박물관 소장)와 1910년의 야마우치 덴진(山内天真)의 그림 「호쿠사이이옹 악신 항복(北斎翁悪神降伏)」(국립국회도서관 소장 『동도 에마카가미(東都絵馬鑑)』, 동관 디지털 컬렉션 열여덟 번째 화폭)이 전래된다. 현재의 것은 봉헌된 지 15년 후(그리 오래되지 않은 시기)에 호쿠사이의 문인인 소가(窓鴬)에 의해 그려진 것이다.

스즈키는 에마의 증상 묘사, 막부 말기 에도의 질병 유행 상황, 호쿠사이의 다른 그림 등을 통해 역귀들이 상징하는 질병에 대해 천연두, 매독, 독감, 옴, 거대 이하선 종양, 음낭수종, 백피증, 하반신 장애, 성홍열로 추정하고 있다.[*7]

그림의 하단에는 역귀가 두루마리 형태의 사과문에 손도장을 찍는 모습(〈그림 2〉의 아래)이 그려져 있는데, 이미 몇 마리의 손도장이 보이는 것으로 보아 모두에게서 받은 것으로 보인다.

스사노오 앞에 무릎을 꿇고 있는 역귀들은 과거에 대한 사죄와 앞으로의 순종을 맹세함으로써 역귀의 세계에서 생존을 허락받은 것으로 보인다.

스즈키는 에마가 "역동적인 화면으로 표현된 것은 병의 정복이라는 끝없는 싸움을 그리는 것이 아니라, 병을 받아들이고 적당한 공생, 혹은 어떻게든 잘 살아보려는 에도시대 사람들의 삶에 대한 '강인함'을 그리고 있기 때문일 것이다."[*8]라고 결론을 내린다.

역병에 대한 포기 속에서도 역귀를 '죽이지도 살리지도 않고', 길들이려는 에도시대 사람들의 소망을 엿볼 수 있다.

그런데 에마나 지카마쓰의 작품처럼, 이후 전염시키지 않겠다고 맹세하는 증서에 역귀의 약속의 증표를 받아 연명을 허락하는 모티브가 독창적인 발상인 것은 아니다.

예를 들어 이 모티브에 관해서는 미나모토노 다메토모(源爲朝)[6]의

---

6) 미나모토노 다메토모(源爲朝, 1139~1177). 헤이안 후기의 무장. 다메요시(爲義)의 8남. 호방한 성격으로 활쏘기에 능했으며, 13세 때 규슈로 쫓겨나 진제하치로(鎭西八郎)라 칭하며 규슈를 약탈했다. 호겐의 난(保元の乱)에서 아버지와 함께 스토쿠

'포창신퇴치담(疱瘡神退治譚)'이 알려져 있다. 우타가와 구니요시(歌川国芳)의 그림 「다메토모와 천연두신(為朝と疱瘡神)」*⁹에서는 다메토모가 하치조지마(八丈島)에서 물리친 천연두신이 노파로 의인화되어 퇴각하겠다는 약속의 손도장을 찍는다. 쓰키오카 요시토시(月岡芳年)[7]가 그린 「다메토모가 무위로 천연두신을 물리치는 그림(為朝の武威痘鬼神を退く図)」*¹⁰은 다메토모가 세 명의 천연두신을 퇴치하는 그림으로, 그의 발밑에는 짚으로 만든 빨간 비단(천연두신을 빙의시키는)과 그들의 손도장이 찍힌 증서 종이가 놓여 있다.

1862년 홍역이 유행했을 때 그려진 「홍역양생집(麻疹養生集)」*¹¹에 따르면, 인간의 모습을 한 홍역신과 의사들이 장사꾼이나 게이샤 등에게 둘러싸여 비난을 받고 있다. 홍역신 앞에 놓여 있는 것은 손도장이 찍힌 사죄의 증서일 것이다.

메기 그림 「지진의 부적(地震のまもり)」*¹²은 가시마신이 이끄는 네 마리의 메기(동서남북, 일본 전국의 지진을 상징)가 아마테라스오카미(天照大神) – 지신(地神) – 이도신(井戸神)에게 손도장을 찍으며 사죄의 뜻을 전하고 있다.

또한, 에도 후기 관동지방의 「역신의 사죄 증서(疫神の詫び証文)」(손

상황(崇徳上皇) 측이 되어 패배한 뒤 유배되었다. 이후 가노 시게미쓰(狩野茂光)의 공격을 받고 자살.

7) 쓰키오카 요시토시(月岡芳年, 1839~1892). 에도 말기부터 메이지시대의 우키요에 작가. 에도 출생, 12세 때 우타가와 구니요시(歌川国芳)의 문하에 들어가 3년 만에 첫 작품을 발표했으며, 1866년 오치아이 요시이쿠(落合芳幾)와 함께 그린 『영명이십팔중구(英名二十八衆句)』라는 잔인한 그림 시리즈로 단숨에 인기 화가로 떠올랐다. 다양한 화풍을 구사했지만 막부 말기부터 메이지 초기에 걸쳐 역사화에 몰두했고, 유신 이후에는 시사보도 분야에 새로운 면모를 보이기도 했다.

도장이 아닌 서명이나 도장을 찍는 것[*13])이나 이와테현 모리오카시(岩手県盛
岡市)의 '오니의 손도장(鬼の手形)' 전설[*14] 등, 이 모티브는 광범위하게
전개되고 있으며, 신과 불상에 약속하는 중세의 기청문(起請文)까지 거
슬러 올라가는 것으로 보인다.

　콜레라의 요괴——고로리와 아메리카의 오사키 여우

　인도의 지방병(풍토병)이었던 콜레라는 유럽인이 진출한 19세기 이후
사람의 이동에 따라 동남아시아, 중국 등으로 퍼져 여러 차례 대유행
을 일으켰다. 발병 3일째에 사망하는 사람이 많아 일본에서는 '삼일 콜
레라'라고도 불리며, 1858년의 두 번째 일본 침입은 서일본을 중심으
로 한 1822년보다 훨씬 많은 목숨을 앗아간 것으로 알려져 있다.[*15]
　그 5년 전인 1853년에 페리가 이끄는 흑선(黑船)이 내항하고 이듬해
미일화친조약 체결로 시모다·하코다테(下田·箱館)가 개항되었다. 또
한 같은 해 러일 화친조약으로 나가사키항도 개항했다. 1858년 5월,
콜레라에 걸린 미군 선원들이 나가사키에 상륙하여 도시 전체에 감염
되었고, 순식간에 규슈에서 동국으로, 6월 하순에는 도카이도를 따라
동쪽으로 이동하여 에도까지 접근하려 했다.
　그 직전인 6월 19일 미일수호통상조약이 체결되어 막부는 공식적으
로 쇄국을 풀었지만, 에도는 그 즉시 전염병에 휩쓸린 것이다.
　섬나라 일본에게 '개국'은 근대 국민국가로의 여명과 역병의 침입이
라는 양날의 검이었다.
　외국에서 유입된 콜레라는 에도시대 그림 등에 등장하는 호랑이(머
리), 늑대(몸통), 너구리(고환)가 합쳐진 듯한 모습의 요괴 '고로리(虎狼

狸)'로 불리며 콜레라의 근원으로 여겨져 두려움을 받았다.*16 『부코 연표』에 따르면, 1858년 7월부터 9월경까지 에도시대에는 콜레라가 유행했으며, 허황된 여우의 환난으로 여겨졌다고 한다. 콜레라가 사망 원인으로 추정되는 쇼군(将軍) 도쿠가와 이에사다(德川家定)8)의 기복(忌服)을 중지하고, 요괴를 쫓기 위해 신사의 가마와 사자머리를 거리에 내보내 이미다케(忌竹)9)를 세우고 처마 끝에 시메카자리(注連繩)10)를 당겨 연등(連燈)을 밝혔다고 한다.

외국에서 온 고로리에 대항하고, 길거리에는 여우를 봉쇄하기 위해 일본 전통의 늑대를 신으로 모시는 미쓰미네산(三峯山)을 향해 참배하기 위한 작은 사당을 세웠다.

덴구의 현현을 얻어 역신을 쫓아내야 한다며 텐구의 깃털로 만든 부채를 처마 밑에 매달아 놓아야 한다는 망언이 떠돌았고, 이를 실행에 옮기는 사람들도 있었다. 국립역사민속박물관 소장 「안세이 유행물반고장(安政流行物反故張)」*17(〈그림 3〉)을 보면 처마 밑에

〈그림 3〉 부적과 덴구의 부채(「후토코로니타마루모로쿠즈(懷溜諸屑)」 국립역사민속박물관 소장)

8) 도쿠가와 이에사다(德川家定, 1824~1858). 에도 막부 제13대 장군, 제12대 장군 이에요시(家慶)의 넷째 아들. 페리호 내항 직후인 1853년 7월 가독을 계승하고 10월 쇼군으로 즉위. 통상조약 체결을 강행하고 7월, 정국 혼란 속에서 병사했다.
9) 신을 모실 때 신이 다치는 것을 방지하기 위해 사방에 세우는 대나무.
10) 부정한 것이나 재앙이 들어오지 못하도록 신전이나 제사장에 쳐놓은 짚으로 만든 밧줄.

는 부적을 붙이고 팔손이나무를 매달아 놓았는데, 그 부적은 미쓰미네 신사의 늑대 부적과 같은 것일 것이다.

상인 계급인 스도 유조(須藤由蔵)가 막부 말기 에도의 풍문을 기록한 『후지오카야 일기(藤岡屋日記)』*18 제10권(p.397)에 따르면, 세 번째 콜레라가 유행한 1862년, 부슈타마군 미쓰기 마을(武州多摩郡三ツ木村)의 한 사람이 콜레라에서 완쾌된 후 족제비 같은 짐승을 목격하고 장작불로 때려죽여 구워 먹었다는 기록이 있다. 이 마을 농부의 아내 '도키(とき)'는 8월에 몸에 들어온 미국 '오사키 여우(ヲサキ狐)'의 무서움을 기록하며 "족제비인지 오사키 여우인지 알 수 없는데, 이것들11) 때문에 죽게 될 줄이야"라고 읊었다. 이 마을에서 콜레라에 감염된 다른 사람의 집에서도 비슷한 짐승이 집 밖으로 나가는 모습이 목격되었다고 하며, 다마의 나카토무라(中藤村)와 야보무라(谷保村)에서도 콜레라로 사망한 사람의 시체에서 비슷한 짐승이 튀어나왔다고 한다. 유조는 '콜레

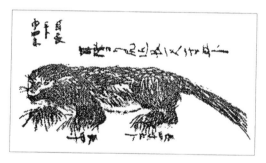

〈그림 4〉 콜레라 짐승으로 여겨진 오사키 여우
(『후지오카야 일기』)

---

11) 이것들을 나타내는 일본어 これら는 콜레라(コレラ)와 발음이 같다.

라 짐승의 모습'으로 털은 여우색보다 더 짙고 손발은 원숭이, 발톱은
고양이와 같으며 꼬리가 찢어진 모습을 그렸다.

오사키(尾先), 오사케(尾裂) 등의 표기로도 등장하는 오사키 여우(オ
サキ狐)는 관동지방의 산촌에 전해지는 속설에 따르면, 에도에는 여우
를 모시는 이나리 신사(도쿄도 기타구)가 있기 때문에 도다가와강을 건
널 수 없어 다마 지역을 제외한 도쿄에서는 전승을 찾아볼 수 없다고
한다.*19

오사키 여우의 혈통으로 여겨지는 '오사키모치(オサキ持ち), 오사키
즈카이(オサキ使い)'의 집이나 개인은 이 여우를 숭배함으로써 부귀영
화를 누리고, 여우를 이용해 적의 소유물을 빼앗아 파괴하고, 여우를
빙의시켜 병에 걸리게 한다고 믿어져 왔다.『후지오카야 일기』에 따르
면, '오사키의 나라' 미국에 의해 일본은 내장을 뜯어먹혀서 병으로 죽
는다는 두려움에 시달렸다고 한다.

아키타(秋田) 번주 이구치 무네모토(井口宗翰)의 풍설집『간사이 잡
기(寬斎雑記)』(아키타현 공문서관 소장)에 따르면, 1860년 8월에 미국에 의
한 밀명으로 다음과 같은 기담이 에도의 마치토시요리(町年寄)12)들에
게 보고되었다.*20 사쓰마국(薩摩国)의 여우가 빙의된 아사쿠사(浅草)
에 사는 여자가 평소와는 전혀 다른 어조로 남편에게 이렇게 말했다.
미국에서 천 마리의 여우가 소슈(相州)에 주둔하는 미군에 합류하기 위
해 온다고 하니, 우리 사쓰마 여우가 구경하러 왔어.

---

12) 마치부교(町奉行) 아래에서 에도의 마을을 지배한 관리. 나라야(奈良屋), 다루야
    (樽屋), 기타무라(喜多村) 세 가문이 세습했다. 오사카에서는 이에 해당하는 사람
    을 소토시요리(総年寄)라고 불렀다.

2년 전 콜레라 유행의 기억(나가사키에 상륙한 미군이 감염의 시발점)과 1860년 막부 사절의 미국 파견이라는 정세 속에서 미국 여우가 미군의 뒤를 봐주기 위해 콜레라를 퍼뜨린다는 것은 사람들을 경악하게 했을 것이다.

19세기 중반에는 서양의 개국 요구 등 외환의 세태와 역병, 대지진, 기근 등이 겹쳐 사회 정세가 악화되었다. 이 시대 특유의 사회 불안은 이후 이방인 퇴치 운동의 고양, 막부 토벌로 이어지는 한 요인이 되기도 한다.

2. 예언의 짐승 ── 가와라반과 사본

가와라반(瓦版)·부적·아마비에

2020년 코로나 사태에서 요괴 아마비에(アマビエ)가 역병 퇴치에 효험이 있다고 전국적으로 주목받고 있다.[*21]

아마비에는 유모토 고이치(湯本豪一)에 의해 '예언의 짐승'의 일종으로 여겨져 왔다. 유모토는 많은 목격담과 기록이 있어 그 존재가 믿어져 왔던 갓파나 인어 등을 '환수(幻獸)'로 보았으며, 그중 인간에게 미래를 예언하고 전하는 구단(件)이나 하쿠타쿠(白沢) 등을 '예언수(予言獸)'로 보았다.[*22]

쓰네미쓰 도루(常光徹)는 여기에 덧붙여 역병의 유행으로 인한 대량 사망 등을 예언한 후, 재앙을 없애는 방법을 알려주고 사라지는 요괴로 재정의하기도 했다.[*23]

한편, 예언수 관련 주요 자료인 가와라반 등의 목판 인쇄물은 한때 부적과 같은 성격을 지닌 것으로 여겨지기도 했다.

미디어사 연구자 히라이 류타로(平井隆太郞)는 서민층까지 받아들여진 이런 종류의 가와라반을 '속신적 가와라반'이라고 부르며, 신명이나 그 사자로서 예언을 하는 괴물(예언수)이 그려진 사례를 지적하고 있다.[24] 또한 히라이는 가와라반이나 뉴스 문서 자체가 제재초복(除災招福)의 부적으로 받아들여지는 사상은 근세기에 갑자기 나타난 것이 아니라 오랜 전통을 바탕으로 한 것이라고 주장한다.

또한 '예언'은 '부적다움을 표현하기 위한 방법'이라는 견해[25]도 있듯이, 역병의 유행에 맞서 상서로운 짐승으로 복을 불러들이고자 하는 대중도 많았을 것이다.

지금은 예언의 짐승을 대표하는 아마비에 관한 동시대 자료는 1846년 4월 중순에 판행된 가와라반 『히고국 바다의 괴(肥後国海中の怪)』(교토대학 부속도서관 소장)가 유일하다고 한다.[26]

아래는 그 문구를 현대어로 번역한 것인데, 역병을 물리치는 효험에 대해서는 한 마디도 언급되어 있지 않다.

히고국(구마모토현)의 바다에 밤마다 빛나는 것이 생겨서 관리들이 돌아보니 그림과 같은 사람이 나타났다. "나는 바닷속에 사는 아마비에라고 한다. 앞으로 6년 동안 나라에는 풍년이 계속되는 반면, 병이 유행한다. 빨리 내 모습을 그려서 사람들에게 보여 주라"고 예언하고 바닷속으로 돌아갔다.

다른 예언수들과 달리 구체적인 '병'의 모습(역병이나 대량 사망 등)이나 아마비에의 그림을 보면 병을 물리칠 수 있다는 효능이 적혀 있지 않아 가와라반이나 부적으로는 결함이 있는 상품이라고 할 수 있다.

그림은 조악하게 묘사되었는데, 세 발로 파도 사이에 서서 새와 같은 부리, 몸통에는 비늘과 세 개의 지느러미, 긴 머리의 인어 같은 모습, 애교 있는 얼굴은 역병 퇴치의 위력을 조금도 느낄 수 없었기에 효능의 아쉬움도 있고 전승의 유례도 확인되지 않아 널리 퍼지지 못했을 것이다.

글의 말미에 에도에서 간행된 가와라반은 "(히고의) 관리가 에도로 보낸 사본이다"는 기술이 있다.[*27] 나가노 에이슌(長野栄俊)에 따르면, '관리가 에도로 보낸 사본'을 정보원으로 삼은 것은 '모습을 복사하여 사람들에게 보여주라'는 지시를 받은 관리가 그대로 실행에 옮긴 결과를 보여주기 위한 것으로, 에도의 사람들에게 '이것을 사서 그림을 보라'는 의미도 있다고 해석하고 있다.[*28]

아마비코와 공주 물고기

유모토와 나가노는 아마비가 선행하는 예언수인 아마비코(アマビコ)와 히메우오(姬魚) 등에서 성립된 것으로 본다. 유모토는 전자에 대해 에도시대 후기부터 메이지 중기의 가와라반과 사본(필사본), 신문기사 등을 광범위하게 조사하고 있다(오른쪽 두 종에는 기본적으로 역병 유행 시의 제재법과 효능이 나와 있다[*29]).

나가노는 먼저 1814년에 유행한 '말하는 원숭이(物言ラ猿)'의 유언비어가 아마비코 탄생에 영향을 미쳤다는 가설을 도출했다.[*30] 그리고 이 세 마리의 원숭이로부터 1843~44년의 나고야 전래 사본에 그려진 세 다리의 그로테스크한 아마비코가 태어났다고 했다.[*31] 그림의 모습을 본 사람만이 죽음을 피할 수 있다는 판매 목적을 글로 남긴 자료도 있

어, 원래는 가와라반으로 유포된 것이 필사에 의해 더욱 확산되었다는 전파 경로를 추정할 수 있다.

이후 1858년과 1882년 콜레라 유행 때 이 사본과 비슷한 문장의 인쇄물이 간행되었고, 그 사이인 1875~81년에도 그림과 문장이 변용된 인쇄물, 필사본이 각지에서 유통되었다. 그리고 현재는 아마비에 외에 10건의 아마비코 자료(인쇄물, 풍설류, 붙임첩 등)가 지적되고 있다.[32]

유모토와 나가노는 아마비코의 공통 요소로 바다에서 출현(지역은 히고가 많으나 수생동물의 모습은 아니다), 역병이나 풍작의 예언, 재앙을 물리치는 방법(그림의 모습을 보고 베끼고 그 그림이나 판화 자체를 집에 붙이고 사람들에게 전파하는 등), '시바타(しばた)'라는 성의 목격자가 쓴 글, 세 개 이상의 다리를 가지고 있고 원숭이와 비슷함, 왼쪽을 향한 구도(정면이나 오른쪽을 향하지 않는 것은 본 장의 예언수들과 공통점) 등의 특징을 꼽는다.[33]

유모토는 아마비에가 아마비코의 일종으로 명칭이 잘못 표기('코'를 '에'로 잘못 표기)된 것으로 추측한다.[34]

이에 대해 나가노는 아마비코의 명칭, 문구, 세발, 지느러미, 돌출된 입 등 부분적인 요소를 모방한 것으로 보고 유모토 설에 동조하는 한편, 외모나 목소리가 원숭이를 닮은 아마비코 자료가 많아 인어계(어류계) 외모의 아마비에와의 외형적 유사성이 높지 않다고 결론을 내렸다.[35]

아마비에의 또 다른 원류로 여겨지는 히메우오는 히젠히라도(肥前平戸)와 구마모토(熊本)의 해저에서 출현하여 콜레라나 물개(オットセイ)라는 이름의 역병을 예언하고, 긴 머리의 인면(人面), 용의 몸통에 인어 모양으로 꼬리지느러미가 세 개 달린 검 등의 모습도 있다. 유모토와

쓰네미쓰는 가와라반이나 사본(필사본) 형태로 전해지는 신사공주(神社 姬), 뱀공주(蛇姬), 거북이 여인(亀女), 젖은 여인(濡女, 하반신이 물고기 몸통 등)도 그 예로 들었으며, 나가노의 최신 연구에 따르면 그 가와라 반류는 각지에 20점 가까이 전해지고 있다고 한다.*36

히메우오 종류는 주로 1805년에 각지에서 볼 수 있는데, 예를 들어 가토 에비안(加藤曳尾庵)13)의 『와가고로모(我衣)』에도 같은 해 여름에 유행한 이질 소동 중에 신사공주의 그림을 파는 사람이 있었다는 내용 이 기록되어 있다.*37 또한 『부코 연표』에 따르면, 에도에서는 1819년 여름에 코로리라는 이질이 유행하여 사망자가 많이 발생했을 때, "이 를 피하기 위해 단유(探幽)가 그림 백귀야행(百鬼夜行) 중 젖은 여인의 그림을 그려서 신사공주라 부르며 유포한 것을 귀하게 여기는 사람들 이 있었다"고 기록되어 있다. 에도시대의 『화도 백귀야행』에 그려진 뱀의 몸을 한 여인의 요괴 그림을 가노 단유(狩野探幽)14)의 작품을 복 사해 에도 시내 곳곳에서 판매한 것이다.

어쨌든 아마비에는 유모토와 나가노의 말대로 아마비코나 히메우오 라는 예언의 짐승의 영향을 받아 그 가와라반이나 필사본을 참고하여 탄생한 것으로 보인다.

아마비에가 탄생한 1846년 4월에는 역병의 대유행이 확인되지 않았

---

13) 가토 에비안(加藤曳尾庵, 1763~?). 에도시대 후기의 의사. 1825년 무렵부터 에도 에 살면서 난포(南畝), 산토 교덴(山東京伝), 와타나베 가잔(渡辺崋山) 등과 교유 했다.
14) 가노 단유(狩野探幽, 1602~1674). 에도시대 전기의 화가. 가노 다카노부(狩野孝 信)의 장남. 1621년 막부 관용 화가가 되어 가노 가문을 일으켰다. 에도 가노파의 회화 양식은 물론, 그 조직과 사회적 지위 확립에 큰 영향을 주었다.

고, 가와라반에는 병난을 물리치는 효능조차도 빠져있었으며, 당시 에
도에는 여러 예언의 짐승 가와라반이 판각되어 있었다(졸속으로 조잡하
게 만든 작품도 있었을 것이다).

아마비에는 의식적으로 창조(상상)된 것으로 추측된다. '아마비코(海
彥)'라고 표기한 자료도 있고, 신사·제신명에 와카사히코(若狹彦)·와
카사히메(若狹姬) 등 히코·히메라는 남녀신의 쌍이 많이 보이는데, 아
마비코와 쌍을 이루는 '히메우오 풍의 아마비메(姬魚風の海姬)'를 구상
한 것으로 보인다. 그것이 화공·조각가의 실수인지, 아니면 발음하기
어려운 아마비메를 일부러 아마비에로 표기한 것인지도 모르겠다.

아마비에는 구마모토에서 목격담의 기록이나 전설(전승)도 확인되지
않는다(기본적으로 예언수들과 공통점이 있다). 에도의 판원-제작자 측이 히
고와 무관하게 아마비코와 히메우오 종류에서 창작한 것으로 보인다.

가와라반이 간행된 4월은 야시로카이(八代海)의 얕은 바다에서 신기
루가 나타나는 계절(3월경부터)이다. 에도에서도 유명한 초자연적 현상으
로서 아마비에가 해상에서 환시된 모습으로 창작된 것으로 보인다.[38]

간다묘진 신사의 동자

1858년 콜레라가 유행했을 때, 에도에는 간다묘진(神田明神)의 사자
인 동자가 재난을 예언하고 물리치는 가로로 긴 목판화가 두 종류 존재
했다.

그중 하나가 국립역사민속박물관 소장 「간다다이묘진 사자 동자 그
림(神田大明神使童子之図)」[39]으로, 에도의 콜레라 유행이 절정에 달했
을 때 판행된 가와라반, 부적이다.

〈그림 5〉에 이어지는 문구의 내용은
같은 해 8월 초 간다묘진에 '기타헤의
동자(きたへの童子)'가 나타나 역병을 예
언하고 역병 퇴치 방법을 알려준다는
내용이다. '기타헤'는 간사이 방언 '겟
타이(けったい)'의 원형인 '괴태(怪態)'로
통하는 기태(奇態)나 희대(稀代)의 뜻으
로, 여기서는 신기한 동자를 의미할 것
이다. 동자는 "나는 이번 유행병 이전
에도 시내를 비롯한 전국에 악기(惡氣)
와 악풍(惡風)이 일어나서 모든 인간에
게 해를 끼칠 것을 예언했다. 이 악풍을

〈그림 5〉「간다다이묘진 사자 동자
그림」(국립역사민속박물관 소장)

맞는 사람은 죽고, 이 악기가 물에 닿으면 독물이 되고, 물고기가 마시면
독어가 될 것이다. 내 모습을 복사하여 각 가정에 붙여 놓으면 반드시
이 재앙을 피할 수 있을 것이다"라고 말했다. 동자는 말을 마치자마자
간다묘진의 신전으로 사라져 버렸다.

콜레라 전염병에 맞서 싸우는 동자는 분노에 휩싸인 모습으로 현대
만화 캐릭터 같은 얼굴, 사람처럼 생긴 머리와 몸매, 눈알이 크게 튀어
나오고 두 개의 뿔이 나며, 코가 없고 새의 부리 또는 악어 같은 입과
이빨을 가지고 있다. 옷 밖으로 물갈퀴가 달린 발이 나와 있어 수중
생물과 같은 이미지이기도 하다.

문구 말미에 '간다신사에서 발행', '천하태평'이라는 도장도 찍혀 있
지만, 판본에 의한 위작임이 분명하다. 하지만 작은 것에라도 의지하
는 심정의 에도 서민들에게는 부적의 효과를 지녔다.

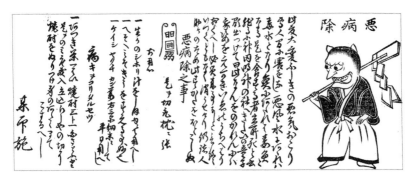

〈그림 6〉 간다묘진 기타헤의 동자 (동경대학 총합도서관 소장 『군슈조』 제3첩)

또 하나는 도쿄대학 종합도서관 소장 다나카 요시오 문고(田中芳男文庫) 『군슈조(捃拾帖)』 제3첩의 「악병제지사(悪病除之事)」로, 다나카가 수집한 스크랩북의 책갈피에 붙여져 있다.*40

동자 그림 위에 '악병제(惡病除)'라고 쓰여 있고, 매우 이상한 '악기(惡氣)'와 '난(難)'이 일어날 것을 예언하고 있지만 구체적이지 않으며, 앞선 역사박물관본과 비교해보면 1858년 콜레라를 가리키는 것임을 알 수 있다.

악기는 사람에게 해를 끼치고, 악풍이 물에 닿으면 독수, 물고기는 독어가 되어 먹은 사람은 죽는다. 간다묘진에 '기타이의 동자'가 나타나 "이 난국을 벗어나려면 내 모습을 그려서 집안에 붙여 놓으라"고 말하고 사라졌다. 동자는 사람들을 돕기 위해 자신의 모습을 그려서 붙였다고 한다.

두 작품 모두 콜레라가 유행하던 시기에 '후대의 예언'으로 간행된 것으로 보인다.

본 판본은 역사박물관본이나 다른 예언수 판본과 달리, 그림만 보는

것 외에 '악병제지사(惡病除之事)'로서 구체적인 방법이 기록되어 있
다. 먼저 그림과 문구 속의 부적을 오려서 베개에 붙이고 잘 것(하쿠타
쿠 그림의 모방인가), 예방을 위해 생강즙을 마시고 배꼽에 된장을 바르
거나, 병에 걸렸을 때 뜨거운 차와 소주, 백설탕을 섞은 것을 먹으라는
내용 등이 적혀 있다. 마지막에는 '모인시(某印施)'라고 적혀 있는데,
이것 자체를 부적으로 삼을 경우 각자 스스로 서명, 날인하라는 의미
일 것이다(가와라반을 구입해야 한다).

삽화의 동자는 오니 역할의 노가면 같은 가면을 쓴 작은 오니 같고,
역사박물관본과 마찬가지로 신의 사자와 같은 하카마 차림으로 신장
을 들고 있다. 머리에는 두 개의 작은 뿔이 자라고, 크게 튀어나온 눈
은 날카롭고, 역사박물관본과 마찬가지로 분노의 표정을 짓고 있으며,
큰 입은 귀 근처까지 찢어질 듯이 벌어져 있다.

당시 믿었던 역기(疫気)에 의한 콜레라 감염설은 부패물로 인한 악취
등이 역기를 일으켜 만지거나 흡입하면 발병하고, 역기가 공기 중에
가득 차서 퍼진다고 했다.*41

전자의 가와라반 삽화는 수생동물로 표현되어 있으며, 두 그림 모두
역병과 더불어 역수에 의한 병인(病因)을 강조하고 있다. 에도의 콜레
라 유행 초기에는 다마가와 상수의 독이 원인이라고 하여 우물을 파서
물을 사용하도록 장려한 것이 배경이 되어 아카바네스이텐구(赤羽根水
天宮)의 신부를 우물에 던지거나 금줄을 치기도 했다.*42 또한 이국 선
박이 바다에 흘린 독을 마신 물고기를 먹으면 바로 죽는다는 소문이
퍼져 활어조차도 구매자가 없어졌고, 특히 독어라고 여겨지는 정어리
는 가격이 10분의 1 가까이 폭락했다고 한다.

예로부터 간다묘진은 의료, 의약, 역병 퇴치와 깊은 연관이 있는 신

사로, 이치노미야(一之宮)의 제신인 '오아나무치노미코토(大己貴命)'는 이나바의 흰토끼(因幡の白兎)에게 상처 치료법을 가르쳤고, 니노미야(二之宮)의 제신인 '스쿠나비코나노미코토(少彦名命)'는 바다 저편에서 와서 의약의 지식을 가르쳐 주었다고 믿어졌다. 이 신사와 관련된 신의 사자라면 상품이 될 수 있을 것으로 여겨진 것이다.

2020년 코로나 사태 당시 〈그림 6〉의 '악병제지사(悪病除之事)'만 확인되었지만,*43 두 신 모두 1858년 콜레라가 유행했을 때 간다묘진에서 파견된 동자가 신장을 흔들어 역병을 쫓는 것으로 여겨졌을 것이다.

하쿠산의 쌍두까마귀

이어서 이시카와현 하쿠산(白山)의 구마노곤겐(熊野権現)의 사자인 쌍두까마귀에 대해 살펴보자.

콜레라가 유행하기 전해인 1857년에 두 개의 머리를 가진 까마귀 한 마리가 하쿠산에 나타나 '난(難)'을 예언했다는 이야기가 세 가지 서적에 나온다.

첫 번째는 오와리(尾張)의 무사 야스이 시게토(安井重遠)가 에도시대 말기 나고야에서 돌던 풍문을 모아 낸 『게로쿠슈(鶏肋集)』(필사본, 호사문고(蓬左文庫)소장) 1857년본이다. "이번에 하쿠산에 양두백수(両頭白首)의 까마귀가 출현하여 사람의 말로는 '당년(当年)'에 세상 사람의 90%가 죽는 '난'이 일어나지만, 내 모습을 그려서 매일 보면 도망간다. 이것은 구마노곤겐의 계시이니 절대로 의심하지 말라는 말을 남기고 떠났다.

이듬해가 아닌 1857년에 난이 일어날 것이라는 예언이다.

두 번째는 누마타번(沼田藩)의 검술 사범역인 후지카와 세이사이(藤川整斎)가 에도의 풍속과 풍설을 기록한 『안세이 잡기(安政雑記)』(국립공문서관 내각문고 소장)로, 이 책 1857년 항목 해당 기사에는 날짜가 없지만 4월부터 6월에 해당하는 내용으로 추측된다.

〈그림 7〉의 흰 쌍두까마귀가 "이듬해에 세상의 90%가 죽는 난리가 일어나겠지만, 구마노곤겐의 사신인 내 모습을 아침저녁으로 보면 난리를 피할 수 있을 것"이라고 예언했다. 후지카와는 이미 에도에 퍼져 있던 소문을 접하고 다른 사람들과 마찬가지로 예언을 적고 쌍두까마귀를 모사했다고 기록하고 있다.

다른 한 장은 이치카와무라(市川村)의 마을 관리 기자에몬(喜左衛門)의 『폭사병유행일기(暴瀉病流行日記)』(야마나시현립박물관 소장)의 1858년 8월의 기록이다. 폭사병, 즉 콜레라 전성기 때의 에도에서 온 전언이다. 〈그림 8〉에 등장하는 흑백 쌍두까마귀를 풍자화풍으로 그린 삽화는 2020년 코로나 사태 당시 소장관에 의해 '예언의 새(ヨゲンノトリ)'라는 이름으로 불리며 SNS에서도 전파되어 화제가 되었다.[*44]

〈그림 7〉 하쿠산의 쌍두까마귀
(『안세이 잡기』 국립공문서관 내각문고 소장)

〈그림 8〉 예언의 새
(『폭사병유행일기』 야마나시현립박물관 소장)

내용은 지난 1857년 12월 쌍두까마귀가 "내년 8~9월경에 세상의 90%가 죽는 난리가 일어날 것이다. 구마노곤겐의 사자, 뛰어난 무덕을 지닌 진부천황(神武天皇)의 미사키카라스(ミサキ鳥, 신화에서는 진부천황의 원정을 이끈다)인 나의 모습을 아침저녁으로 보면 난을 피할 수 있을 것이다"라고 예언을 했다. '전년의 예언'에 진실성을 부여하기 위해서 인지, 앞의 두 책과 마찬가지로 유행 중인 콜레라가 기록되어 있지는 않다.

이상의 세 권에서 까마귀의 출현과 '난'의 발생 시기는 다르지만, 90%라는 사망의 예언과 까마귀의 모습이 그려진 그림을 본다는 방법은 비슷하며, 나고야와 에도의 풍설을 필사한 것일 것이다.

자연신으로서의 하쿠산 신앙은 주로 물의 신(농경신), 신의 사자로 여겨지는 뇌조(雷鳥)는 화재를 막는 것으로 여겨져,[*45] 구마노 신앙과 마찬가지로 역병 퇴치에는 직접적으로 연결되지 않고, 유명한 구마노의 미사키카라스에 가탁한 것으로 보인다.

『게로쿠슈』와 『안세이 잡기』의 정보는 1857년 나고야와 에도에서 역병, 자연재해, 화재 등 무엇이든 불안을 부추겨 장사를 하려는 사람들에게서 생겨났을 것이다.

그리고 이듬해 콜레라가 유행하자, 소문처럼 전년도 예언의 '난'이 사실은 콜레라라는 후대의 괴담에 속아 콜레라 퇴치 쌍두까마귀 이야기가 그림과 함께 전승된 것이다.

풍설집이나 일기의 삽화는 구마노야타가라스(熊野八咫鳥)의 삼족오가 아니다. 둘은 한 머리의 흑백의 차이뿐만 아니라, 전자(〈그림 7〉)는 실제 까마귀처럼 날씬한 체형을 사실적으로 표현한 반면, 후자(〈그림 8〉)는 둥글둥글한 삽화풍의 그림이다. 나고야나 에도의 가와라반 등 비슷한 자료에 바탕했겠지만, 〈그림 8〉은 에도에서 전해지는 동안 말 전하기 놀이처럼 변주된 것으로 추측된다(그린 사람의 솜씨나 개성도 있 을 것이다).

어쨌든 까마귀의 형태는 앞서 말한 예언의 짐승과 마찬가지로 문언 으로 설명되지 않아 구두로만 유포되었다고 보기는 어렵다(전승보다는 삽화도 인쇄하는 판화도 유효하지만 확인되지 않았다). 나고야나 에도에서의 풍설이 가와라반이나 부적으로 간행되어 퍼져나가면서 더욱 전승되었 을 가능성도 있다.

3. 1862년의 역병 보내기

오타후쿠면

홍역이 유행하던 1862년 에도에서 는 바이러스 감염으로 인한 거대 이 하선 염증 및 종양인 오타후쿠 감기 에 걸려 아랫입술에 물혹이 생긴 병 자가 있었던 것으로 보인다. 사이토 겟신(斎藤月岑)은 8월 4일 일기에 그 림으로 묘사하고 있다. 그림에 대한 겟신의 설명은 없지만, 부채를 휘둘 러 바람을 일으켜 역병을 쫓아내려 고 하는 것으로 보인다.[*46]

〈그림 9〉 오타후쿠 감기의 신 보내기 (『사이토 겟신 일기』 동경대학사료편찬 소 소장)

필자는 이 그림에 대해 가면을 쓴 어른이나 어린이로 생각하지만, 그들 자신이 병자인지는 알 수 없다.

겟신은 3년 전 『부코 연표』 1859년 12월 15일 항목에서 아사쿠사 연회 등 곳곳에서 판매되는 살색의 오타후쿠면(阿多福面)에 대해 주목하고 있다. 덴포 연간(1830~44년)에 간다키지마치(神田雉子町)의 사람들이 만들어 간다묘진(神田明神)의 신년 장터에서 판매한 설날 행사가 그 시작이라고 한다.

오타후쿠면은 여러 차례 유행한 것으로 보이며, 오다기리 슌코(小田切春江)의 『메이요켄몬즈에(名陽見聞図会)』*47 제3편 하의 1834년 6월 항목에 '오후쿠가면점(お福仮面店)'이 〈그림 10〉과 같이 그려져 있다. 같은 달 중순부터 나고야 성 아래 혼마치 10초메 서쪽에 나무 부채 모양에 종이로 만든 오후쿠 가면을 붙인

〈그림 10〉 「오후쿠 가면점」
(『메이요켄몬즈에』 제3편 하)

것을 파는 전문점이 생겼다. 오후쿠는 나가사키에서 유행하기 시작했고, 이것을 집안에 걸어두고 아침저녁으로 바라보면 수명 연장 등의 효험이 있다고 알려졌지만, 얼마 지나지 않아 유행은 사라졌다고 한다 (역병 등의 재앙, 그리고 복도 이국에서 나가사키를 경유해서 온다는 믿음이 있었던 것 같다).

사토카구라(里神楽)15)의 우스꽝스러운 거북이처럼 못생긴 얼굴이 복을 가져다준다고 여겨졌는데, 겟신은 〈그림 9〉와 같은 아랫볼이 불룩

한 모습에 관심이 많았던 것 같다.

겟신은 아랫볼이 불룩해진 환자를 보며 자신의 젊은 시절을 떠올렸던 것이 아닐까? 1827년 겟신이 24세 때(그 이전일 수도 있다), 〈그림 9〉와 같이 아랫볼이 불룩한 얼굴에 이상할 정도로 관심을 가지고 『인면초지(人面草紙)』*48를 그린 바 있다. 유모토 고이치가 이 책을 입수해 현재 히로시마현 미야자키시의 '일본 요괴박물관 미야자키 모노노케 뮤지엄'에 소장, 상설 전시되어 있으며 필자는 2000년에 확인했다. 이 책에는 에도 시내와 근교에서 유흥을 즐기는 시모부쿠레(下ぶくれ, 볼이 옆으로 부풀어 올라 있다) 캐릭터들의 모습이 그려져 있는데, 이는 겟신의 독특한 창작, 상상의 산물일 것이다. 유머가 넘치는 이 책에는 〈그림 9〉와 같은 역병 보내기의 묘사는 없다. 〈그림 11〉의 윗부분은 단고를 파는 찻집 앞에서 매화를 구경하는 즐거운 인면 가족이다.

겟신은 젊은 시절 다니구치 겟소(谷口月窓)[16]라는 화가를 사사하여 『성곡류찬(声曲類纂)』의 삽화 등을 그리는 등 그림에 소질이 있었다.*49 자신이 편찬한 『에도명소도회(江戸名所図会)』『동도세시기(東都歳事記)』의 그림을 담당한 화가 하세가와 셋탄(長谷川雪旦),[17] 셋테(雪堤)[18]와도

---

15) 궁중의 미카구라(御神楽)와 달리 각지의 신사나 민간에서 행해지는 음악을 뜻한다. 피리, 북 등의 소리에 맞춰 가면을 쓰고 말없이 춤을 춘다. 신화 등을 소재로 한 것이 많다.

16) 다니구치 겟소(谷口月窓, 1774~1865). 에도시대 후기의 화가. 화승 겟센(月僊)에게 사사하여 산수, 인물, 화조화를 잘 그렸다.

17) 하세가와 셋탄(長谷川雪旦, 1778~1843). 에도 후기의 화가. 모모야마시대의 거장 하세가와 도하쿠(長谷川等伯)의 후예를 자칭하며, 하세가와를 화성으로 삼았다. 정확한 소묘력과 안정된 구성력으로 목판본의 삽화에 많은 작품을 남겼다. 대표작으로 『에도명소도회(江戸名所図会)』(1834~36), 『동도세시기(東都歳時記)』(1838)가 있다.

〈그림 11〉『인면초지』일부 (유모토 고이치 기념
일본요괴박물관[미요시 모노노케 뮤지엄] 소장)

친분이 있어 『인면초지(人面草紙)』에는 두 사람과 셋코(雪貢)[19]의 이름
도 적혀 있어 이들이 일부 그림을 그렸을 가능성도 제기되고 있다.

---

18) 하세가와 셋테(長谷川雪堤, 1819~1882). 에도 후기, 메이지시대의 화가. 하세가와
    셋탄(長谷川雪旦)의 장남. 아버지를 닮아 명승지 그림에 뛰어났다. 아버지와 함께
    『동도세시기(東都歲事記)』에 삽화를 그렸다.

19) 하세가와 셋코(長谷川雪貢, ?~?). 에도시대 후기의 화가. 산수, 화조, 인물 모두에
    정교함을 추구하여 명성을 얻었다.

겟신은 오타후쿠 감기가 유행했을 때, 오랜만에 젊은 시절의 인물들을 떠올린 것이 아니었다. 당시에도 아직 35년 전의『인면초지』를 손에 쥐고 있었고, 4년 전인 1858년에는『인면초지』를 그대로는 아니더라도 출판을 계획하고 있었다.*50

〈그림 9〉는 겟신 자신이 오타후쿠면으로 인한 역병 보내기를 주도한 것이 아닌가 싶다.

슈텐도지의 홍역 그림

1862년 홍역이 유행했을 때 에도에서는 '홍역 그림'이 많이 간행되었는데, 그 선구자로 '아카에(赤絵)'라고도 불리는 천연두 그림이 있었다. 마귀를 쫓는다는 종규(鍾馗), 미나모토노 다메토모(源為朝), 긴타로(金太郎), 모모타로(桃太郎) 등의 모습을 천연두신이 무서워한다는 붉은색으로 그려서 문 입구에 붙이는 부적이었다. 도미자와 다쓰조(富澤達三)는 홍역 그림의 문양을 일곱 가지로 분류했는데, 그 첫 번째로 '홍역 퇴치를 그린 것(구타, 협박 등*51)'을 꼽았다. 홍역을 억제하는 효과가 있는 음식이나 기물이 의인화되어 불황으로 타격을 받은 상인들과 함께 홍역신을 징벌하여 생활권 밖으로 내쫓는 사례를 지적하고 있다.

〈그림 12〉의 우타가와 요시후지(歌川芳藤)20)의 「홍역퇴치(麻疹退治)」도 그 일종으로, 홍역신을 형상화한 주전자의 얼굴에 붉은 반점으로

---

20) 우타가와 요시후지(歌川芳藤, 1828~1887). 막부 말기, 메이지시대의 우키요에 작가. 우타가와 구니요시(歌川国芳)의 문하생. 장난감 그림을 잘 그려 '장난감 요시후지'라고 불렸다.

발진을 표현하고 약장수 등에 의해 땅에 엎드려 있는 모습이다.

거의 같은 크기로 요시후지가 그린 「홍역을 내보내는 그림(麻疹送出シの図)」(〈그림 13〉)의 홍역신도 똑같은 얼굴로 그려져 있으며, 십자형으로 엮은 대나무의 중앙에 앉혀 가마에 실려 보내지고 있다. 실제로는 '홍역신 보내기'인데, 전통적인 '천연두신 보내기' 의례를 본떠 홍역신을 산다와라(桟俵)[21]에 깃들게 한 뒤 주황색 신장을 세우고, 앞쪽에는 주황색 경단(鏡餅)을 바친다. 운반자는 감주, 국물, 물엿, 된장 절임 등 홍역에 좋다고 알려진 음식이 의인화되어 있으며, 주변에는 약종상과 의사가 부채를 들고 흥을 돋운다.

〈그림 12〉「홍역퇴치」
(국립역사민속박물관 소장)

〈그림 13〉「홍역을 내보내는 그림」
(국립역사민속박물관 소장)

---

21) 쌀가마니의 짚으로 만든 둥근 아래윗막이.

즉, 같은 홍역신이 〈그림 12〉에서 '퇴치'된 후 〈그림 13〉에서 '송출'
되어 양자는 시간과 의례의 변천을 표현한 연작이라고 할 수 있다. 나
이토 기념 약박물관(内藤記念くすり博物館)에도 이 그림이 소장되어 있
고, 도쿄의 『시대와 서점목록』 제54호(2020년)에 실린 이 그림도 같은
고서시장에서 함께 입수된 것으로 보아 원래는 한 세트로 제작되어 전
승된 것이 아닌가 싶다.

또한 천연두 그림이나 홍역 그림은 치유 후 불태워 버리기도 했는데,
이는 병을 그림에 의지하는 발상 때문일 것이다.

〈그림 13〉은 에도시대에 죄인을 거리에서 조리돌림하는 처형 장면
으로 보이지만, 홍역신은 감옥에 끌려가는 것이 아니라 본래의 역신의
세계로 보내져 다시는 사람을 괴롭히지 않는 '무병장수의 신'이 되는
것이다.

원래 중세 이래로 전해져 내려오는 슈텐도지(酒呑童子)[22] 퇴치담은
오에야마(大江山)산에 사는 슈텐도지 일당이 퇴치되고, 공로자 미나모
토노 요리미쓰(源頼光) 일행이 수급을 들고 돌아온다는 이야기다.

다카하시 마사아키(高橋昌明)에 따르면, 요쿄쿠(謡曲)[23]에 기록되어
있는 수도 헤이안에 가까운 원래의 오에야마산 '오이노사카(老ノ坂)'(가
메오카시(亀岡市)에서 교토시 니시쿄구(京都市西京区)로 통하는 산인도(山陰道)
의 오이노사카 고개에 슈텐도지의 수급을 묻은 무덤이 전해진다)가 도성과 외부
세계의 경계였다고 한다. 그곳은 도성의 안녕과 청결을 지키는 음양도

---

22) 오에야마산에 살았다는 전설 속 오니의 우두머리. 부녀자와 재물을 자주 약탈했기
   에 칙령에 따라 요리미쓰가 사천왕을 이끌고 퇴치했다고 한다.
23) 노의 대본인 '우타이본(謡本)'을 주로 문학작품으로 볼 때의 명칭.

사경제(四境祭)의 무대로, 도적이 숨어있는 공간이자 귀신이 머무는 공간으로 관념화되었다.[*52] 다카하시는 도성에 역병을 퍼뜨리는 불결한 역귀야말로 슈텐도지의 원상이며, 그 퇴치담은 칙령에 의해 파견된 무사들에 의해 역병이 경계지역에서 봉쇄된 이야기로 해석했다.

슈텐도지가 천연두신이나 홍역신으로 여겨지는 배경에는 발진의 주홍색 반점 때문일 가능성도 있지만, 여기서는 역귀 전승과 더불어 '주홍색 주술'에 관한 다음과 같은 상상을 통해 '슈텐도지'로 이미지화되었을 가능성도 제시해 보고자 한다.

요리미쓰의 계략으로 술에 취한 동자의 붉은 얼굴과 술을 좋아하는 붉은 요괴 '쇼조(猩々)'가 겹쳐져 〈그림 14〉의 천연두 그림 「종포창지덕(種疱瘡之德)」에서는 부채 그림에 주홍색 지렁이와 쇼조가 함께 그려져 있다. 천연두를 가볍게 하기 위해 병실을 지키는 붉은색 신장, 연기물(緣起物), 완구(후쿠시마현의 아카베코(赤ベこ) 등)나 액막이로 많이 쓰이는 팥 등의 상상이 연쇄적으로 작용한 것으로 보인다.[*53]

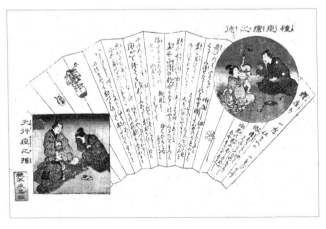

〈그림 14〉「종포창지덕」 일부 (국립역사민속박물관 소장)

나가며

본 장에서는 막부 말기 에도 등에서 상상된 역병과 관련된 괴이·요괴에 대해 살펴보았는데, 특히 가와라반이나 우키요에 등의 목판 인쇄물과 그 전사물(転写物)에 주목했다.

에도 후기에는 사람과 물자의 이동, 정보의 유통이 활발해지면서 정치와 사회가 변동하고, 여기에 더해 역병과 자연재해가 빈번하게 발생했는데, 그 배경에는 위와 같은 불안한 세태가 있었다.

나가노 에이슌(長野栄俊)에 따르면, 17~18세기에 동물이나 불가사의한 존재가 질병의 유행을 예언한다는 자료를 확인할 수 있으나 예언수 자체는 19세기 이후에 유행한 현상으로 그 사정에 대해 다음과 같이 추측한다.[54]

사건−시사나 재난을 속보로 전하는 뉴스 매체의 가와라반 등 목판 인쇄물의 전사는 문해력(읽고 쓰는 능력)의 향상과 함께 각지에 침투해 19세기에 접어들면서 폭발적으로 확산되어 다양한 정보의 기록집(풍설류, 수필, 일기 등)이 전국적으로 형성되었다.

그 주체는 호농상(豪農商)이나 마을의 지식인 및 그들과 문화를 공유할 수 있는 하급 무사층이었고, 이들이 일상적으로 모임을 결성하여 각종 정보를 수용(회람)해 나갔다. 타인에게 전달할 수 있는 계층이 지방까지 퍼져 있는 상황이 존재할 때 비로소 '베껴 그린다(写す)'는 예언수의 제재(除災) 방법이 의미를 갖게 된 것이다.

또한 삽화와 함께 유포되는 예언수 자료의 문구에는 형상에 대한 설명이 없으며 그 정보가 구전으로 퍼지는 소문이나 유언비어로 탄생했다고 보기도 어렵다. 전승이 확산되기에는 한계가 있어 처음부터 삽화를 동반한 가와라반, 부적, 그림 등의 목판 인쇄물로 만들어졌다고 보는 것이 더 자연스럽다.

특히 가와라반은 덴포개혁(天保改革)[24]의 실패로 인한 출판통제의 완화와 재해정보에 대한 관심의 증가 등으로 특히 1840~50년대에 도시부를 중심으로 출판사가 급격히 증가하는 경향을 보였다.

기본적으로 우키요에와 같은 개판(改版)을 받지 않는 비합법적 미디어인 가와라반에는 가짜 뉴스가 난무했고, 동반자살, 복수, 형사(刑死), 정사(情死) 등 기이한 가십과 진담이 판매 촉진을 위해 과장되게 표현되었다. 내용 자체가 허구적인 괴담, 기담, 패러디 등 오락성이 높은 것도 많았고, 예언수 가와라반에는 화공이나 출판사도 기재되어 있지 않다.

가와라반은 오락의 대상으로 유통되는 한편, 동시대 천연두 그림이나 홍역 그림과 마찬가지로 글과 그림으로 역병을 막는 부적으로 신앙되기도 했다.

19세기 예언수 가와라반의 판권자(아마도 우키요에 작가나 소설작가 등)는 역병을 물리치고 쫓아내고자 하는 서민들의 간절한 소망을 돈벌이의 수단으로 삼았고, 입담 좋은 사람들이 병에 대한 두려움을 부추기는 말장난 등의 퍼포먼스를 곁들여 역병 퇴치라고 선전하며 팔아먹은 것 같다.

---

24) 에도시대 후기의 덴포 연간(1830~44)에 실시된 막부 개혁, 번정 개혁의 총칭. 영주 재정의 궁핍과 파산, 덴포의 기근을 계기로 한 물가 폭등, 반란의 격발 등 사회적 동요, 외국 선박의 내항으로 인한 대외적 위기 등을 극복하고 막부 체제의 유지 존속을 목표로 실시되었다. 덴포의 막부 개혁은 교호, 간세이(享保·寬政)의 개혁과 함께 에도 3대 개혁으로 불린다.

막부 말기부터 메이지 중기에 걸쳐 특히 역병이 많았던 에도-도쿄에서 예언의 짐승에 관한 가와라반과 신문 등이 간행되었고, 막부 말기에는 필사 등을 통해 각지로 퍼져 나간 것으로 보인다.

원저자 주

*1 　2021年1月5日朝日新聞朝刊,「語る—人生の贈りもの 中西進 1 疫病流行 万葉集には平和の力」.

*2 　鈴木則子,『江戸の流行り病—麻疹騒動はなぜ起こったのか』, 吉川弘文館, 2012.

*3 　이하 사이토 겟신의 『부코연표』에 관해서는 이마이 긴고(今井金吾) 교정판 참조(지쿠마 학예문고판 2003년 상권과 2004년 하권).

*4 　近松全集刊行会編,『近松全集』第10巻, 岩波書店, 1989. 이 작품은 신대를 주제로 한『일본왕대기(日本王代記)』 등의 계통에 속하며, 스사노오가 빼앗긴 보검을 찾아 미노국(美濃國)의 악귀를 퇴치하는 이야기이다. 이후 이즈모(出雲)로 가는 길에 기비국(吉備国)의 고탄 쇼라이(巨旦将来), 소민 쇼라이(蘇民将来) 형제간의 다툼을 심판하고, 야마타노오로치(八岐大蛇)에게 인신공양을 당하는 구시나다히메(奇稲田姫)의 위기를 구하고, 마침내 보검을 되찾는다. 작품의 전반부는 (지카마쓰의 취향은 차치하고) 미노시 오야다(美濃市大矢田) 지역의 상산(喪山)과 그 신앙을 비유적으로 창작한 것으로 보인다. 오야다의 덴노잔(天王山)산에 있는 오야다 신사의 제신은 아메와카히코(天若日子)와 스사노오이며, 이 지역의 힌코코(ヒンココ) 축제에서는 인형에 의해 오로치 퇴치(현재)와 신화에서 아메와카히코의 화살 일화가(과거) 연기되었다. 덴노잔산 남쪽의 작은 산이 상산의 옛터로, 오야다에는 상산 신화와 관련된 지명과 신을 모신 신사도 많다(清水昭男,『岐阜県の祭りから』, 一つ葉文庫, 1996).

*5 　国際日本文化研究センター蔵. 同,「怪異·妖怪画像データベース」
　　https://www.nichibun.ac.jp/YoukaiGazouMenu/

*6 　鈴木則子,「「須佐之男厄神退治図」(葛飾北斎)に描かれた病」(『浮世絵芸術』175号, 国際浮世絵学会, 2018). 복원판 에마는『朝日新聞』2020年11月16日朝刊「文化の扉「國華」1500号, 名品発信」에 게재.

*7 　前掲注6 および鈴木則子,「「須佐之男厄神退治図」(葛飾北斎)に描かれた病」,『日本医史学雑誌』63巻2号, 2017.

*8 　前掲注6, p.13. 2020年放送のNHKBS1「江戸の知恵に学べ～コロナ時代を生きる術～」

*9 内藤記念くすり博物館蔵, 伊藤恭子編著, 『はやり病の錦絵』, 内藤記念くすり博物館
    編集・発行, 2001, pp.18~19.

*10 前掲注5.

*11 前掲注9, p.69.

*12 前掲注5.

*13 역신의 사죄 증서에 관해서는 오시마 다테히코(大島建彦), 「역신의 사죄 증서(疫神の
    詫び証文)」(『疫神とその周辺』, 岩崎美術社, 1985). 동, 「천연두신의 사죄 증서(疱瘡神
    の詫び證文)」(『病よ去れ 悪疫と呪術と医術』(古河歴史博物館編集・発行, 2001). 동, 「역
    신의 사죄증문(疫神の詫び證文)」(『災厄と信仰』, 三弥井書店, 2016)을 참조. 이것들은
    역신이 어떤 인물에게 보내는 증서를 모방한 것으로, 주로 에도 이외의 관동지방에서
    확인된다. 그 최초 발견은 1754년의 단기본(談義本) 『팔경문취법문(八景聞取法問)』
    (版本, 国立国会図書館蔵)으로 추정되며, 그 외에는 대부분 에도 후기에 잇따라 필사
    된 사본으로 추정된다.

*14 이하, 오이카와 데이사부로(及川悌三郎), 『모리오카시 문화재 시리즈 제13집 모리오카
    의 전설(盛岡市文化財シリーズ 第13集 盛岡の伝説)』(모리오카시 교육위원회, 1985
    년), 이와테일보사(岩手日報社) 편집, 발행『이와테의 전설을 걷다(岩手の伝説を歩く)』
    (1984년)에 따름. 이와테현 모리오카시의 미쓰이시 신사 경내에는 주련줄이 달린 세
    개의 거대한 화강암이 서 있다. 이들은 이와테산이 분화할 때 떨어졌다고 전해지며,
    예로부터 '미쓰이시 님(三ツ石様)'으로 불리며 사람들의 신앙을 받아왔다. 전설에 따르
    면, 옛날 나찰이라는 오니가 마을 사람들과 여행자들에게 악행을 저질렀고, 곤경에
    처한 마을 사람들이 미쓰이시 님께 오니 퇴치를 기원하자, 즉시 오니를 큰 돌에 묶어
    가두려고 했다. 항복한 오니는 울면서 사과하더니 다시는 나쁜 짓을 하지 않고 이 땅에
    오지 않겠다고 약속하고, 그 증거로 돌에 손자국을 남기고 난쇼잔(南昌山)산 너머로
    도망쳐 버렸다. '바위에 손자국'은 '이와테', '다시는 이 땅에 오지 않겠다'는 뜻의 '불래방
    (不来方)'이라는 이름의 유래가 되었으며, 오니의 퇴치를 기뻐한 마을 사람들이 미쓰이
    시 주변을 돌며 산사산사(さんささんさ)하며 춤을 추는 것이 산사춤의 시초라고 한다.

*15 酒井シヅ, 「近世社会とコレラ」, 『疫病の時代』, 大修館書店, 1999.

*16 田中聡, 『江戸の妖怪事件簿』(集英社, 2007年) 전게 주 9에 따르면 「고레리(虎列刺)」
    의 아테지(宛字)도 있다. 유모토 고이치(湯本豪一) 『메이지 요괴신문(明治妖怪新聞)』
    (가시와서방, 1999)에 따르면 니시키에 신문(錦絵新聞) 『가나요미(かなよみ)』 1877년
    9월 21일 기사에는 실재하지 않는 짐승이라 하면서 「고로리 짐승(虎狼狸獣)」이라 불리
    는 호랑이 무늬를 한 너구리 같은 동물이 그려져 있다. 이 그림은 콜레라의 공포를
    도상화한 것이라 할 수 있다.

*17 高橋敏, 『幕末狂乱 コレラがやって来た!』, 朝日選書, 2005.

*18 『후지오카야 일기』에 관해서는 아래를 참조.
    鈴木棠三・小池章太郎編, 『近世庶民生活史料 藤岡屋日記』, 三一書房, 安政5年は第8

巻, 1990, 文久2年は第10巻, 1991.

*19 須田圭三他編, 『日本民俗文化資料集成 7』, 谷川健一責任編集, 三一書房, 1990.

*20 東郷隆, 『病と妖怪―予言獣アマビエの正体』, 集英社インターナショナル, 2021, pp.135~136.

*21 長野栄俊, 「変質するアマビエ―2020年の「疫病退散」から考える」, 『歴史地理教育』919, 歴史教育者協議会編集·発行, 2021.

*22 湯本豪一, 『日本の幻獣―未確認生物出現録』, 企画展解説図録(川崎市市民ミュージアム編集·発行, 2004). 同, 『日本幻獣図説』(河出書房新社, 2005). 한편, 한학의 소양을 갖춘 에도시대 후기의 지식인들은 예언수는 하쿠타쿠(白沢) 등의 영수(霊獣), 서수(瑞獣)의 재구성이라고 지적하고 있다. (주20 참조) 예를 들어 1858년 콜레라가 유행했을 때, 에도에서는 하쿠타쿠 그림을 베개에 놓고 자면 악귀를 쫓는다고 했다(京都大学附属図書館蔵, 「安政午秋頃痢流行記[天寿堂版]」). 덧붙여 게이리(頃痢)는 콜레라를 뜻한다.

*23 常光徹, 「流行病と予言獣」, 『国立歴史民俗博物館研究報告』第174集, 国立歴史民俗博物館, 2012. 同, 『予言する妖怪』歴博ブックレット31, 歴史民俗博物館振興会, 2016.

*24 平井隆太郎, 「2, 3の特色ある瓦板類型について」, 『Human relations』三集, 1995. 同, 「かわら版の謎をさぐる」, 『太陽コレクション5 かわら版·新聞 江戸·明治三百事件Ⅰ』, 平凡社, 1978.

*25 笹方政紀, 「護符信仰と人魚の効能」, 東アジア恠異学会編, 『怪異学の地平』, 臨川書店, 2018.

*26 「京都大学貴重資料デジタルアーカイブ」https://rmda.kulib.kyoto-u.ac.jp

*27 종래에는 전송을 나타내는 '송래(送来)'가 아닌 '신래(申来)'라고 기술된 점에 주목하지 않았다. 다른 예언수 자료와 마찬가지로 아마비에도 문언에 의한 형상 설명이 없음에도 불구하고, 출판사 측에서는 히고(肥後)에서 에도에 전해진 구전 정보를 가와라반으로 옮긴 것이라고 말하고 싶었는지도 모른다.

*28 前掲注21.

*29 前掲湯本注16·22, 前掲長野注21, 長野栄俊, 「予言獣アマビコ·再考」, 小松和彦編, 『妖怪文化研究の最前線』, せりか書房, 2009.

*30 長野栄俊, 「予言獣アマビコ考―「海彦」をてがかりに」, 『若越郷土研究』49-2, 福井県郷土誌懇談会, 2005.

*31 前掲注29長野, 「予言獣アマビコ·再考」

*32 長野栄俊口頭発表, 「予言獣アマビコ·再考」(「2020年度日中妖怪研究シンポジウム」), 国際日本文化研究センター主催, 2021年3月8日.

*33 前掲湯本注16·22, 長野注21·29, 「予言獣アマビコ·再考」·30·32.

*34 前掲湯本注16所収, 「妖怪「アマビエ」の正体―記事から謎を解く」.

*35 前掲注29長野, 「予言獣アマビコ·再考」.

*36 前掲湯本注22, 長野注21·32, 常光注23.

*37 森銑三他編,「都市風俗」,『日本庶民生活史料集成』第15巻, 三一書房, 1971.

*38 鈴木正崇,「疫病と民間信仰—祭礼·アマビエ·鼠塚」, 玄武岩·藤野陽平編,『ポストコロナ時代の東アジア 新しい世界の国家·宗教·日常』, 勉誠出版, 2020.

*39 『懐溜諸屑』コレクション, 国立歴史民俗博物館蔵, H-1492-26-17.

*40 「악병제지사」의 그림이나 서지정보는 동경대학 전자전시『군슈조(捃拾帖)』(https://kunshujo.dl.itc.u-tokyo.ac.jp/)에 전시되어 있다.

*41 前掲注15.

*42 南和男,『維新前夜の江戸庶民』, 教育社, 1980.

*43 『마이니치신문』 2020년 6월 15일 석간 일면기사「신형 코로나「아마비에 전설」전국각지에 국난「예언수」가 조력자」및「에도와 역병—신사에서 탄생한 감염예방의 지혜」(『江戸総鎮守神田明神崇敬会機関誌』七四号, 神田神社, 2001)에 사진 게재.

*44 「疫病退散! ヨゲンノトリコーナー : 山梨県立博物館」
    http://www.museum.pref.yamanashi.jp/3rd_news/3rd_news_news200410.html

*45 福原敏男,「雷鳥と火除け」,『増訂図説 白山信仰』, 白山比咩神社, 2010.

*46 斎藤月岑·東京大学史料編纂所編,『斎藤月岑日記 7』岩波書店, 2009.

*47 歌月庵喜笑(小田切春江),『名陽見聞図会』, 服部良男編, 美術文化史研究会, 1987.

*48 『妖怪絵草紙 湯本豪一コレクション』(パイインターナショナル, 2018) 표지 제목에 "사이토 겟신이 쓴 인면초지 2권(斎藤月岑筆 人面草紙 二ノ内)"이라고 적혀 있어, 동 내용의 첫 번째 책이 존재했을 가능성이 높다고 한다.

*49 다키구치 마사야(滝口正哉)의 가르침에 따랐다.

*50 겟신 자신은 "인면화(人面畵)"라고 칭하고 있으며, 콜레라가 창궐한 1858년 7월 3일의 일기에 고아미초(小網町) 마을의 촌장 아들이 찾아와 "인면화의 서간과 판목을 같은 사람이 완성했다"라고 기록되어 있어 인면화의 간행을 구상하고 있었던 것으로 보인다.

*51 富澤達三,『錦絵のちから 幕末の時事的錦絵とかわら版』, 文生書院, 2004.

*52 高橋昌明,『定本 酒呑童子の誕生—もうひとつの日本文化—』, 岩波書店, 2020.

*53 헤이안에 창궐한 역병을 진압하기 위해 모셔진 이마미야 신사내의 무라사키노샤(紫野社)에서 1544년 3월에 '야스라기하나(やすらぎ花)'가 개최되었다.『료진히쇼쿠덴슈 14권(梁塵秘抄口伝集 巻14)』에 따르면, 수십 명의 어린이들이 반바지를 입고 가슴에 북을 달고, 섣달그믐날의 오니 모양(물고기 입처럼 튀어나온 귀덕면(貴徳面)을 쓰고 목에 붉은 띠를 두른 모습)을 하고 멋을 낸 우산을 들고 신사로 행진했다고 한다. '악기(悪気)'라고 외치며 소리를 지르고, 박자에 맞춰 광란의 춤을 추며 신전 앞을 몇 바퀴 돌았다. 붉은 옷을 입은 그들 자신을 '악기'로 여겨 신사에 가두어 두었던 것 같다(현재의 오니 역할도 붉은 옷을 입는다).

*54 이하, 前掲長野注21·29,「予言獣アマビコ·再考」를 참조.

역병 놀이

천연두신 축제와 장난감

가가와 마사노부(香川雅信)

소개 ── 2020년의 아마비에

2020년의 신종 코로나바이러스 감염증 팬데믹은 분명 세계 역사에 기록될 큰 사건일 것이다. 일본에서는 3월 초부터 감염 확산 방지를 위해 전국의 학교가 휴교에 들어갔고, '스테이 홈'을 외치며 외출을 자제하고 집 안에 머물러야 하는 상황이 되었다.

그런 가운데 한 마리(?)의 요괴가 갑자기 주목을 받기 시작했다. '아마비에(アマビエ)'이다.

아마비에에 대해 전해지는 것은 교토대학 부속도서관이 소장하고 있는 한 장의 판화가 거의 유일하다(〈그림 1〉 참조). 이에 따르면, 1846년 구마모토현의 바닷속에서 밤마다 빛나는 것이 보인다고 하여 관리들이 확인하러 갔더니, 스스로를 바닷속에 사는 아마비에라고 부르는 괴물이 나타났다고 한다. 아마비에는 그해부터 6년간은 풍년이 계속되

지만, 질병이 유행할 것이니 자신의 모습을 그려서 사람들에게 보여
달라고 말하고 다시 바닷속으로 사라졌다고 한다.

〈그림 1〉「히고국 바닷속 요괴(肥後国海中の怪)」 1846년
(교토대학부속도서관 소장)

아마비에는 그동안 일반인들에게 거의 알려지지 않았으나, 한 요괴
를 좋아하는 사람이 SNS에 소개하면서 역병 퇴치 요괴로 주목받게 되
었다. 또한, 그 모습을 그려서 사람들에게 보여주라고 한 것에서 출발
해 자신만의 아마비에 그림을 그려서 SNS에 올리는 '아마비에 챌린지'
가 순식간에 퍼져나갔다. 이를 통해 아마비에가 해외 언론에도 소개되
면서 세계적인 유명세를 얻게 된 것이다.

이를 '에도시대 미신의 부활'로 보는 시각이 많았다. 나 역시 처음
SNS에서 아마비에가 유행하고 있다는 이야기를 들었을 때 그렇게 생
각했다. 하지만 '아마비에 챌린지'에 올라온 작품들을 보면서 생각이
바뀌었다. 작품을 올린 사람들은 분명히 즐기고 있다. 그것은 모든 엔

터테인먼트가 감염 확산 방지를 위해 '자숙'을 해야 하는 상황에서는 그야말로 '기분 전환'이 될 수 있었다. 아마비에의 그림으로 바이러스 감염을 피할 수 있느냐 없느냐는 차치하고서라도 한치 앞을 내다볼 수 없는 불안과 막막한 분위기를 다소나마 완화할 수 있었으니, 전염병의 유행이 부수적으로 만들어내는 질병에 대해 어느 정도 효과가 있었음은 틀림없다. 아직 결정적인 대처법이 확립되지 않은 역병을 '놀이'로 극복하려는 시도, 그것이 바로 2020년의 '아마비에 챌린지'였다.

하지만 역사를 거슬러 올라가 보면, 이러한 역병을 '놀이'하는 태도는 특히 에도시대에 두드러지게 나타났다. 여기서는 특히 에도시대에 자주 유행했던 전염병인 천연두와 홍역에 대해, 특히 도시 민중들이 어떤 태도를 보였는지에 대해 살펴보고자 한다.

거기서 우리는 역병이라는 것에 대한 '또 다른 방식'을 일본인이 가지고 있었다는 것을 발견하게 될 것이다. 그리고 그것은 '아마비에 챌린지'와 같이 앞으로도 우리를 자주 덮칠 전염병에 맞설 수 있는 어떤 힌트를 줄지도 모른다.

1. 천연두신 축제와 장난감

공포의 천연두

천연두는 한때 전 세계적으로 유행하며 가장 두려운 전염병 중 하나였다.

전염력이 매우 강하며, 감염되면 7~16일의 잠복기를 거쳐 발병한다. 발열 등의 초기 증상 후 전신에 콩알만 한 구진(丘疹)이 생기고 수포, 그리고 농포로 변한다. 병변은 호흡기에도 나타나며, 심한 경우 호흡부전으로 사망에 이르게 된다. 치사율은 20~50퍼센트로 매우 높으며, 치유된 후에도 농포의 흔적이 흉터로 남는다. 수두는 생명을 앗아갈 뿐 아니라, 죽음에 이르지 않더라도 외모를 흉하게 만들어 두려움의 대상이었다.

하지만 1796년 영국의 에드워드 제너가 개발한 역사상 최초의 예방접종인 종두(우두접종법)가 보급되면서 이 역병은 근절의 길로 접어들게 된다. 1947년 소말리아에서의 보고를 마지막으로 자연 감염은 더 이상 발견되지 않았고, 1980년 세계보건기구(WHO)는 천연두 박멸을 선언했다. 이는 인체에 유해한 전염병으로 인류가 근절할 수 있었던 유일한 사례이다.

일본에서는 『속일본기(續日本紀)』에 기록된 735년의 상창(裳瘡)의 유행이 천연두의 첫 번째 유행 기록으로 알려져 있다.[1] 이후 여러 차례 유행을 반복하며 도시가 발달하고 사람들의 왕래가 활발해진 에도시대에는 누구나 걸릴 수 있는 질병으로 자리 잡게 되었다. 특히 영유아가 희생되어 그 사망 원인 중 1위를 차지했다고 한다.[2] 그래서 매우 두려워했던 것은 틀림없지만, 한편으로는 이 무서운 역병을 일으키는 신을 제사하는 의례가 에도시대에는 어느 집에서나 당연하게 행해졌던 것이다.

천연두신 축제

가이바라 요시후루(貝原好古)[1]가 1683년에 저술한 『야마토 고토하지메(大和事始)』에는 "요즘 천연두를 낫게 하기 위해 부모와 친족들이 환자를 위해 천연두신의 신단을 세워 제사를 지낸다"[*3]는 기록이 있어 천연두 환자가 나온 집에서 천연두의 역병신을 제사하는 의례 – 이하 '천연두신 축제'라고 부르겠다 – 가 늦어도 17세기 후반에는 행해졌음을 알 수 있다.

천연두 전문의였던 이케다 긴쿄(池田錦橋)[2]가 1860년에 저술한 『국자두진계초(國字痘疹戒草)』에는 천연두신 축제에 대해 다음과 같이 적혀 있다.

> 나라에 따라 신단에 올리는 제물의 종류가 다르지만, 대체로 집 입구에 주련을 걸어놓고 빨간 종이에 비단을 걸고 방 입구에 붉은 종이로 제물을 걸어놓는다. 방의 입구를 가리는 것은 부정한 기운을 피하기 위함이다. 방 안에 신단을 한 자 정도 높이로 세우고, 천장 아래쪽에 붉은 종이를 깔고, 쇼조 달마 원숭이 가면 등 붉은색 인형을 놓기도 하고 장식품을 놓기도 한다. 모두 붉은색을 취하여 축하하는 것이다. 예로부터 당나라에서도 천연두의 홍색을 귀히 여기고, 기경(喜慶)에도 홍색을 사용하였으므로 천연두가 있는 집에는 홍색을 사용하였다고 한다.[*4]

---

1) 가이바라 요시후루(貝原好古, 1664~1700). 에도시대 전기의 유학자.
   간분 4년 출생. 가이하라 라쿠켄(貝原楽軒)의 장남. 삼촌 가이바라 엣켄(貝原益軒)의 양아들. 엣켄의 『지쿠젠국 속풍토기(筑前国続風土記)』 편집을 도왔다.
2) 이케다 긴쿄(池田錦橋, 1735~1816). 에도시대 중기~후기의 의사. 증조부 이후로 가학이 된 두창학을 배웠다. 히로시마현에서 두창 치료로 이름을 날리고 오사카, 교토에서 개업한다.

여기서 알 수 있듯이 천연두신 축제에는 붉은 종이와 붉은색 인형, 그리고 붉은 떡, 붉은 단고, 팥밥, 도미, 성대, 실꼬리돔, 달강어 등의 제물 등 붉은색의 물건이 많이 사용되었음을 알 수 있다. 1703년에 소아과 의사 가쓰키 규잔(香月牛山)[3]이 저술한 육아서 『소아필용양육초(小児必用養育草)』에는 천연두 환자가 있는 방의 장식으로 "천연두 병자가 있는 방에 붉은색 옷을 걸고, 그 아이에게 붉은 옷을 입히고, 간병인들도 모두 붉은 옷을 입어야 한다"며 그 이유를 "천연두의 색은 붉은색이 좋기 때문이다"라고 설명하고 있다.[*5] 체표에 생기는 발진의 색이 붉은색일수록 가벼운 천연두라고 생각했기 때문에, 붉은색은 천연두라는 질병에서 상서로운 색으로 여겨졌던 것이다. 즉, 천연두 환자의 몸 주위를 붉은색으로 가득 채우는 것은 '비슷한 것은 비슷한 것을 낳는다(like produce like)'는 사고방식에 근거한 '동종요법 주술(homeopathic magic)'에 해당한다고 할 수 있다.[*6]

천연두신 축제와 장난감

여기서 주목해야 할 것은 "쇼조 달마 원숭이 가면 등(猩々達磨猿面等)"의 붉은색 인형과 장난감이 천연두신 선반에 장식되어 있었다는 점이다. 이러한 붉은색의 인형과 장난감은 문안 선물로도 많이 사용되었지만, 천연두신 축제라는 의례 자체에 포함되어 중요한 역할을 담당하

---

3) 가쓰키 규잔(香月牛山, 1656~1740). 에도시대의 의사. 가이바라 엣켄에게 유학을 배웠고, 쓰루하라 겐에키(鶴原玄益)에게 의학을 배웠다. 지쿠젠 출신으로 교토에서 개업해 활동했다.

고 있었던 것이다.

1798년 간행된 『포창심득초(疱瘡心得草)』에는 「천연두 신제를 지내는 그림」으로 〈그림 2〉와 같은 삽화가 있다. 앞쪽에는 천연두에 걸린 아이와 그 부모, 그 뒤에는 천연두신을 모시는 단이 마련되어 있고, 제물을 담은 접시와 신주, 등불 등이 놓여 있는 것을 볼 수 있다. 눈길을 끄는 것은 단 중앙에 놓인 인형이다. 오른손에 국자, 왼손에 술잔을 들고 큰 술독을 타고 있는 모습으로 표현된 이

〈그림 2〉 『포창심득초』 1798년
(다케다 과학진흥재단 교우쇼오쿠)

인형이 바로 『국자두진계초』에서도 언급된 '쇼조'이다.

쇼조는 원래 사람의 얼굴에 원숭이의 몸을 하고, 사람의 말을 알아듣고, 술을 좋아한다고 중국에서 상상된 동물이었다. 그러나 왜인지 일본에서 쇼조는 바닷속에 살면서 아무리 퍼올려도 마르지 않는 술이 솟아나는 술독을 가진 복신으로 노(能)에 등장하게 되었다.[*7] 그 모습은 붉은 머리, 붉은 얼굴의 동자로 표현되며, 에도시대에는 목각이나 장지(張子)로 만든 인형 외에도 피리 인형(피리를 불면 술독을 탄 쇼조가 회전하는 인형)이나 뜨는 인형(물에 띄우는 인형) 등 장난감의 소재로 애용되었다.

에도 태생의 여행가 도미모토 시게타유(富本繁太夫)의 일기 『후데마카세(筆満可勢)』의 1836년 2월 12일 기록에 교토에서 열린 천연두신 축

제의 모습이 다음과 같이 기록되어 있다.

> 천연두신을 제사지내는 것을 쇼조 축제(猩々祭り)라 하여 장지로 만든
> 쇼조인형 술병에 마른 국자를 담아 짚 위에 올려놓고 그 옆에 장지로 만
> 든 달마를 놓는다. 나머지는 모두 에도와 같다.[*8]

「천연두 신제를 지내는 그림」을 보면, 중앙에 '장지 쇼조인형 술병
에 술잔을 들고 있는 모습'이 그려져 있고, 옆에는 확실히 장지 달마로
보이는 물건이 놓여 있다. 쇼조 축제(猩々祭り)라는 별칭이 있었던 것
에서도 알 수 있듯이, 쇼조 인형을 천연두신 축제에 사용하는 것은 적
어도 교토에서는 유행했던 것 같다(참고로 『포창심득초』는 교토의 헤이안서
림(平安書林)에서 간행한 책이다).

다만 도미모토 시게타유가 "나
머지는 모두 에도와 같다"라고 쓴
것은 장식하는 인형이 에도와 달
랐기 때문이다. 에도에서는 신단
에 장지의 달마와 부엉이, 그리고
붉은색 신장대(御幣)를 부뚜막 위
에 세워 장식하는 것이 일반적이
었다(〈그림 3〉). 산토 교덴(山東京傳)
의 골계본 『하라스지오무세키(腹
筋逢夢石)』 3편(1810년 간행)에도 "장
지로 만든 부엉이, 장지로 만든
달마와 법문"이라는 글이 있는데,

〈그림 3〉 『무카시가타리
이나즈마뵤시(昔話稲妻表紙)』 1806년
(『신일본고전문학대계85』 이와나미 서점)

그중 장지인형 부엉이가 "나는 덕이 없는 새이지만 너와 같이 천연두 선반에 나란히 놓여 있으니 네가 9년 동안 고생한 것이나 내가 편안하게 지낸 것이나 이제는 같아져 계곡이나 법당, 지장당, 바구니 안에 같이 놓여 있구나. 어떻게 생각하나"[9]라고 장지인형 달마에게 묻는 장면이 있다. 이렇듯 교토는 쇼조, 에도는 달마와 부엉이라는 차이는 있지만, 모두 장난감이 천연두신 축제에서 중요한 역할을 하고 있었음을 확인할 수 있다.

쇼조, 달마, 부엉이

쇼조 인형이 천연두신 축제에 쓰이게 된 이유는 '붉은색'을 가장 큰 특징으로 삼고 있다는 점에 있을 것이다. 쇼조는 술을 좋아하고, 그 때문에 항상 얼굴이 붉다고 하여 노에서는 붉은색의 얼굴을 하고 있다. 또한, 머리카락과 기모노의 색깔도 붉은색으로, 그 인형은 그야말로 천연두에 상서로운 '붉은 옷'이다. 시모가모 신사(下鴨神社)의 신전 수호자였던 다나카 가네노리(田中兼頼)의 일기 1755년 항목에는 천연두에 걸린 딸 야소(八十)를 위해 쇼조를 구입한 기록이 있어, 교토에서 천연두신제에 쇼조 인형을 사용하는 풍습이 18세기 중반 무렵 이미 정착되어 있었음을 알 수 있다.[10] 1766년 초연된 조루리 『다이헤이키 충신강석(太平記忠臣講釈)』에서도 천연두신제가 끝나고 신을 보내는 장면이 나오는데, "오늘 아침은 축하하며 신을 보내고, 문에 버리는 쇼조 인형도 눈물을 흘리는 웃는 얼굴로"[11]라는 가사에서 신을 보내는 의례적 행위로 쇼조 인형을 문 앞까지 가지고 가는 것이 행해졌음을 알 수 있다.[12]

또한, 달마 인형은 쓰러져도 일어선다는 점에서 병자가 '일어서는 것'에 빗대어 병이 낫는다는 의미를 부여한 것도 그 이유 중 하나인 것 같다. 예를 들어 1850년 간행된 『포창화본 히나즈루사사유노코토부키(疱瘡画本雛鶴笹湯寿)』에는 달마 인형에 대해 "쓰러뜨려도 일어서고 색깔도 붉게 물들어 있으므로, 천연두의 아이가 일어나는 것을 축하하며 천연두의 첫 번째 수유(手遊)로 삼는 것이 좋다"[13]라는 기록이 있다. 여기서 볼 수 있듯이 달마의 붉은색도 큰 이유 중 하나였다. 붉은 옷을 입은 달마 대사상은 이미 송나라시대부터 그려졌다고 한다.[14]

한편, 부엉이 인형에 대해서는 왜 천연두신 선반에 장식하게 되었는지 잘 알려져 있지 않다. 1767년의 『풍류 기쓰네요바나시(風流狐夜咄)』 권4 「천연두신의 귀찮음」에 "근래에 천연두에 대한 주술로 귀가 달린 작은 부엉이 장난감을 선반에 올려놓고 모신다"[15]라고 기록되어 있는 것으로 보아, 18세기 중반에는 부엉이 인형을 천연두신 축제에 사용하기 시작했다고 생각된다. 달마와 부엉이를 나란히 장식하는 관습이 그 후 얼마 지나지 않아 정착된 것은 1779년 간행된 『기노쿠스리(気のくすり)』에 실린 다음과 같은 이야기에서 알 수 있다.

> 오늘 신기한 것을 봤어. 뭔데 그래. 료코쿠에 있는 약방에서 살아 있는 부엉이를 보았지. 그게 뭐가 신기한가. 나는 몇 번이나 보았는데. 살아있는 부엉이는 자주 보지만 달마는 살아 있는 게 없지.[16]

이 이야기는 살아있는 부엉이가 아마도 손님을 끌기 위해 약장수 가게 앞에 놓여 있었음을 알려주는 이야기이기도 하다. 1824년의 『두창필요』에는 부엉이에 대해 "이 새를 천연두가 있는 집에 두면 사악한

기를 없애고 여독의 병이 없어진다. 만일 살아있는 부엉이가 없을 때는 깃털이든 인형이든 곁에 두어야 한다"*17라며 살아있는 부엉이나 부엉이 인형이 천연두에 효능이 있음을 설파하고 있다. 이러한 효능이 천연두 신단에 놓인 부엉이의 유래라고 말하고 싶지만, 오히려 이러한 효능이 '사후에 덧붙여진 것'일 가능성도 부정할 수 없다. 후지오카 마리코(藤岡摩里子)는 에도시대에는 천연두로 인해 실명하는 사람이 많았기 때문에 큰 눈을 가진 부엉이가 주술 도구로 선택되었을 가능성을 지적하고 있지만,*18 현재로서는 어느 쪽의 설명도 결정적인 근거가 부족하다.

다만 달마와 부엉이를 세트로 장식하는 것에는 왠지 모르게 작위적인 냄새가 난다. 이런 풍습은 장난감을 파는 사람들이 '만들어낸' 전통이 아닌가 하는 의구심을 지울 수 없다. 이는 쇼조 인형에 관해서도 마찬가지다.

창조된 천연두신 축제

1749년 간행으로 추정되는 『포창제(疱瘡除)』*19가 내가 아는 한 쇼조와 천연두를 연결시켜 이야기한 최초의 문헌이다. 와카사국 고하마(若狹国小浜)의 로쿠로지(六郎次)가 천연두신을 제사지냄으로써 아이의 천연두를 쉽게 낫게하고, 그 후 술가게를 시작하여 용궁의 쇼조의 도움을 얻어 부자가 된다는 이야기이다. 천연두신과 쇼조는 별개의 존재이지만 천연두신이 로쿠로지의 집을 지키고 있어 쇼조가 찾아와 복을 불러들이는 전개로 되어 있다(또한, 천연두신이 가난의 신을 쫓아내는 장면도 있다). 다소 억지스러운 전개라고 할 수 있지만, 천연두의 부정적인 이

미지를 완화하고 부귀와 복을 불러들인다는 긍정적인 요소를 더하기 위해 복의 신으로 알려진 쇼조가 필요했던 것 같다.

사실 이 『포창제』라는 책은 교토 오사카에서 열린 천연두신의 개장(開帳)에 맞춰 만들어진 것으로 보인다. 와카사 고하마의 마을 촌장인 기자키 데키소(木崎惕窓)[4]가 쓴 『습추잡화(拾椎雜話)』(1774년)에는 다음과 같은 기사가 있다.

> 구미야 로쿠로자에몬(組屋六郎左衛門) 가문에 천연두신에 대한 이야기가 전해진다. 에이로쿠 연중(永禄年中, 1558~1570)에 구미야 집안의 배가 홋코쿠(北國) 지방에서 올라갈 때, 노인이 와서 잠시 머무르다가 떠나면서 말했다. 나는 천연두신인데 이번 은혜를 갚기 위해 구미야 로쿠로자에몬은 천연두를 쉽게 막을 수 있게 해주겠다. 로쿠로자에몬은 그때의 모습을 그림으로 남겼다. 지금 소장하고 있는 것과 같다. 간엔 연중(寛延年中, 1748~1751)에 교토 오사카에서 공개되었다.[20]

구미야 로쿠로자에몬은 고하마 제일의 호상이며, 그의 집에는 천연두신의 그림이 전해져 전쟁 후에도 천연두의 수호패를 내걸었다고 한다. 주목해야 할 것은 마지막에 있는 "간엔 연중에 교토 오사카에서 공개되었다"는 기록이다. 구미야 로쿠로자에몬 가문에 전해지는 천연두신의 영정을 개장할 때 그 영험을 알리기 위해 이 『포창제』라는 책

---

4) 기자키 데키소(木崎惕窓, 1689~1766). 고하마의 마을 학자. 영내의 노인들에게서 들은 이야기와 오래된 기록을 모아 향토사료지 『습추잡화(拾椎雜話)』를 완성. 서민의 생활을 기록한 내용이 풍부하여 에도시대의 와카사를 알 수 있는 귀중한 사료로 높이 평가받고 있다.

제2장 | 역병 놀이 89

이 만들어졌고, 부정적인 이미지의 천연두신을 긍정적인 이미지로 전환하기 위해 경사스러운 쇼조의 비주얼을 사용했다는 것을 생각하면, 쇼조 인형을 천연두신 축제에 사용하는 것 또한 이에 맞춰 '만들어졌다'고 추측할 수 있다. 이처럼 장난감을 이용한 천연두신 축제가 성립된 배경에는 출판에 종사하는 사람들과 장난감-인형을 취급하는 업자 등의 관여를 생각해 볼 필요가 있다.[*21]

어쨌든 쇼조, 달마, 부엉이 인형과 같은 장난감을 천연두신 축제에 사용하는 풍습이 18세기 중반을 기점으로 정착된 것은 틀림없는 사실일 것이다. 여기서 다시 한번 현대를 살아가는 우리가 느낄 수 있는 의문을 던져보고자 한다. 왜 천연두라는 흉측한 질병에 대해 그 역병의 신을 모시는 의례가 생겨났을까? 왜 질병과 대척점에 있는 '즐거움'의 상징이라고 할 수 있는 장난감이 의례에 포함된 것일까?

이를 밝히기 위해 에도시대에 천연두가 어떤 질병이었는지에 대해 알아보자.

2. 에도시대의 천연두 인식

역병신 보내기

천연두 역병신에 대한 최초의 기록은 간로지 지카나가(甘露寺親長)[5]

---

5) 간로지 지카나가(甘露寺親長, 1424~1500). 무로마치시대의 귀족. 남조의 유신들
    이 궁궐에 난입했을 때, 칼을 뽑아 항전. 유직(有職)의 고사(故事)에 밝아 오닌(応

의 일기 『지카나가쿄키(親長卿記)』의 1471년 8월 6일의 "천연두의 악신을 보내기 위해 곳곳에서 음악을 연주하는 일이 매일 지속되었다"[22]는 기록이 최초라고 한다. 그런데 여기서 주목해야 할 것은 "천연두의 악신"이라는 표현, 그리고 그것을 "보낸다"고 표현하고 있다는 점이다.

역병신을 '보내는' 의례는 에도시대에도 자주 행해졌다. 예를 들어 교토와 오사카에서는 '감기', 즉 독감이 유행할 때 징과 북을 치면서 역병신을 형상화한 인형을 마을이나 마을 밖으로 내보내는 '감기의 신 보내기(風神送り)'가 행해졌다. 1684년에 발간된 이하라 사이카쿠(井原西鶴)의 『호색이대남(好色二代男)』에도 "징과 북을 울리고 이상한 인형을 만들어 감기의 신을 보낸다며 동네 아이들이 떠들면서 유곽 거리를 돌았다"[23]라고 그 모습이 묘사되어 있다. 또한 홍역이 유행했을 때나 1858년의 콜레라 대유행 때에도 비슷한 역병의 신을 보낸 것이 당시의 기록에 남아있다. [24]

이들은 역병의 신을 바로 '악신'으로 인식하고 자신들이 살고 있는 영역에서 한시라도 빨리 쫓아내려는 의례였다고 이해할 수 있다. 그러나 천연두신 축제에서는 천연두신은 쫓겨나지 않고 신단과 단을 마련하여 정중하게 대접받고 있다. 애초에 천연두신제는 천연두를 예방하기 위해서가 아니라 천연두에 걸린 후에 행해지는 것이다. 병에서 벗어나기 위해 행해지는 역병신 보내기와는 그 점이 결정적으로 다르다. 왜 역병 중에서도 천연두만 유독 이렇게 다루어지게 된 것일까?

질병에 대한 의미 부여는 시대에 따라 달라진다. 그것은 의료기술의

(二)의 난 이후 궁중문화의 부흥에 힘썼다.

발달로 인한 것이기도 하고, 질병이 무엇에 의해 발생하는지에 대한 생각, 즉 '병인론(病因論)'의 변화로 인한 것이기도 하다. 그러나 특히 전염병·유행병의 경우, 그것이 초래하는 상황이 바뀌면 병의 양상이 달라진다는 점을 간과해서는 안 될 것이다.[*25]

유행 주기의 변화

일본 역병의 역사를 연구한 후지카와 유(富士川游)는 천연두의 유행 주기가 초기에는 약 30년이었으나 점차 단축되어 6, 7년으로 단축되었고, 결국에는 매년 지속적으로 소규모 유행이 발생하게 되었다고 한다.[*26] 이러한 유행 주기의 변화는 에도시대에도 나타났음을 저자 미상의 『매옹수필(梅翁随筆)』의 다음 글에서 확인할 수 있다.

> 천연두가 호레키(宝暦, 1751~1764) 무렵까지 사오 년에 한번 육칠 년에 한번 씩 유행하여 그 사이에는 천연두를 앓는 아이를 보지 못했으나, 그 후로 해마다 끊이지 않고 천연두 환자가 발생한다. 홍역은 이십여 년에 한 번씩 유행하여 모두들 괴로워한다. 나중에는 천연두와 같이 해마다 끊이지 않고 괴롭히는 일이 되었다. 이삼십 년 전까지만 해도 오사카 시내에는 홍역이 없었고, 가와치(河内)의 사람들만 치료했는데 최근에는 시내에서도 홍역이 유행하고 있다고 다니무라 쇼겐(谷村昌元)이라는 의사가 말했다.[*27]

가이국 이치카와(甲斐國市川)의 의사 하시모토 하쿠슈(橋本伯壽)[6]는 1814년 저서 『국자단독론(國字斷毒論)』에서 지방에서는 천연두의 유행이 6, 7년인 반면 "삼도(三都)에서는 항상 끊이지 않는다"고 말하며 그 원인을 다음과 같이 분석하였다.

> 삼도에는 사람이 많아서 병이 돌고 돌아 항상 끊이지 않는다. 뿐만 아
> 니라 천연두에 걸린 아이를 품고 있는 거지가 있는데 병을 낫게 하고자
> 도성으로 들어오는 거지가 많다고 한다. 변방에서도 천연두를 멀리까지
> 퍼뜨리는 것은 천연두에 걸린 거지 아이라고 한다. 전국시대의 기록을 보
> 면 지금과 달리 옛날에는 오랜 기간에 걸쳐 천연두 환자가 존재했다. 이
> 또한 난세와 치세와 기후의 영향으로 생긴 차이일 것이다. 세상이 계속
> 소란스러우면 지방의 경계를 넘어가는 사람들의 왕래가 적어져 병도 전
> 파되지 못하게 된 것이다.[*28]

이는 역학적(疫学的)으로 볼 때 정확한 분석이라고 할 수 있다. 대도
시에서는 새로 태어나는 아이가 많고, 또 감염되지 않은 사람도 많아
면역을 획득하지 못한 사람이 곳곳에 산재해 있다. 또한 사람들의 왕
래가 잦아 감염원 침입의 기회도 많다. 그래서 '삼도(三都)는 항상 끊이
지 않는다'는 말이 나오는 것이다. 반면 전국시대에는 지역 간 사람의
왕래가 적고 감염원이 침입할 기회도 적었기 때문에 유행 주기가 길어
지고 성인이 되어서야 천연두에 걸리는 사람도 많았다. 이를 통해 에
도시대로 접어들면서 천연두의 유행 주기가 짧아진 것은 도시화로 인
한 인구 집중과 교통―교역의 발달이 배경이 되었음을 알 수 있다.

---

6) 하시모토 하쿠슈(橋本伯壽, ?~?). 에도시대 후기의 의사. 처음에는 한학을 배웠고,
    이후 나가사키에서 요시오 고규(吉雄耕牛) 등에게 사사하여 난학을 익혔다. 1809년
    『단독론(斷毒論)』을 발표하여 천연두, 홍역, 매독이 이국으로부터의 전염병이라
    하여 전염경로, 예방대책에 대해 논했다.

통과의례로서의 질병

천연두가 상시적으로 존재하는 상황에서 천연두에 걸리지 않고 평생을 보내는 것은 어려운 일이라고 할 수 있다. 에도시대, 특히 도시 사람들에게 천연두는 피할 수 없는 질병이었고, 더군다나 많은 사람들이 어린 시절에 걸리는 병이었다. 미나카와 미에코(皆川美惠子)에 따르면, 근세 초기에 천연두는 성인이 될 무렵, 15세에서 20세 무렵에 경험하는 병으로 여겨졌지만, 유행 주기가 짧아지면서 18세기에 이르러서는 어린 시절에 많이 걸리는 병으로 자리 잡게 되었다고 한다.[29]

또한 천연두는 한 번 걸리면 (면역력이 생겨서) 이후 평생 걸리지 않는다는 특성으로 인해, 아이들의 통과의례적인 질병으로 여겨지게 되었다. 천연두의 원인을 어머니로부터 받은 '태독(胎毒)'에서 찾는 '태독설'이 일반인들 사이에서도 널리 퍼진 것도 이러한 천연두 인식을 부추긴 것으로 보인다. '태독설'은 원래 중국의 의사들이 주장한 것으로, 태아가 어머니의 뱃속에 있을 때 어머니로부터 받은 독, 혹은 태어난 직후에 흡수한 어머니의 더러운 피가 '태독'이 되어 아이의 몸에 남아 있다가 그것이 시운(時運)을 타고 몸 밖으로 나온 것이 천연두의 발진이라고 했다.[30] 여기서부터 천연두는 몸 안의 독을 밖으로 배출하는 것으로 긍정적인 의미를 갖게 되었다. 천연두는 어린이의 '액운'으로 여겨져 어렸을 때 가볍게 넘어가야 할 병으로 여겨지게 된 것이다. 1843년에 출판된 것으로 추정되는 다메나가 슌스이(為永春水)[7]의 천연두 그림책

---

7) 다메나가 슌스이(為永春水, 1790~1844년). 에도시대 후기의 작가. 시키테이 산바(式亭三馬), 초대 류테이 다네히코(柳亭種彦) 등을 사사했다. 『춘색매화달력(春色梅児誉美)』으로 인기 작가가 되어 스스로 에도 닌조본(人情本)의 원조라 칭했으나,

(후술)인『호소안타이사사유노코토부키(疱瘡安躰さゝ湯の寿)』에 나오는
다음과 같은 문구가 이러한 당시의 천연두 관념을 잘 보여준다.

> 천연두라고 하는 것은 아시는 바와 같이 그때의 상황에 따라 받아들였
> 던 독이 나오는 것이므로 끝나고 나면 성장한 뒤에는 체내의 독이 이리저
> 리 바뀔 걱정이 없다. 아이에게 약을 쓴다는 느낌으로 천연두에 걸리면
> 다행으로 여기는 게 좋다.[*31]

 이러한 천연두 인식은 앞서 소개한『포창제』에서도 주장되고 있다.

> 이 병은 사람 몸에 있을 때 여러 나쁜 피를 만들어내는 병이다. 이것도
> 신이 하는 일인데, 즉 그 나쁜 피를 뽑아내는 신도 있다. 이름 붙이기로
> 천연두신이라 한다.

어머니의 뱃속에서 받은 '나쁜 피'를 쫓아내는 병이 천연두이며, 천
연두신이 행한 일이라고 한다. 여기에는 천연두에 긍정적인 의미를 부
여하고 천연두신을 선한 신으로 여기는 관념이 엿보인다. '천연두 축
제'가 천연두신의 개장에 맞춰 만들어진 일종의 '미디어믹스'였다는 점
을 고려하면, 이러한 천연두신을 선한 신으로 자리매김하는 담론 역시
'만들어진' 것이 아니었을까 하는 추측도 가능하다. 실제로 이렇게까지
천연두신의 선신적 성격을 노골적으로 주장한 문헌은 이『포창제』가
처음이다. 하지만 이러한 담론을 받아들일 수 있는 소지는 이미 당시
사람들 사이에 형성되어 있었다고 보아야 한다.

 13년 덴포의 개혁으로 작품이 풍속을 해친다는 이유로 처벌을 받았다.

어쨌든 천연두는 일생에 한 번은 겪어야 하는 통과의례적 의미를 지닌 병으로 관념화되었기 때문에, 발병을 피하는 것이 아니라 걸린 후 어떻게 하면 가볍게 넘길 것인가에 주안점을 두는 방식으로 대처하게 된 것으로 보인다. 그것이 '역병신 보내기'라는 배제를 목적으로 하는 의례가 아닌 '천연두신 축제'라는 융화적인 의례의 형식을 선택한 이유일 것이다.

3. 놀이하는 천연두

천연두 그림·천연두 그림책

다음으로, 꺼림칙한 질병의 신을 제사하는 것이어야 할 천연두신 축제가 왜 장난감이라는 아이템으로 장식하게 되었는지에 대해 생각해 보고자 한다. 이에 대해 중요한 자료를 제공해 주는 것이 천연두 그림, 천연두 그림책이라는 매우 특이한 성격을 띤 물건이다.

천연두 그림은 천연두의 위문품으로 붉은색으로 인쇄된 우키요에 그림이다.[*32](〈그림 4〉) 배경은 거의 없고 인물이나 장난감 등이 그려져 있는 단순한 그림으로, 대부분 교카(狂歌)[8]가 곁들여져 있다. 그 그림은 크게 두 종류로 나뉜다. 하나는 종규(鍾馗)[*33]·미나모토노 다메토모(源為朝)[*34] 등 역병의 신을 물리치는 신이나 영웅의 모습을 그린 것인

---

8) 구상이나 용어에 우스꽝스러움, 재치, 유머를 담아낸 내용의 와카. 에도시대에 크게 유행하여 문학의 한 장르로 자리 잡았다.

〈그림 4〉 천연두 그림
(효고현립 역사박물관 소장
이리에 콜렉션)

데, 천연두 그림에 주목해 천연두 신앙을 연구한 로테르문도(Hartmut O. Rotermund)에 따르면 이러한 천연두나 천연두신에 직접적으로 도전하는 그림은 비교적 적고, 병의 치유를 예찬하거나 축제적 세계를 그린 것이 다수를 차지한다고 한다.[*35] 이것이 천연두 그림의 또 다른 종류로, 달마, 부엉이, 종이 개 등의 장난감, 사자춤, 가쿠베(角兵衛) 사자탈 등의 예능, 모모타로, 긴타로, 우라시마타로 등 전래동화의 등장인물 등 어린이들의 놀이와 관련된 모티프가 많이 발견된다.

천연두 그림은 한 장의 그림이었지만, 한 권을 통째로 붉은색으로 인쇄한 그림책도 있었다. '천연두의 붉은 책', '홍회쌍지(紅絵双紙)', '홍본(紅本)' 등으로도 불린다. 그 내용은 천연두신이나 의인화된 장난감 달마, 부엉이 등이 등장해 천연두와 관련된 풍속을 엮어내면서 결국은 천연두를 가볍게 끝낸 것을 축하하는 내용이 많다.

이 천연두 그림책은 천연두에 걸린 아이들이 지루함을 달래기 위해 읽는 것으로 자리매김했다. 예를 들어 짓펜샤 잇쿠(十返舎一九)의 『천연두에 관한 가벼운 이야기 후편 고다카라야마(疱瘡軽口ばなし後編子宝山)』의 말미에는 같은 잇쿠 작품 『천연두를 앓은 가벼운 이야기(疱瘡請合軽口ばなし)』의 선전 문구로 "이 책은 짓펜샤 잇쿠옹의 필의에 따라 재미있고 우스꽝스러운 이야기를 담은 것으로 천연두를 앓고 있는 어

〈그림 5〉『천연두에 관한 가벼운 이야기 후편 고다카라야마』1836년
(다케다 과학진흥재단 교우쇼오쿠 소장)

린이들을 위로할 수 있는 작품이다"*36라고 쓰여 있다. 한편 『천연두를
앓은 가벼운 이야기』의 말미에는 『고다카라야마』의 선전 문구로 "이
책은 짓펜샤 잇쿠의 작품으로 인형을 보여주기도 하며 웃으면서 볼 수
있는 작품이다"*37라고 쓰여 있다. 『고다카라야마』에서는 천연두에 걸
린 긴타로를 기쁘게 하기 위해 원숭이와 토끼가 달마와 부엉이로 분장
하거나 멧돼지의 사자춤, 여우의 한다이나리(半田稲荷) 신사의 간닌보
즈(願人坊主),9)*38 텐구(天狗)나 돼지의 곡예, 너구리의 수레 끌기 등 아
시가라야마(足柄山)산의 동물들이 다양한 예능을 선보이는데, 이는 천
연두로 인해 밖에 놀러 갈 수 없는 어린이가 '앉아서 보는'(말하자면 원격

---

9) 간닌보즈란 신분으로서의 승려가 아니라, 주로 신불에 대한 참배를 생업으로 삼으
    면서도 평소에는 문무(門付)의 예능을 보여주며 자선을 구하는 일종의 예능인적
    성격의 사람을 뜻한다.

관람) 것을 위한 것이라고 할 수 있다. 삽화에는 천연두 그림책을 보며 즐거워하는 긴타로의 모습도 그려져 있어(〈그림 5〉), 천연두를 앓고 있는 어린이들이 거기에 자신을 대입해 볼 수 있도록 되어 있다.

놀면서 천연두를 앓다

그런데 『고다카라야마』의 이 장면에 대한 설명으로 "이때 아시가라 야마산에 사는 야마우바(やまうば)의 아이 긴타라(きん太良), 천연두를 앓을 때는 가볍게, 놀면서 천연두"[*39]라고 기술되어 있다. 이 '놀면서 천연두'라는 말은 다른 천연두 그림책에서도 볼 수 있다. 1883년 초판 『천연두를 앓은 가벼운 이야기』에서는 "어느 아이든 이렇게 놀면서 천연두를 앓으면 기분 좋게 지나간다",[*40] 1843년 간행으로 추정되는 다메나가 슌스이의 『천연두 안전을 위한 아이들의 경업(疱瘡安全子供軽業)』에서는 "천연두에 걸렸을 때 여기저기의 아이들이 놀면서 천연두를 하기에"[*41]라는 식으로 표현되어 있다. 『두진필용(痘疹必用)』에 "천연두가 소아의 대재앙이라 하는데, 가벼운 병은 놀이로 치료하는 자도 많고, 중간 이하는 약을 쓰지 않는 집도 있다"고 한 것처럼, 증상이 가벼운 천연두는 놀이로 치료하는 사람도 많았다. 반대로 말하면, 놀면서 치료할 수 있는 천연두는 가벼운 천연두라는 뜻이 된다.

앞서 말했듯 로테르문도는 천연두 그림의 특징으로 '가벼움', '놀이', '웃음' 등 병의 치유를 예찬하는 그림이 많다는 점에 주목하고, "천연두를 사람의 의지로 피하거나 인위적으로 제거할 수 없었기 때문에 최소한 '가벼운' 것으로만 끝나기를 바라며, 천연두 그림에 그려진 축제적인 세계가 가진 주술적인 힘으로 어떻게든 천연두의 맹위를 누그러뜨

〈그림 6〉『천연두에 관한 가벼운 이야기 후편 고다카라야마』 1836년
(다케다 과학진흥재단 교우쇼오쿠 소장)

리려고 노력하는 수밖에 없었다"*⁴²고 결론지었다. 즉, 질병의 '가벼움'을 강조하는 상징을 장식함으로써 현실의 질병을 그것에 가깝게 만들려고 한 일종의 '유감주술(類感呪術)'에 근거한 주술이 천연두 그림이었던 것이다.

천연두신 축제나 천연두의 위문품으로 쓰인 장난감도 그런 의미를 지닌 것이 아니었을까. 즉, '놀면서 천연두'를 연출하기 위한 무대장치로서 그 장난감들은 사용되었다고 볼 수 있다.

〈그림 6〉은 1810년간 산토 교덴의 『이토자쿠라혼초분스이(糸桜本朝文粋)』의 한 장면이다. 아이의 모습을 한 천연두신에 빙의된 긴고로(金五郎)는 동네 아이들을 모아 소꿉놀이, 목줄다리기, 팔씨름, 스모 등을 시키며 '놀면서 천연두'를 한다. 긴고로의 앞에는 달마 인형, 부엉이

인형, 도미 인형, 종이호랑이 인형, 소꿉놀이 도구 등의 장난감이 즐비하게 놓여 있고, 뒤에는 천연두 그림으로 추정되는 그림을 붙인 병풍을 세우고 있다. 이는 〈그림 5〉처럼 '놀이하는 천연두'를 회화적으로 표현한 것으로 풀이된다.

주의 깊게 보면, 〈그림 2〉나 〈그림 3〉과 같은 천연두신 축제를 그린 그림에도 아이들 앞에는 마치 '약속'처럼 장난감이 그려져 있음을 알 수 있다(〈그림 2〉에서는 풍차, 북, 피리, 말뚝이, 〈그림 3〉에서는 무사의 인형이 각각 그려져 있다). 아마도 실제로 천연두를 앓는 아이들이 많은 장난감에 둘러싸여 있었다는 것을 보여주는 것 같다. 그것들은 '놀면서 천연두'를 연출하기 위한 '상징'으로서 아이들 주변에 배치된 것이다.

장난감을 아이템으로 그 안에 넣은 천연두신 축제는 클리포드 기어츠(Clifford Geertz)가 발리의 국가 의례를 분석할 때 사용한 '형이상학적 연극'이라는 개념으로 표현할 수 있을 것이다. 즉 그것은 '하나의 존재론을 제시하고, 그리고 그 제시를 통해 그 존재론이 실제로 일어나도록 하는 – 그것을 현실로 만드는 – 그런 연극'*43이다. 장난감이라는 '상징'을 사용하여 '놀이하는 천연두'라는 하나의 존재론을 환자인 아이들과 간병하는 어른들, 그리고 병문안을 온 친척들이 연기하게 함으로써 현실의 천연두를 가벼운 것으로 전환시키는 것을 목표로 한 의례, 그것이 바로 천연두신 축제였다. 그것이 '연극'이라는 것은 공연자 모두가 자각하고 있다. 그러나 그것은 현재의 불안을 완화하고 미래의 가능성을 조금이나마 엿볼 수 있는 것으로서 효과를 발휘했을 것이다. 그것은 바로 2000년 '아마비에 챌린지'처럼 역병이 일상화된 도시에서 역병과 함께(with 천연두) 살아가기 위해 사람들이 만들어낸 의례였던 것이다.

4. 역병 놀이

홍역 그림

에도시대에 있어서 천연두는 수많은 전염병 중에서도 매우 특별한 의미를 부여받은 전염병이었다고 할 수 있다. 그렇다면 왜 다른 역병에 대해서는 천연두신제 같은 특이한 풍습이 생겨나지 않았을까?

예를 들어 홍역은 천연두와 마찬가지로 한 번 걸리면 다시는 걸리지 않는 특징이 있고, 전신에 발진이 생기는 등 증상도 천연두와 매우 유사하다. 그러나 '홍역신'을 모시는 의례는 생겨나지 않은 것으로 보인다. 하시모토 하쿠슈가 『국자단독론』에서 "홍역도 마찬가지로 유행하여 사람이 죽는 것이 천연두와 같으므로 홍역신도 제사지내야 하는데, 지금은 대체로 20년 전후로 유행하다보니 두려운 마음도 자연히 느슨해져 신을 섬기지 않게 된다"[*44]고 말한 것처럼, 에도시대에는 홍역의 유행주기가 20년 전후로 길었기 때문에 홍역신을 모시는 것은 정착되지 않았고, 다른 역병과 마찬가지로 '역병신 보내기'라는 방식으로 대처했다.

다만 홍역이 유행할 때 천연두 그림이나 천연두 그림책과 유사한 출판물이 간행되었다. 1776년 유행 때는 초서지 『동마진의 뒤(童麻疹の後)』, 1803년 유행 때는 시키테이 산바의 『마진희언(麻疹戲言)』, 『마진 이야기(麻疹噺)』가 간행되었으며, 천연두 그림책 『천연두를 앓은 가벼운 이야기』도 이 해에 간행되었다. 1824년 유행 때는 짓펜샤 잇쿠의 『이상과 같은 홍역에 장수와 복을 청하는 글(右之通麻疹に寿福請取帳)』, 『마진 오토기조시(麻疹御伽双紙)』, 『마진=어(麻疹=語)』가 간행되었고,

1836년 유행 때는 천연두 그림책『천연두를 앓은 가벼운 이야기』가 재출간되고 그 후편인『고다카라야마』가 함께 간행되었다. 그리고 에도시대 최악의 대유행이 일어난 1862년에는 '홍역 그림'이라 불리는 홍역 퇴치법이 그려진 우키요에가 대량으로 간행되었다. 이것들은 홍역의 유행을 장사 기회로 여긴 판화가들에 의해 '창작'된 것이지만, 천연두와 마찬가지로 '놀면서' 역병에 맞서고자 했던 에도시대 사람들의 심성을 엿볼 수 있다.

　여기서는 1862년에 간행된 '홍역 그림' 중 하나를 살펴보자(〈그림 7〉). 「천연두 홍역 수두(痘瘡 麻疹 水痘)」라는 제목의 그림에는 꽃꽂이를 하는 남자와 홍역, 혹은 천연두나 수두를 앓고 있는 것으로 보이는 두 아이가 등불을 바라보며 돌아다니는 모습이 그려져 있다. 그림 상단에는 치료 시 주의할 점과 음식의 금기사항이 적혀 있는데, 그중 "치유 과정에서 화내는 것을 피해야한다. 또한 슬픈 일에도 신경을 쓰지 말고 소설책 등을 읽으며 심심하지 않도록 하는 것이 좋다"라고 적혀 있는 것에 주목해 볼 필요가 있다. 병에 걸렸을 때에도 감정을 흐트러뜨리지 않고 소설 등을 읽거나 장난감을 가지고 놀면서 정신의 위생을 유지하는 것이 중요하다는 것을 이 그림은 가르치고 있는 것이다. 어딘지 모르

〈그림 7〉「천연두 홍역 수두」 1862년
(효고현립 역사박물관 소장 이리에 콜렉션)

게 코로나 사태로 '자숙'을 강요당하고 있는 우리에게 말을 건네고 있는 것 같지 않은가?

엔터테인먼트의 힘

후지이 히로유키(藤井裕之)는 천연두 그림과 홍역 그림을 비교하며 홍역 그림에는 역병의 신을 퇴치·추방하는 그림이 많아 공격적인 성격이 강하다는 차이점을 지적하면서도 "병을 완전히 거부하는 것이 아니라, 병 전체를 자신의 삶 속에 받아들이고 함께 살아가려는 자세가 보인다"고 말했다.[45] 다나카 미키코(田中美紀子) 역시 홍역 그림에 대해 "이 난국을 가능한 한 심각하게 받아들이지 않고, 놀이처럼 즐겁게 극복하는 것이 민중의 유일한 마음의 버팀목이자 정신의 균형을 잡는 수단이었다"[46]고 지적한다.

홍역만이 아니다. 1838년의 『그림책 매창군담(絵本黴瘡軍談)』이나 1858년의 『말대이야기 하키요세소시(末代噺語掃寄草紙)』 등 매독이나 콜레라 등에 대해서도 이를 소재로 한 오락용 읽을거리가 간행되었다. 다쓰카와 쇼지(立川昭二)는 이러한 사실을 언급하며 "이러한 책이라고도 할 수 없는 책이 있었다는 것은 질병의 치료법이나 사망률과는 별개로, 현대의 일본보다 에도시대의 일본 쪽이 어떤 의미에서는 사는 것이나 병을 앓는 것이 더 쉬웠다는 것을 은근히 말해주고 있는 것 같다"[47]고 말했다.

현대에서 홍역 그림처럼 병을 재미있게 희화한 듯한 것이 출판되면 '진중하지 못하다'는 비난을 받고 SNS에서 분노가 일어나는 것을 걱정해야 하지 않을까. 하지만 어려운 상황일 때일수록 엔터테인먼트의 힘이 필요하다는 것을 우리는 '아마비에 챌린지'를 통해 배우고 있다. 그것은 현실의 어려움 자체를 없애는 힘은 없지만, 그것에 대한 의미 부여에 변화를 가져온다. 이를 통해 사람은 정신의 균형을 되찾고 더 나은 가능성을 향해 나아갈 수 있다. 그런 의미에서 엔터테인먼트는 '형이상학적 연극'이다. 그것은 단순한 '유감주술'과는 달리 '연극'임을 연기자 모두가 (무의식적으로라도) 자각하고 있다. 그럼에도 불구하고 거기에는 큰 의미가 있었다. '아마비에 챌린지'가 역병이 가져온 우울한 공기를 몰아냈다는 의미에서 진정한 '역병 퇴치'였던 것처럼 말이다.

원저자 주

*1 富士川游, 『日本疾病史』, 平凡社, 1969, p.93.

*2 立川昭二, 『近世病草紙—江戸時代の病気と医療—』, 平凡社, 1979, p.126.

*3 貝原好古, 「大和事始」, 『益軒全集 巻之一』, 益軒全集刊行会, 1910, p.709.

*4 武田科学振興財団杏雨書屋蔵.

*5 前掲注1, p.145.

*6 ジェームス・G・フレーザー(小野泰博訳), 「共感的呪術」, 『現代のエスプリ』132, 至文堂, 1978.

*7 喜田貞吉, 「福神としての猩々」, 『福神』, 宝文館出版, 1976.

*8 谷川健一他編, 『日本庶民生活史料集成 第二巻 探検・紀行・地誌(西国篇)』, 三一書房, 1969, p.589.

*9 林美一校訂, 『江戸戯作文庫 腹筋逢夢石』, 河出書房新社, 1984, p.136.

*10 佐藤文子, 「近世都市生活における疱瘡神まつり——『田中兼頼日記』を素材として——」, 『史窓』57, 京都女子大学史学研究室, 2000, pp.119~121.

*11 幸堂得知校訂, 『帝国文庫第三八編 忠臣蔵浄瑠璃集』, 博文館, 1902, p.463.

*12 NHK 교육에서 1994년 12월 31일에 방송된 〈분라쿠 다이헤이키 충신 강석-기나이스 미카의 단(文楽 太平記忠臣講釈——喜内住家の段)〉에서 공연된 것을 본 적이 있는데,

이 장면에서는 산다와라(桟俵) 위에 쇼조 인형과 두 개의 빨간 고헤(御幣), 그리고 촛불을 밝힌 것을 문 밖으로 내보내고 있었다.

*13 木戸忠太郎, 『達磨と其諸相』, 丙午出版社, 1932, p.532.

*14 同書, p.383.

*15 国立国会図書館蔵.

*16 武藤禎夫編, 『噺本大系 第11巻』, 東京堂出版, 1979, p.225.

*17 武田科学振興財団杏雨書屋蔵.

*18 藤岡摩里子, 「疱瘡除けミミズクの考察―疱瘡絵を中心として」, 『豊島区立郷土資料館研究紀要 生活と文化』15, 豊島区立郷土資料館, 2005. 同, 『浮世絵のなかの江戸玩具 消えたみみずく, だるまが笑う』, 社会評論社, 2008.

*19 中村幸彦責任編集, 『大東急記念文庫善本叢刊 第四巻 赤本黒本青本集』, 財団法人大東急記念文庫, 1976.

*20 大島建彦, 『疫神とその周辺』, 岩崎美術社, 1985, p.28.

*21 이 점에 관해서는 졸고 「疱瘡神祭りと玩具―近世都市における民間信仰の一側面―」(『大阪大学日本学報』15, 大阪大学文学部日本学研究室, 1996年)에서 논한 적이 있다.

*22 増補「史料大成」刊行会編, 『増補史料大成 第41巻 親長卿記一』, 臨川書店, 1965, p.67.

*23 冨士昭雄·井上敏幸·佐竹昭広校注, 『新日本古典文学大系七六 好色二代男 西鶴諸国ばなし 本朝二十不孝』, 岩波書店, 1991, p.213.

*24 南和男, 「文久の『はしか絵』と世相」, 『日本歴史』512, 吉川弘文館, 1991, p.100. 佐藤誠朗, 『幕末維新の民衆世界』, 岩波書店, 1994, p.23. 鈴木則子, 『江戸の流行り病 麻疹騒動はなぜ起こったのか』, 吉川弘文館, 2012, p.61.

*25 W·H·マクニール(佐々木昭夫訳), 『疫病と世界史』, 新潮社, 1985.

*26 前掲注1, p.111.

*27 日本随筆大成編輯部編, 『日本随筆大成〈第二期〉11』, 吉川弘文館, 1974, p.34.

*28 谷川健一他編, 『日本庶民生活史料集成 第七巻 飢饉·悪疫』, 三一書房, 1970, p.97.

*29 皆川美恵子, 「日本近世子ども事情の一側面――痘瘡における子どもからくり」, 『武蔵野女子大学紀要』23, 1988, pp.123~124.

*30 酒井シヅ, 『日本の医療史』, 東京書籍, 1982, p.365.

*31 花咲一男編著, 『疱瘡絵本集』, 太平書屋, 1981, p.93.

*32 '천연두 그림(疱瘡絵)'이라는 단어는 1844년 『신편 야나기다루(新編柳多留)』 13집에 "다메토모를 헤이케로 그린 천연두 그림(為朝を平家に描いた疱瘡絵)"이라는 센류가 보이는 것으로 보아 에도시대에는 이미 사용되고 있었음을 알 수 있다. 가와베 히로유키(川部裕幸), 「천연두 그림의 문헌적 연구(疱瘡絵の文献的研究)」(『일본연구』21, 국제일본문화연구센터, 2000년, p.143) 참조.

*33 종규는 당 현종(玄宗) 황제의 꿈속에서 악귀를 물리치고 병을 고쳤다고 전해지는 신으로, 종규를 그린 그림은 역병 퇴치에 사용되었으며, 특히 붉은색으로 채색한 종규 그림은 '주종규(朱鍾馗)'라 불리며 단오절 깃발 그림에 사용되었다.

*34 미나모토노 다메토모는 진제하치로(鎮西八郎)라는 별칭으로 알려진 헤이안시대 말기의 무장으로, 호겐의 난(保元の乱)에서 스토쿠 상황(崇德上皇) 측에 가담하여 하치조시마(八丈島) 섬에 유배되었다. 전설에 따르면, 하치조시마에서 천연두신을 쫓아냈기 때문에 섬에는 천연두 병이 없다고 한다. 천연두를 쫓기 위해 위조의 그림이나 그의 이름을 새긴 부적 등이 사용되었다.

*35 H·O·ローテルムンド, 『疱瘡神──江戸時代の病いをめぐる民間信仰の研究』, 岩波書店, 1995.

*36 棚橋正博, 『日本書誌学大系四八(一) 黄表紙総覧 前編』(青裳堂書店, 1986), p.191. 또한 다나하시에 따르면, 『천연두에 관한 가벼운 이야기 후편 고다카라야마』의 초판은 1836년에 출판되었으며, 이 해에 『천연두를 앓은 가벼운 이야기』도 재출간되었다고 한다. 이 해에는 홍역이 유행했다.

*37 同書, p.188.

*38 에도의 가사이카나마치(葛西金町, 현 도쿄도 가쓰시카구 히가시카나마치)에 있던 한다이나리(半田稲荷) 신사는 '천연두도 가볍다, 홍역도 가볍다(疱瘡も軽い, 麻疹も軽い)'라고 외치며 천연두와 홍역 퇴치 기도를 돌던 승려들의 활동으로 유명했다.

*39 武田科学振興財団杏雨書屋蔵.

*40 大阪府立中之島図書館蔵.

*41 前掲注31, p.85.

*42 前掲注35, p.127.

*43 クリフォード·ギアツ(小泉潤二訳), 『ヌガラ──19世紀バリの劇場国家』, みすず書房, 1990, p.122.

*44   前掲注28, p.107.

*45 藤井裕之, 「疱瘡·麻疹にみる病観─疱瘡絵とはしか絵の比較─」, 『近畿民俗』142·143, 近畿民俗学会, 1995, p.8.

*46 田中美紀子, 「麻疹考─命定めの医療が意味するものとは」, 『歴史民俗資料学研究』19, 神奈川大学大学院歴史民俗資料学研究科, 2014, p.61.

*47 立川昭二, 「隠れた治癒力──紅絵本·軍談本·戯草紙──」, 『文学』57-7, 岩波書店, 1989, p.21.

제3장

메기 그림과 에도의 대중문화

고마쓰 가즈히코(小松和彦)

1. 메기 그림이란 무엇인가

지진 속 게사쿠 작가들

에도시대 말기 1855년 10월 2일 밤, 에도를 매그니튜드 6·9의 직하형 대지진이 덮쳐 사망자 약 1만 명, 붕괴 가옥 약 1만 5천 채라고 하는 심대한 피해가 초래되었다.[*1]

한신·아와지 대지진이나 동일본 대지진을 겪은 우리에게는 그 참상을 상상하기 어렵지 않다. 곳곳에 심한 흔들림으로 찌그러진 집과 창고가 있고 지진 후 발생한 화재로 무너진 가옥에 깔려 있거나 화재에 휘말려 타 죽은 사람들의 모습, 집 밖으로 도망쳐 목숨은 건졌지만 여진의 공포에 떠는 사람, 무너진 가옥에서 문이나 다다미를 꺼내 추위를 이겨낼 임시 거처를 만드는 사람 등 지진 후 사람들의 다양한 모습이 눈에 선하다.

이런 상황에서 스스로 지진 피해를 파악하며 오늘날의 신문에 해당

하는 '요미우리 가와라반(読売かわら版)'을 판매하는 사람들이 여러 화
가나 게사쿠 작가들에게 부탁해 일찌감치 지진의 참상이나 지진 이후
서민들의 생활상 등 서민들의 심정을 대변하는 듯한 인쇄물을 내놓아
큰 인기를 끌었다. 현재는 '메기 그림(鯰絵)' 혹은 '지진 메기 그림(地震
鯰絵)' 등으로 불리는 인쇄물이 그것이다. 이러한 호칭이 붙은 이유는
인쇄물 대부분이 다음과 같은 속신(俗信)을 기반으로 여러 가지 '취향'
을 공들여 만든 괴물 메기를 그리고 있었기 때문이다.

　당시 유포되고 있던 속신에 의하면 지진이란 지하에 사는 괴물 메기
가 날뛰었기 때문에 일어나는 현상이다. 평소에는 히타치의 가시마다
이묘진(鹿島大明神)이 요석(要石)에서 그것을 움직이지 않도록 단단히
눌러주고 있는데, 가시마다이묘진이 방심한 틈에 메기가 난동을 부리
면 지진이 일어나는 것으로 사람들은 생각했다.

　메기 그림은 이미 1847년 젠코지 대지진(善光寺大地震) 때도 나돌았
으나 엄청난 종류의 메기 그림이 제작된 것은 이 1855년의 에도 대지진
때였다. 메기 그림이 얼마나 인기를 끌었는지는 이름을 알고 있는 메
기 그림 제작자 중 한 명인 가나가키 로분(仮名垣魯文)[1]의 예를 통해
알 수 있다. 그 모습을 제자 노자키 사분(野崎左文)[2]이 로분의 일대기

[1]　가나가키 로분(仮名垣魯文, 1829~1894). 막부 말기, 메이지시대의 작가. 1860년
　　『골계 후지모데(滑稽富士詣)』로 주목받았고, 1871년 『아구라나베(安愚楽鍋)』를
　　발표해 호평을 받았다. 이후 『가나요미신문(仮名読新聞)』과 『이로하신문(いろは新
　　聞)』을 창간했다.
[2]　노자키 사분(野崎左文, 1858~1935). 메이지시기의 신문기자, 교카 작가. 1873년,
　　철도 기숙사 외국인 기술자 고용인이 되었고, 1874년, 공부성 기술자가 되었으며,
　　1875년에 가나가키 로분의 문하에 들어가 가나가키 사분(蟹垣左文)이라는 이름을
　　얻었다.

『가나 반고(かな反古)』에 기록하고 있다.[2a]

지진이 발생했을 때, 로분은 추위로 이불 속에서 책을 읽고 있었다. 갑자기 천둥이 치는 듯한 소리와 함께 큰 지진이 일어났고 도망칠 틈도 없이 2층으로 올라가기 위해 마련해 둔 큰 사다리가 흙벽과 함께 무너지자 로분은 그 밑에 깔려 움직일 수 없게 되었다. 우연히 우물가에서 쌀을 씻고 있던 아내와 딸이 달려와 힘껏 사다리를 들어주어 로분은 드디어 기어나올 수 있었고, 다행히 부상 없이 바깥에서 하룻밤을 보냈다.

밤에 놀기를 좋아해 책을 읽고 있던 로분이 이런 처지에 빠졌으니 깊이 자고 있던 사람들 대부분은 무너진 건물에 깔려 쓰러졌거나 춥고 외딴곳으로 도망쳐 잠옷차림으로 여진이 사라지기를 기도했을 것이다.

하지만 이런 때 재빠른 것이 '기와모노시(際物師)'이다. 다음 날 아침이 되자 한 서점 주인이 '지진'을 소재로 한 니시키에(錦絵)에 넣을 원고를 구한다고 로분을 찾아왔다. 즉시 로분은 지진에 피해를 입은 자신의 집 앞에서 '나마즈노오이마쓰(鯰の老松)'라는 소재의 원고를 쓰고는 우연히 그 가게에 들른 가와나베 교사이(河鍋暁斎)에게 그림을 그리게 해 즉시 판매했다. 이 판화는 큰 호평을 받아 몇천 장이 팔리고 다른 서점들로부터도 의뢰가 이어져 며칠 동안 지진 관련 원고를 20~30장 넘게 썼으며 모두 큰 성공을 거둬 '메기' 덕분에 예상치 못한 수익을 얻게 되어 기뻐했다.[2b]

붐이 된 메기 그림

약간의 과장은 있겠지만 메기 그림이 호평을 받은 것은 이 증언으로 분명해 보인다. 로분 혼자 수만, 아니 수십만 개의 그림을 판 것이니 이를 따라한 다른 작가들의 메기 그림도 마찬가지였다고 봐도 무방할 것이다. 터무니없을 정도로 많은 메기 그림이 에도 시중에서 나돌았던 셈이다.

메기 그림을 만들어 낸 사회 상황을 사회사적 관점에서 상세하게 고찰한 기타하라 이토코(北原糸子)에 의하면, 『가나 반고』에 예시되어 있던 「나마즈노오이마쓰」와 「비가 오면 곤란해 한동안 바깥에서 노숙을 하니(雨には困り□(ます) 野じゅく しばらくのそと寝)」」이 외에도 로분의 손을 댄 메기 그림 초고는 「큰 집을 부수고 불태우는 메기(なまず大家破焼)」「메기 다이헤이키 곤자쓰바나시(鯰太平記混雑ばなし)」「지진 액막이(地震やくはらひ)」가 있다고 한다.*3

에도 출판문화에 정통한 이마다 요조(今田洋三)에 따르면 불과 한 달 뒤인 11월 2일에는 메기 그림을 포함한 지진 관련 인쇄물 판매가 막부에 의해 금지되었음에도 불구하고 이 기간에 이미 400종이 넘는 인쇄물이 나돌고 있었으며, 금지령에도 불구하고 그 후 몇 달 동안 메기 그림이 계속 제작 판매되었다고 한다.*4 이런 종류의 인쇄물이 얼마나 인기를 끌었는지 알 수 있는 대목이다. 판매가 금지된 것은 막부의 정치를 비판하거나 세상의 불안을 부추겼기 때문은 아니며 무허가 판매에 의한 것이었다. 발행처 입장에서는 지금이 바로 팔아먹을 때인데 느긋하게 허가 따위를 기다리기는 어려웠다. 잡혀갈 것을 각오하고 장사에 매진할 수밖에는 없었다.

실제로 『가나반고』에 따르면 로분은 잇피쓰사이 에이주(一筆斎英寿)
라는 화가와 함께 『안세이견문지(安政見聞誌)』라는 안세이기 지진기록
을 편찬하여 간행하였는데 막부의 허가 없이 출판하였다는 죄로 발행
인과 에이주 두 사람은 체포되었다. 그러나 다행히 로분은 이 책의 문
장 대부분을 썼음에도 불구하고 이름을 적지 않아 죄를 면할 수 있었다
고 한다.[*5]

메기에 관해서는 코르넬리우스 아우웨한트(Cornelius Ouwehand) 『메
기 그림 – 민속적 상상력의 세계(鯰絵──民俗的想像力の世界)』[*6]를 비
롯하여 기타니 마코토(気谷誠) 『메기 그림 신고(鯰絵新考)』,[*7] 미야타
노보루(宮田登)·다카다 마모루(高田衛) 감수 『메기 그림 – 지진 재해
와 일본문화(鯰絵──震災と日本文化)』,[*8] 기타하라 이토코(北原糸子) 『지
진의 사회사 – 안세이 대지진과 민중(地震の社会史──安政大地震と民
衆)』,[*9] 와카미즈 스구루(若水俊) 『에도 토박이 기질과 메기 그림(江
戸っ子気質と鯰絵)』[*10] 등의 연구가 있다. 여기에서는 주로 이러한 연
구를 참고하면서 메기 그림의 '취향'을 읽어내 에도의 서민이 공기를
흡입하듯 자연스럽게 향유하고 있던 서민문화의 단면을 엿보고자 한
다. 덧붙여 앞으로 소개하는 메기 그림에 붙여진 글인 사서(詞書)는
주로 『메기 그림 – 지진 재해와 일본 문화』 권말에 게재된 「메기 그림
총목록」의 번각을 따르고 있다. 또한 메기 그림에는 그림의 제목이나
사서가 없는 것도 있는데, 가상으로 붙여진 그림의 제목에 대해서도
『메기 그림 – 지진 재해와 일본 문화』에 따라 동그라미 괄호로 표시
하였다.

2. 요석·가시마의 신·메기

메기 그림의 삼대요소

메기 그림에 등장하는 기본적인 요소는 '요석(要石)'과 '가시마의 신 (鹿島の神)'과 '메기'이다. 이 가시마의 신과 요석은 지진을 막고 메기는 지진을 일으키는 요소이다.

그렇다면 에도 민중 누구나 알고 있던 이 세 가지 요소는 언제부터 결합하게 되었을까.

요석의 관념은 고대 석신신앙(石神信仰)에서 파생되어 불교적 언설에 의해 보강되었을 때 생겨난 것으로 보인다. 구로다 히데오(黑田日出 男)에 의하면, 요석이란 불교에서 말하는 땅속 깊은 곳의 '금륜제(金輪 際)'에서 자라고 있는 '장대한 금강보석(長大な金剛宝石)'에서 기원한 대 지를 지탱하는 돌이라고 한다.[*11]

땅바닥에서 지상으로 뻗어 있는 기둥과 같은 것으로 지상에 노출되 어 있는 끝이 요석으로 숭배되고 있는 것이다. 이는 종교학에서 말하 는 '세계축(世界軸)'이며 '대지의 배꼽(大地のヘソ)'에 해당하는 것이다. 이러한 '금강보석'이 존재하는 지점으로 이미 중세부터 유명했던 곳이 '지쿠마시마(竹生島)'와 '가시마(鹿島)'였다.

그런데 아시아에는 거대한 용과 물고기가 주변을 둘러싸고 있다는 전설이 널리 분포해 있었다.[*12] 지진은 이 용이나 물고기가 움직이면 일어나는 것이다. 이 전설은 헤이안시대에 일본에도 전해져 이 용이 위에서 서술한 '세계의 배꼽'을 중심으로 한 일본 열도를 둘러싸고 있 거나 지탱하고 있다는 관념으로 발전해 갔다. 그것을 말해 주는 것이

가나자와 문고본 「일본도(日本図)」와 1624년에 만들어진 「대일본국 지
진지도(大日本国地震之図)」이다. 흥미롭게도 「대일본국 지진지도」에는
이 용이 히타치국(常陸国)[3] 바로 위에서 자신의 꼬리를 물고 있으며 꼬
리 끝은 검이 되어 머리 쪽으로 돌출되어 있고 그 옆에 '요석(かなめ石)'
이라고 적혀 있다. 「가시마의 신」의 도검=요석이 일본열도를 둘러싸
는 용을 억누르는 구도인 것이다.

게다가 이 글자 옆 여백에는 오늘날에도 잘 알려진 지진예방의 노래
'흔들리더라도 절대 요석을 치워서는 안된다 가시마의 신이 없을 때에
는(ゆるぐともよもやぬけじの要石 かしまの神のあらんかぎりは)'이 적혀 있
다. 구로다 히데오는 이 주술과 같은 노래가 이미 『도키쓰네쿄키(言経
卿記)』1596년 7월 15일 기록에서 발견됨을 지적했다.[*13] 가시마의 요
석이 지진을 억누르고 있다는 믿음은 중세까지 거슬러 올라간다.

'지진 메기'는 이 일본을 감싸는 용의 변형 혹은 대체품으로 등장했
다. 〈그림 1〉은 안세이 대지진 이후 나돌았던 일본 열도의 피해 상황을
보여주는 가와라반 지도인데, 큰 메기(용)가 열도를 둘러싸고 있다. 오
카다 요시로(岡田芳朗)는 메기로의 변화는 17세기 후반 무렵부터일 것
으로 추측하고 있다.[*14] 왜냐하면 1667년 간행된 『진적문답(塵滴問答)』
이라는 책에 가시마의 신이 일본을 감고 있는 메기를 물리친다는 내용
이 있기 때문이다. 그러나 이보다 조금 더 이른 1645년에 출간된 하이
카이(俳諧) 서적 『게후키구사(毛吹草)』에는 지진에 대칭되는 시구로 가
시마, 메기의 대칭으로 지쿠부시마가 꼽혔다. 1676년의 『루이센슈(類

---

3) 고대 일본의 지방행정구분. 지금의 일본 간토 지방 동북부 이바라키현(茨城県)에
   해당한다. 조슈(常州)라고도 한다.

〈그림 1〉「지진의 변(ぢ志ん乃辨)」(동경대학 지진연구소 소장)

船集)』에도 메기에 대칭되는 시구로 지진과 지쿠부시마를 꼽고 있다.[*15] 지쿠부시마와 가시마가 중세부터 요석신앙으로 알려져 있었던 것을 감안하면 메기와 지진의 관계, 용에서 메기로의 변화는 중세 말기 무렵부터 천천히 진행되고 있었을지도 모른다.

　주목해야 할 것은 이러한 가시마의 신, 요석, 지진과 메기의 관념이 널리 침투하는 와중에 18세기 전반 무렵부터 호우·홍수로 인해에도 근교에 살던 메기가 에도의 강에도 대량으로 출현하게 되었고, 이것이

계기가 되어 에도의 서민들이 실제 메기를 인식하게 되었다는 미야타 노보루의 지적이다.[16]

서민에게 친근한 소재

메기 그림의 등장에서 놓칠 수 없는 것은 「오쓰 그림(大津絵)」의 영향이다. 오쓰 그림은 에도시대 도카이도 오쓰의 숙소에서 기념품으로 팔리기 시작해 전국에 알려진 명물이 되었다. 당초 불화(仏画) 위주였으나 점차 화제가 늘어나 좋은 인연을 기원하는 '후지무스메(藤娘)', 밤에 아이가 울지 않게하는 '오니의 차가운 염불(鬼の寒念仏)', 벼락을 막아주는 '뇌공(雷公)', 화재를 피하는 '벤케이(弁慶)', 무병장수를 기원하는 '외법대흑(外法大黒)' 등 오쓰 그림 10종으로 불리는 대표적 화제가 확정되었다. 그중에는 원숭이가 표주박으로 메기를 누르는 우스꽝스러운 모습으로 물난리를 예방하는 '표주박 메기(瓢箪鯰)' 그림도 있다. 오쓰에의 화제는 가부키 등에 도입되어 오쓰에세쓰(大津絵節)와 같은 노래나 후지무스메의 춤으로 사람들에게 널리 알려졌다.[17]

이러한 배경으로 인해 에도의 서민에게는 가시마 신앙이나 지진 메기가 친숙한 소재가 되었다. 그런 맥락에서 메기 그림을 다시 바라보면 에도 서민들이 평소 누리고 있던 생활문화나 풍속, 당시 유행했던 다양한 에도 오락문화의 영향이 메기 그림을 통해 발견되는 것 같다. 평소 잘 알고 있는 메기였기 때문에 그림 속이라고는 하지만 지진 후 에도의 다양한 모습을 반영하는 형태로 등장했을 것이다.

이미 말했듯이 메기 그림의 선구는 젠코지 지진에서 소재를 구한 것이다. 이 메기 그림은 아직 몇 종류밖에 확인되지 않았지만, 예를 들어

우타가와 구니테루(歌川国輝)의
서명이 있는 메기 그림「대지진
신슈젠코지(大地震さては信州善
光寺)」는 젠코지의 아미타여래
가 아마도 유녀로 생각되는 여
자와 함께 지진을 일으킨 메기
남(鯰男)을 꾸짖고 있는 구도이
며, 역시 구니테루의 서명이 있
는 메기 그림「가와리켄(かわり
けん)」(〈그림 2〉)에서도 메기남과
가위바위보 하는 유녀와 함께
아미타여래가 메기남의 수염을
붙잡고 꾸짖고 있다.

〈그림 2〉「가와리켄」
(국제일본문화연구센터 소장)

젠코지 대지진 때 메기 그림에서는 '아미타여래'가 연기하던 역할을,
에도 대지진 메기 그림에서는 '가시마의 신'이 연기하게 된 것이다. 무
엇보다 당시의 세태를 전하는 에도의 정보통 스도 요시조(須藤由蔵)의
『후지오카야 일기(藤岡屋日記)』에는 이 젠코지 지진 등 최근의 지진을
소재로 메기를 다루는 '괴이한 현상(怪風状)'에 대한 기술이 있는데, 거
기에서는 지진을 일으키는 죄를 지은 메기가 재판을 하는 '표단소(瓢箪
所)'의 결정에 따라 "히타치 신에 의해 땅 밑바닥으로 떨어졌다"고 전해
진다.*18 에도 서민들 사이에서는 젠코지 지진이 가시마 신의 방심을
틈타 메기가 일으킨 것으로 간주되었던 것 같다.

시대는 내려가지만, 『후지오카야 일기』에는 흑선이 우라가(浦賀)에
내항한 해인 1853년 구니요시가 그린「우키요 마타베 오쓰 그림의 간

행물(浮世又平大津絵のはんじもの)」이 인기를 얻은 것도 기록되어 있다. 이 그림에 대한 평을 보면 "일본에 혼란을 초래한 이국의 대메기를 가시마의 요석으로 누르고 있다 … 일본에 혼란을 초래한 이국인을 표주박 대통으로 눌러 제압해보는데 메기라서 미끌거린다"고 되어 있다.[19] 여기서도 지진=메기, 가시마의 신=요석이며, 또 흑선(이국인)이 지진=큰 메기로 인식되고 있다. 당시 지진을 일으키는 메기(괴물 메기)가 얼마나 사람들의 관심을 끌었는지 알 수 있을 것이다.

흥미로운 것은 요석의 대체재로 표주박이 생겨나 그것을 통해서도 메기를 제압할 수 있을 것으로 생각되었다는 점이다. 표면이 매끄럽고 둥근 표주박이어서 겉이 미끈미끈한 메기를 어떻게 억누를 수 있을까 하는 의문도 생기는데, 이는 선문답(禅問答)을 다룬 그림 「표주박과 메기(瓢箪と鯰)」나 오쓰 그림 「표주박 메기(瓢箪鯰)」에 따른 연상이다.[20]

3. 메기 그림이 전하는 지진 재해 이후의 세상

메기 그림의 유형

그런데 이러한 메기 그림의 초창기를 거쳐 1855년 에도 대지진 직후 메기 그림은 붐을 맞이하게 된다.

특히 주목하고 싶은 것은 메기 그림이 에도의 서민 중 한 사람인 화가나 게사쿠 작가가 에도 서민의 마음을 고려해 서민이 그림을 보거나 글을 읽으면 금방 알 수 있는, 즉 서민이 평소에 보거나 듣던 당시의 말을 사용해 '취향', 지금 식으로 말하면 '주제'로 그리고 있다는 점이다. 따라서 거기에서 발견할 수 있는 것은 무사 등 지배계층의 재해 후 생활상이라기보다는 에도의 서민생활, 다시 말해 '에도의 생활문화'이자 '에도의 대중문화'인 것이다.

매우 다양하고 취향도 복잡한 메기 그림의 형태와 글의 특징을 파악하기는 쉽지 않지만 도미자와 다쓰조(富澤達三)에 의하면 대략 다음과 같은 경향을 보인다고 한다.*21

지진 직후 여진이 계속되면서 지진 공포가 가시지 않을 무렵에는 지진의 진정을 기대해 메기 그림이 나돌았고 여진이 잦아들면서 복구가 본격화되자 경기를 타고 윤택해지는 사람들이 생겨났고 이에 따라 메기가 복의 신, 심지어 세상을 고치는 신으로서의 성격을 가지는 경우도 있었다.

이 점을 고려해 분류하면 대략 다음 네 가지 유형으로 나눌 수 있을 것으로 보인다.

첫 번째 유형은 지진의 참상과 노상생활을 하는 모습과 많은 가옥이 무너져 화재가 곳곳에서 발생하고 있는 모습, 희생자 공양의 모습 등을 그린 것이다. 그러나 이런 그림 중에는 메기가 그려지지 않은 것도 있다. 예를 들면 「지진 이후 노숙하는 그림(地震後野宿の図)」(〈그림 3〉)은 언뜻 보면 지진 후의 노숙·가옥의 모

〈그림 3〉「지진 이후 노숙하는 그림」
(국립국회도서관 소장)

〈그림 4〉「요시하라 지진소망지도」(동경대학 총합도서관 소장)

습을 그리고 있는 것에 지나지 않는 것으로 생각된다. 하지만 자세히
보면 초롱에 지진 메기와 관련된 '가시마 신(鹿嶋明神)', '요석(要屋)',
'표단옥(瓢簞屋)'이라는 글자가 적혀 있다.

지진 후에 나돌았던 인쇄물에는 메기를 의식하지 않고 재해 상황을
전하는 뉴스성에 중점을 둔 요미우리 가와라반으로 간주할 수 있는 것
도 있다. 예컨대 「요시하라 지진소망지도(吉原地震燒亡之図)」(〈그림 4〉)
등이 그런 종류의 것이다. 이들도 메기 그림의 관련 자료로 취급되고
있다.

두 번째 유형은 가시마의 신이나 요석으로 괴물 메기를 제압한 모습
이나 성난 시민들이 메기를 응징하는 모습, 메기를 요리하는 모습 등
이 그려져 있는 것이다.[22] 메기 그림에는 이런 종류의 형태가 아주 많
다. 예컨대 「기쁜 길일에 바로잡다(あら嬉し大安日にゆり直す)」(〈그림 5〉)

〈그림 5〉「에도식 숯불 메기구이」   〈그림 6〉「기쁜 길일에 바로잡다」
　　(국제일본문화연구센터 소장)   　(국제일본문화연구센터 소장)

나 「에도식 숯불 메기구이(江戸前かばやき鯰大火場焼)」(〈그림 6〉) 등이
이것에 해당한다. 아마도 여진이 계속되는 가운데 지진에 대한 두려움
을 달래고 집과 연고자를 잃은 슬픔과 지진에 대한 분노를 토해내고
진정시키는 기능을 했을 것이다. 무엇보다 '지진 방지의 신'으로서의
가시마 신앙이나 요석 신앙에 기초한 것이라 하더라도 서민들의 가시
마 신이나 요석에 대한 신뢰는 희박하여 오히려 속신으로 간주하여 부
담 없이 그림에 끌어들인 것 같다.

　세 번째 유형은 지진 재해를 재액으로 간주한 사람들과 그것을 행운
으로 간주한 사람들의 대비에 초점이 맞춰져 있는 것이다. 「부자가 띄
운 보물선(持丸たからの出船)」(〈그림 7〉)이나 「○부자(持○長者)」(〈그림
8〉)가 그 일례이다.

　복구에는 금전이 대량 소비된다. 막부나 무사계급, 절, 부유한 상인

〈그림 7〉「○부자」 〈그림 8〉「부자가 띄운 보물선」
(국제일본문화연구센터 소장) (동경대학 총합도서관 소장)

들이 내는 이재민에 대한 구제책은 부유한 지배층에게 편재된 부를 토해내게 해 경제를 활성화시키는 측면을 가지고 있었다. 또 붕괴되거나 소실된 가옥의 재건은 당시 건축업계에 큰 경제적 이익을 주었다. 메기가 부자로부터 돈을 토해내게 하고 그 돈을 경쟁적으로 줍는 사람들, 메기남을 요정에서 접대하는 사람들과 같은 그림은 바로 지진의 혜택을 받고 있는 사람들이 있다는 것을 여실히 그려내고 있다.

네 번째 유형은 여진이 조금 진정되고 복구도 진행되어 곧 지진 전 태평성대가 돌아올 것이라는 기대나, 혹은 지진을 계기로 지금까지의 세상이 새롭게 바뀌는 것이 아닌가 하는 생각이 담겨 있음을 넌지시 말해 주는 그림이다. 예컨대 메기 그림 중에는 "신의 부재를 틈타 메기가 장난을 쳤는데 이번 기회에 세상을 고치고 재건"이라든가 "소동을 일으킨 메기 따위는 꽁꽁 묶어서 가시마로 보내자. 이제부터는 계속해

〈그림 9〉「바로 고쳐지는 세상」   〈그림 10〉「세상을 바꾸는 메기의 정」
(국제일본문화연구센터 소장)   (국립국회도서관 소장)

서 좋은 일이 온다. 여기저기서 돈이 온다"라든가, "세상, 좋다, 좋다"
라고 하는 문구가 적혀 있다. 「세상을 바꾸는 메기의 정(世直し鯰の情)」
(〈그림 9〉)이나 「바로 고쳐지는 세상(ぢきに直る世)」(〈그림 10〉) 등은 그런
종류의 메기 그림이다.

　이러한 세태 의식은 지진에 의해 금전의 회전이 좋아지고 바람직한
태평성대의 세상으로 돌아갈 것이라는 현상 긍정을 전제로 한 우스갯
소리이지 막부가 무너지고 새로운 정치 사회 체제가 태어난다는 의미
의 세태와 결부된 것은 아니었다. 하지만 흑선의 내항이나 천재지변,
빈부 차의 확대 등에 의해 사회 불안이 조성되고 있던 시기에 세상의
근본으로부터의 「세상의 변화」를 기대하는 생각이 조금씩 생겨나고
있었던 것은 분명하다.

　메기 그림에는 상술한 바와 같은 지진 재해 후의 세태가 반영되어

<그림 11> 「지진 화재 액 쫓기」
(국제일본문화연구센터 소장)

<그림 12> 「무제」
(메기와 가시마 다이묘신의 힘겨루기)
(국제일본문화연구센터 소장)

있는데 이러한 분류에 들어가지 않는 취향의 그림도 많다. 예컨대 가부키의 명장면이나 대도예(大道芸)로부터 취향을 빌리거나 유행가, 스모, 가위바위보와 같은 놀이 또는 설날이나 세쓰분(節分) 등의 연중행사(<그림 12>) 등, 당시의 대중 오락·민간 신앙·행사에 취향의 소재를 구한 것이 많다. 아마도 지진 직후의 혼란이 겨우 진정되어 복구를 향해 움직이기 시작했을 무렵에 그려진 것일 것이다. 내가 여기서 다루려고 하는 것은 이러한 에도의 대중문화를 무의식적으로 표상하고 있는 메기 그림이다.

4. 메기 그림의 취향과 대중문화

해독을 위한 배경 지식

메기 그림이 인기를 끌었던 이유는 뉴스성도 있지만, 그림과 사서(詞書)가 지진 이후 서민들의 사회상을 반영하면서도 근세 서민문화의 근간을 이루는 오락성, 해학성이 풍부하게 담겨 있었기 때문이다. 즉, 지진 이후 에도 서민의 욕구를 읽어내고 이를 충족시키기 위한 다양한 노력이 이루어지고 있는 것이다. 판권업자, 화가, 희극작가들은 '서민의 욕구 대변자'가 되어 장사를 하고 있었기 때문에 서민을 계몽하려는 마음은 별로 없었고, 무엇보다 먼저 명성을 얻어 팔리는 것에만 급급했다. 그래서 화제나 사장에 누구나 관심을 가질 만한 '취향'을 사용했고, 때로는 거기에 정치나 사회에 대한 비판도 포함될 수밖에 없었다.

메기 그림은 어떤 의미에서 오늘날의 사진과 같은 성격을 겸비하고 있다고도 할 수 있다. 그 그림의 문양만 보고도 그 취향, 즉 그려진 풍경이나 인물, 재미가 무엇인지 쉽게 알 수 있는 것도 있다. 그러나 보자마자 그 재미를 알 수 있는 것은 그리 많지 않다. 함께 첨부된 글을 읽어도 잘 이해되지 않는 것도 있다. 이는 우리에게는 이미 낯선 것이지만 당시 일반 서민들에게는 이미 알려진 지식이나 익숙한 광경, 생활양식이었기 때문이다.

다양한 취향 중 압도적으로 많은 것은 '가시마의 신'과 '요석'이지만, 그다음으로 많은 것은 '가부키'이다. 이는 가부키가 당시 에도 서민의 가장 큰 지지를 받았던 대중오락 문화였음을 말해준다. 즉, 메기 그림의 대부분은 사람들이 잘 알고 있는 가부키의 명장면을 모방하거나 대사를 흉내 내어 만들어졌다는 것이다. 가부키는 현재도 인기 있는 전통 예능이기 때문에 현대인이라면 누구나 떠올릴 수 있는 취향도 있지만, 가부키를 잘 아는 사람만이 알 수 있는 취향도 발견할 수 있다.

그다음으로 많은 것이 '표주박 메기', '지진방지의 표식', '유행가', '권합(拳合)', '광고 전단지', '다이코쿠(大黑) 등의 복신, 다카라후네(宝船)' 등이다. '표주박 메기'는 위에서 언급한 바와 같이 표면이 매끈매끈한 표주박으로 미끄러운 몸통의 메기를 누른다는 잘 알려진 풍습으로, 지진 메기를 암시하고 있다. '지진방지의 표식'은 문간에 붙이는 각종 '액막이 부적'을 빗댄 것이다. 당시의 '유행가'는 지방의 속요가 에도에 전해져 민간에 유포된 것이 많다. '광고 전단지'는 상가의 간판이나 광고를 뜻한다. '다이코쿠 등의 복신, 보배선'은 부흥 경기를 이야기하는 것인데, 설날이 가까웠기 때문에 이런 풍속이 사용되었을 것이다.

에도시대에는 막부 정권하에서 일어난 정치적 사건을 실명으로 소설이나 우키요에에서 이야기하거나 그리는 것이 금지되어 있었고, 또 쇄국으로 인해 새로운 지식이 해외에서 수입되는 일도 거의 없었기 때문에, 그때까지 축적된 에도시대 이전의 문화를 여러 가지 궁리, 기법을 통해 다시 창조하는 경향이 강했다. 또한 현대와 같은 판권이나 저작권 등이 없어 다른 작품의 인용과 차용도 자유로웠다. 본 시리즈의 첫 번째 권에 해당하는 『일본대중문화사』에서 사용하는 용어로 말하면 '2차 창작', '3차 창작'이 자유로웠다.[23] 당연히 메기 그림에도 그러한 사정이 반영되어 비슷한 그림이나 글을 볼 수 있다. 인기 있는 가부키나 유행가, 놀이, 그리고 화제가 된 메기 그림의 그림이나 글을 모방하거나 차용하거나 참고하여 만들어졌기 때문이다. 아래에서 몇 가지

구체적인 예를 들어 이를 확인해 보도록 하자.

가부키의 명장면이 메기 그림으로!

가부키 취향을 반영한 것 중에는 가부키의 명장면에서 그림의 패턴을 차용한 메기 그림이 있다. 예를 들어 「성대요석치 만자이라쿠노쓰라네(聖代要石治 万歳楽のつらね)」(〈그림 13〉), 「비가 오면 곤란해 한동안 바깥에서 노숙을 하니」, 「사민불근초 기쓰레시바라쿠(四民不動礎 吉例暫)」 등은 가부키의 정월로 불리는 11월의 배우 무대인사 흥행에 빠뜨릴 수 없는 이치가와 단주로(市川團十郎) 가문의 연작 열여덟 번째 작품인 『시바라쿠(暫)』에서 소재를 찾고 있다.

〈그림 13〉「성대요석치 만자이라쿠노쓰라네」
(국제일본문화연구센터 소장)

그중 하나인 「성대요석치 만자이라쿠노쓰라네」를 자세히 보면, 여기에는 괴물 메기가 그려져 있지 않다. 때문에 이것은 메기 그림의 일종이라고 말해주지 않으면 언뜻 보기에는 지진 직후에 나온 메기 그림의 일종이라는 것을 알 수 없을지도 모른다. 하지만 당시 에도 서민들은 금방 알 수 있었을 것이다.

『시바라쿠』는 1697년 1월에 에도 나카무라좌(中村座)에서 초연된 『산카이 나고야(参会名護屋)』의 마지막 장면이다. 이 작품이 명성을 얻어 마지막 장면이 독립적으로 『시바라쿠』라는 외전으로 매년 11월에 열리는 배우 무대인사 공연의 단골 메뉴로 자리 잡았다. 가부키 마니아라면 누구나 알고 있는 유명한 작품일 것이다.

스토리는 악당이 자신의 뜻에 따르지 않는 자들을 하인에게 명령하여 죽이려 할 때, '잠시'라는 소리와 함께 선한 역할인 가마쿠라 곤고로 가게마사(鎌倉權五郎景政)[4]가 씩씩하게 등장해 악당을 처치하고 사람들을 돕는다는 매우 단순한 내용이다. 이치가와 단주로식 가부키의 진수이자 묘미라고 할 수 있는 공연이었기 때문에 에도 서민들의 인기를 얻었고, 우키요에 화가들도 일제히 이를 연기하는 배우의 그림과 명장면을 우키요에 등으로 그렸다. 〈그림 14〉도 그중 하나이다.

'쓰라네(つらね)'는 이때 곤고로가 "천지건곤(天地乾坤), 사이팔황(四夷八荒)의 구석구석에 울려 퍼지는 가부키의 꽃 ......운운"이라고 말하는 난해한 대사를 지칭하는데, 사람들은 대사의 의미는 차치하고서라

---

[4] 가마쿠라 가게마사(鎌倉景政, ?~?). 헤이안시대 후기의 무사. 1083년 미나모토노 요시이에(源義家)가 기요하라 이에히라(清原家衡) 등을 공격했을 때 오른쪽 눈에 화살을 맞으면서도 분전했다. 아군 무사가 얼굴을 밟아 화살을 뽑으려 하자, 무사의 수치로 여겨졌다고 한다.

〈그림 14〉 우타가와 구니사다(歌川 国貞)
「8대 이치가와 단주로 하나미치에서 쓰라네하는 그림
(八代目市川団十郎　暫花道にてつらねの図)(와세다대학 연극박물관 소장)

도 그 웅변술에 매료되었다. 메기 그림의 글은 이 '쓰라네'의 대사를
인용하여 지진에 대한 내용을 담고 있다. 놓치기 쉽지만, 가부키의 간
판 등에 쓰이는 간테이류(勘亭流)[5]로 글이 쓰여져 있다는 점도 눈여겨
볼 만하다. 조금 길어지지만 그 전문을 인용해 보자.

　　동서남북, 사방팔방, 천지건곤의 그 사이에 어느 땅도 흔들리지 않은
곳이 없다. 먼 곳에서는 소리로 들을 수 있고 가까운 곳에서는 눈에 보인
다. 10월을 맞아 집이 무너지고 대지가 갈라져 이 세상이 나락으로 떨어
지는 아비규환. 노숙하는 사람들의 고생은 병이 되고 오색비처럼 내리는
눈물을 벼루에 담아 지진의 노래를 짓는다. 감색 소복과 큰 칼을 찬 나리

---

5) 가부키 간판 등에 쓰이는 굵은 서체.

타야(成田屋). 가시마 요노스케 석좌(鹿嶋要之助石座)라 불리는 신동 남염부대(神童南贍部台). 힘껏 꼬리를 치는 노라쿠라모노(のらくら者). 무대인사가 가까워지는 10월 2일. 반석처럼 단단해진 황국, 흔들리지 않는 만자이라쿠, 이후에도 방해를 한다면 뼈를 발라서 숯불구이로 만들어 사람들 입에 털어 넣어 버리겠다.

글의 대략적인 내용은 다음과 같다. "신이 이즈모(出雲)에 출타한 10월에 지하에 있는 메기가 지진을 일으켜 집과 창고 등을 뒤흔들었고, 갈라진 대지의 땅에서 죽는 사람과 집을 잃고 노숙하는 사람이 나왔다. 그때 감색 옷을 입고 큰 칼을 찬 나리타야(이치카와 단지로 등이 연상되는)가 나타나 가시마 요노스케 석좌('가마쿠라 곤고로(鎌倉権五郎)'의 어원인 '가시마의 신+요석'의 합성어)라고 칭하며 지진을 일으킨 노라쿠라모노('지진 메기(地震鯰)'의 어원)를 향해 이제부터는 요석을 반석으로 굳혀 이제 더 이상 흔들리지 않는 황국의 대를 이어받았으니 걱정이 없다. 만약 앞으로 지진을 일으켜 세상을 어지럽힌다면, 숯불구이로 만들어서 사람들에게 먹여주겠다."

즉, 이 그림은 '시바라쿠'의 장면과 대사를 차용하여 왼쪽 앞쪽의 '가마쿠라 곤고로 가게마사'로 형상화한 '가시마의 신'(과장된 의상의 좌우에 '가시마'라는 글자가 쓰여 있다)이 '지진 메기'를 다시 제압한다는 취지로 되어 있는 것이다. 이러한 '미타테(見立)'[6]과 '모지리(もじり)'[7]를 통

---

6) 가부키에서 유사한 다른 것을 연상시켜 표현하는 것. 양식미를 형성하는 주요 요소 중 하나.
7) 언어유희의 하나. 단어를 동음이의어 또는 소리가 비슷한 다른 단어에 붙여서 말하는 것.

해 사람들의 지진에 대한 분노와 그 후의 평안을 바라는 마음을 표현한 것이다.

대유행한 '가위바위보'

또 하나의 예를 들어보자. 위에서 언급한 바와 같이 가부키는 에도의 서민-대중문화 창조의 본류를 이루었고, 거기서 명성을 얻은 연기와 장면, 노래 등이 다양한 유행이 되어 서민들 사이에 퍼져나갔다. 이 무렵 서민들 사이에서는 '권합(拳合)'이 대유행하여 그 모습을 그린 우키요에가 많이 유통되었다. 이 유행에도 가부키의 영향이 짙게 나타났다.

'권합'은 손과 몸을 이용한 '산스쿠미(三すくみ)'[8]의 동작으로 승부를 겨루는 놀이로, 지금도 '가위바위보'나 '야구권(野球拳)'[9]에서 그 흔적을 찾아볼 수 있는 놀이로 18세기 에도에서 크게 유행했다. 제프 린하르트(Sepp Linhart)에 따르면, 1847년 1월 12일부터 에도의 가와라사키좌(河原崎座)에서 『노리카케소가도추 스고로쿠(飾駒曾我通双六)』가 상연되었는데, 그 4막의 조루리로 「와라우카도니와카노시치후쿠(笑門俄七福)」라는 권합을 하는 장면이 있어 그것이 유명세를 타면서 대유행이 되었다고 한다. 이 조루리의 권합은 '도테쓰루켄(とてつる拳)'이라고 불린다. 이는 '도테쓰루텐(とてつるてん)'이라는 샤미센 소리를 흉내 낸 말이 있는 데서 유래한다.[*24]

---

8) 삼자가 서로 견제하여 서로 자유롭게 움직일 수 없는 상태를 말함.
9) 일본 가위바위보의 한 장르이며, 연회의 흥을 돋우기 위한 기술로 발전했다.

『후지오카야 일기』는 그 인기를 다음과 같이 기록하고 있다. "이번 달 사루와카마치 가와라사키에서 도테쓰루켄이 크게 유행해 꽃놀이에 나간 사람부터 노파에 이르기까지 권합에서 지는 것을 큰 수치로 여기고 열여섯 문장을 내고 도테쓰루켄의 연습서를 사서 모두들 왕래를 하며 연습을 한다.*25" 꽃놀이를 나간 사람들이 길거리에서 권합에 열중하는 모습을 떠올리면 미소가 절로 지어진다.

'권합'은 승부에 들어가기 전에 '우타(唄)'를 부르는 동작을 수반한다. 예를 들어, 아이들의 가위바위보의 경우, "셋셋세노, 요이요이요이, 절의 스님이 호박씨를 뿌렸습니다. 싹이 나서 성장해 꽃이 피니 가위바위보"라는 노래가 있고, 야구권의 경우 "야구를 하려면 이런 식으로 해야지"라는 노래가 알려져 있다. 예를 들어, 〈그림 15〉는 권합을 소재로

한 우타가와 구니요시의 풍자화 중 하나인 「광대권합(道化拳合)」으로, '호랑이', '여우', '개구리'를 의인화한 세 사람이 권합을 하고 있는 모습이 그려져 있다.

이 노래에는 세 종류의 주먹, 즉 '충권(虫拳)'이라 불리는 '개구리', '뱀', '민달팽이'의 세 가지 주먹, '호권(虎拳)'이라 불리는 '와토나이(和藤内)', '와토나이의 노모', '호랑이'의 세 가지 주먹, '여우권(狐拳)'의 '여우', '사냥꾼', '마을 촌장'의 세 가지 주먹 놀이가 노래

〈그림 15〉 구니요시 「광대권합」
(도쿄도립중앙도서관 특별문고실 소장)

에 담겨 있다. '충권'은 오른손 엄지손가락으로 표현한 '개구리'가 새끼
손가락으로 표현한 '민달팽이'를 이기고, '민달팽이'가 집게손가락으로
표현한 '뱀'을 이기고, '뱀'이 '개구리'를 이기고, '호권'은 '와토나이'가
'호랑이'를 이기고, '호랑이'는 '와토나이의 노모'를 이기고, '와토나이
의 노모'는 '와토나이'를 이기고, '여우권'은 '사냥꾼'이 '여우'를 이기고,
'여우'는 '마을 촌장'를 이기고, '마을 촌장'은 '사냥꾼'에게 이긴다는 것
이다.

당시 유행했던 것은 '여우권'이었는데, 위에서 언급한 「광대권합(狂
人拳合)」도 '여우권'의 동작을 하고 있다. 즉, 여우는 손바닥을 위로 하
여 양손을 앞으로 내밀어 '총'을 들고 있는 것을 나타내고, 개구리는
양손을 귀까지 올려 '여우'를, 호랑이는 양손을 무릎 위에 올려 '마을
촌장'을 표현하고 있다.

그런데, 메기 그림에도 이 '권합
(拳合)'의 기풍이 많이 채택되었다.
예를 들어 '지진권(地震けん)', '세
상 바꾸기권(世直し拳)', '삼직 세
상 바꾸기권(三職世直し拳)'과 같은
화제의 메기 그림이 좋은 예이며,
이미 언급한 젠코지 지진 당시 유
행한 메기 그림 '가와리켄(かわりけ
ん)'에도 유녀로 추정되는 여자와
메기 남성이 '권합(拳合)' 하고 있
는 모습이 그려져 있었다.[*26] 「지진
권(地震けん)」(〈그림 16〉)이라는 제

〈그림 16〉 「지진권」
(국제일본문화연구센터 소장)

목의 메기 그림을 보면, 오른쪽 뒤편의 '메기 남자'는 '여우'의 동작을,
오른쪽 앞의 사람('화재'의 의인화)은 '총'의 동작을, 상대하는 사람('번개'
의 의인화)은 '마을 촌장'의 동작을 하고 있는 것을 알 수 있다. 왼쪽 뒤
편의 남자는 '교지야쿠(行事役)'[10]의 사람으로 보이는데, 위의 세 사람
이 '지진', '화재', '번개'를 표현한다면 이 사람은 '아버지'를 의미하게
된다. 즉, 이 그림은 당시 유행하던 '여우권'을 형상화한 그림이라는
것이다.

그림과 글이 세트이므로, '여우권'을 흉내 낸 '지진권'의 가사도 함께
소개하겠다.

> 이번 대지진, 집은 무너지고 큰일이 났네. 사람들은 당황해서 어느 쪽
> 으로 갔을까. 아, 창고와 기와에 파묻혔는데 아버지가 아이를 데리고 겨우
> 빠져나와 자 이쪽으로 오세요. 화재가 여기저기 일어나 몸을 낮추고 기어
> 서 기어서 어디로 갈까요. 아, 허무하게 걸어가 할아버지, 할머니의 손을
> 끌고 들어갈 곳이 없으면 배로 오세요. 게다가 큰 비가 내리고 천둥 벼락
> 이 치니 모두 흠뻑 젖어서 노숙도 할 수 없구나. 아, 큰일이다. 큰일이야.
> 목공들이 수고를 해야겠다. 이제부터 점점 세상을 고쳐 돈을 벌어 오세요.

이 가사집은 여우권의 노래를 모방하여 지진 후의 참상과 세상 돌아
가는 모습을 이야기하고 있지만, 마지막 구절에서 점차 원래의 태평성
대로 돌아갈 것이라는 희망도 담고 있다. 또한 여기에도 '지진·천둥·
번개·불·아버지'가 내포되어 있음을 알 수 있다.

---

10) 에도시대에 마을 또는 상인 조합 등을 대표하여 사무를 맡아보던 사람.

유행가에서의 차용

또 다른 예로, 당시의 '유행가'에서의 차용 사례를 살펴보자. 당시 에도에서는 '이세온도(伊勢音頭)',[11] '이타코부시(潮来節)',[12] '요시코노부시(よしこの節)',[13] '도도이쓰(都都逸)'[14] 등 비교적 짧은 가사의 노래나 '조보쿠레(ちょぼくれ)',[15] '존가레(ちょんがれ)',[16] '히토쓰토세(一つとせ)',[17] '구도키부시(口説節)'[18] 등 사건에 대한 후일담이 서민들에게 인기를 끌었다. 그 대부분은 지방에서 유입된 원곡이 다양하게 바뀐 노래로 유행했다.*27

그 가장 큰 재창작과 발신처는 역시 가부키나 조루리 등의 연극으로, 유행가도 가부키나 조루리, 요세, 연회 등에 도입되었고, 거기서 다시 서민들 사이로 퍼져나갔다. 메기 그림의 그림체나 화제, 가사에도 당시 유행하던 다양한 음곡, 속요의 가사와 이를 부르는 게이샤의 모습이 반영되어 있다. 예를 들어, 게이샤와 춤을 추며 노는 메기 남자를 그린 「오쓰부레부시(大津ぶれぶし)」(〈그림 17〉)와 「늙은 메기(老なまづ)」

---

11) 에도시대 이세에서 불려 전국에 퍼진 민요를 가리킨다. 옛날에는 이세의 유곽에서 유녀들이 노래와 춤을 추기 위해 사용하는 음곡 이세온도라 불렀다.
12) 에도 중기에 이바라키현에서 발생해 전국적으로 유행한 속요.
13) 에도 후기에 유행한 속요. 이타코부시(潮来節)에서 나온 것으로 알려져 있으며, 칠·칠·칠·칠·오의 4구 가사로 내용·형식은 도도이쓰(都都逸)와 비슷하다.
14) 속요의 하나. 칠·칠·칠·오의 26글자로 남녀의 정을 표현한 것이 많다.
15) 제문(祭文)의 일종으로 에도시대 후기에 유행한 대중예능.
16) 조보쿠레를 오사카 지역에서 부르던 명칭.
17) 순서를 세면서 부르는 노래 형식.
18) 에도 후기에 유행한 속요. 동반자살 사건이나 세속의 이야기를 장편 노래 이야기로 만들어 샤미센에 맞춰 노래한 것이다.

〈그림 17〉「오쓰부레부시」
(동경대학 지진연구소장)

〈그림 18〉「늙은 메기」
(국제일본문화연구센터 소장)

(〈그림 18〉)와 같은 메기 그림에서 이를 발견할 수 있다.

「오쓰부레부시」의 원래 노래는 오쓰의 여관의 게이샤가 오쓰의 다양한 그림 소재를 노래한 '오쓰에즈쿠시(大津絵尽し)'였으나, 에도에 전해져 '야쿠샤즈쿠시(役者尽し)', '료고쿠즈쿠시'와 같은 다양한 '모노즈쿠시(物尽し)'[19]가 되었고, 구애를 하는 가사 등으로도 바뀌었던 것으로 보인다. 〈그림 17〉의 글은 오쓰에부시(大津絵節)의 가사(화제)를 모방한 것이다.

집이 무너져 불이 나고, 집이 크게 흔들려도 무사하면 다행. 짚신 가격

---

19) 즈쿠시는 같은 종류의 물건을 열거하는 것을 말한다.

은 올라가고 창고의 나무 장작도 사라져 나무를 팔아 돈을 벌고 직공들이
고생하고 가부키 배우는 곤궁해지니 돈이 있는 부자들이 돈이라도 풀었
으면 좋겠다.

그런데 가부키와 함께 또 하나의 중요한 정보-문화 매체는 '요미우
리(가와라반)'를 비롯한 다양한 '거리의 악사'들이었다. 앞서 언급한 작
가 가나가키 로분도 젊은 시절 기다유부시(義太夫節)[20]를 배운 적이 있
어서인지, 유명해지기 전까지는 유행가 가사를 써서 '요미우리'에 팔기
도 하고, 직접 갓을 쓰고 길거리에 나가 팔기도 했다고 한다.

당시 '요미우리'의 대부분은 갓을
쓰고 때로는 샤미센을 연주하는 사
람까지 합세하여 대체로 두 명이 함
께 다니며 한 명은 가느다란 대나무
막대기로 글씨를 쓰면서 책이나 인
쇄물을 읽고, 한 명은 그 판매원이었
다. 〈그림 19〉는 그런 '요미우리'를
형상화한 것으로 메기가 가와라반을
팔고 있는 모습이다. 그림을 보면 갓
끝에서 턱 부분이, 기모노 자락 끝에
서 손이 살짝 보이는데, 이를 자세히
보면 두 사람이 메기라는 것을 알 수

〈그림 19〉 「하우타즈쿠시」
(국제일본문화연구센터 소장)

---

20) 일본 고전음악의 한 종류. 다케모토 기다유(竹本義太夫)가 창시한 조루리 유파.
   17세기 후반에 인형극의 음악으로 성립했다.

있다. 목수 같은 남자가 사는 것은 메기 그림일까? 가사의 제목이 '하우타즈쿠시(はうたづくし)'라고 되어 있으니, 두 메기 남자는 단가를 모방한 노래를 부르고 있는 것일지도 모르겠다. 이 가사는 지금도 게이샤를 초대한 자리에서 춤과 함께 부르는 '스차라카(すちゃらか)', '선반의 달마(棚のだるま)', '이슬은 참억새(露は尾花)'라는 우스꽝스러운 세 곡이 소재가 되어있다. 이것도 가사를 소개해 두자.

[스차라카] 이번 지진은 시내에서 일어나 여기든 저기든 무너져 버렸다. 부자들의 속도 무너졌다. 유녀들의 생활도 힘들어지고 가게가 불타 없어져 곤란하다. 겨우 장소를 빌려서 영업을 하는데 게이샤들도 허튼소리나 하는구나.

[선반의 달마] 너무 지진이 심해 대도시 한가운데로 나가 보면, 창고의 대들보가 쓰러지기도 하고, 또 집을 부숴버리는 것을 보기도 한다.

[이슬은 참억새] 신은 지진이 그런거라 하고 지진은 신이 그런거라 하네. 했다고 하든 하지 않았다고 하든 메기가 그림에 등장했다.

또한 「조보쿠레존가레(ちょぼくれちょんがれ)」(〈그림 20〉), 「지진의 스차라카(地震の寿ちゃらか)」(〈그림 21〉), 「도라가여래가 세상을 바꾸는 조보쿠레(どらが如来世直しちょぼくれ)」 등의 메기 그림은 '아호다라쿄(阿呆陀羅経)', '조보쿠레부시(ちょぼくれ節)', '스차라카부시(すちゃらか節)' 등의 곡을 부르는 거리의 악사로 비유된다. '아호다라쿄'는 스님이라고는 하지만 거지와 종이 한 장 차이의 노점상 '간닌보즈(願人坊主)' 계열의 잡예(雑芸)로 '불설 아호다라쿄(仏説阿呆陀羅経) ……'이나 '귀명정례(帰命頂礼) ……' 등 불승의 경전 같은 분위기를 자아내어 노래하지

〈그림 20〉「지진의 스챠라카」   〈그림 21〉「조보쿠레존가레」
(국제일본문화연구센터 소장)   (국제일본문화연구센터 소장)

만, 노래의 내용은 전혀 다르다. 세상을 재미있게, 때로는 사회비판도 섞어 노래하는 것이었다. '후시단셋쿄(節談説経)'[21]나 기타 속요·유행가 등의 영향을 받았으며, '나니와부시(浪花節)'[22]의 선구적인 형태라고도 한다.[*28]

위에서 언급한 '하우타즈쿠시'의 한 곡이기도 한 '스챠라카부시'도 이러한 길거리 예능의 하나로, 이른바 '나이나이즈쿠시(ないない尽し)'의 노래를 부르는 예능인으로 알려져 있었던 것 같다. '스챠라카'는 장난스러운 말투나 태도를 의미하지만, 한 사람은 샤미센을 연주하고 다

---

21) 불교에서 경전이나 교리를 설파하기 위한 화술적 기교.
22) 에도 말기, 셋쿄부시, 제문 등의 영향을 받아 오사카에서 성립했다. 초기에는 '존가레부시(ちょんがれ節)', '우카레부시(うかれ節)'라고도 불렸다. 샤미센 반주로 독주하며, 소재는 군담, 강론, 이야기 등 의리 인정을 주제로 한 것이 많다.

른 한 사람은 '포쿠, 포쿠'라고 작은 나무 물고기를 두드리며 박자를 맞추며 노래하기 때문에 원래는 샤미센의 의성어에서 유래한 말일지도 모른다. 여기서는 이 '스차라카부시'를 노래하는 노점상을 빗대어 '지진의 스차라카'의 가사 '나카나카즈쿠시(なかなか尽し)'를 소개하고자 한다.

> 뒤처져서 나오지 못한 창고 안, 여기저기서 찾아내어 덤불 속, 우리끼리 굴러서 큰길 속, 허리를 굽혀서 밖으로 내밀어 목욕탕 속, 가게를 지키는 연기 속, 유녀는 시궁창 속, 비 오는 날에 노숙하는 사람도 시궁창 속, 돌아서서 안쪽 속, 스차라카, 포쿠포쿠, 반자이라쿠, 흔들흔들.

가사를 소리 내어 읽다 보면 '스차라카, 스차라카, 스차라카, 스차라카, 뽀쿠, 뽀쿠. 뒤처져서 나오지 못한 창고 안, 여기저기서 찾아내서 덤불 속, 가게를 지키는 연기 속, 스차라카, 스차라카, 스차라카, 포쿠, 포쿠 ...... '라는 노래 소리와 악기 소리가 들리는 것 같은 느낌이 드는 것은 비단 나만 그런 것은 아닐 것이다. 여담이지만, 고도경제성장기인 1960년대에 인기를 끌었던 미야코 조초(ミヤコ蝶々)와 요코야마 엔타쓰(横山エンタツ)가 출연한 시트콤 〈스차라카 사원(スチャラカ社員)〉(TBS에서 방영)이나 우에키(植木) 등이 부른 '스다라부시(スーダラ節)'에는 이러한 '스차라카부시' 등 원조 예능의 면모가 남아 있는 것은 아닐까?

5. 난해한 메기 그림의 취향을 풀다

이중삼중의 취향

지금까지 살펴본 바와 같이, 메기 그림이 에도의 대중문화의 한 축을 담당하고 있으며, 그 안에는 지진 후의 세태뿐만 아니라 당시 유행하던 가부키, 유행가, 놀이 등 에도의 대중문화가 생생하게 새겨져 있다는 것을 알 수 있었다. 여기서는 몇 장의 메기 그림을 자세히 소개함으로써 그 내용을 엿볼 수 있을 뿐이지만, 수백 장에 달하는 메기 그림의 취향을 꼼꼼히 읽어내면 에도의 대중문화가 더욱 친근하게 다가올 것이다.

그러나 메기 그림 중에는 글이나 제목이 없는 것도 있고, 물론 당시 서민들에게는 설명이 없어도 금방 알 수 있었을 것이지만, 에도 서민들이 이 그림에 어떤 재미를 느꼈는지는 우리로서는 이해하기 어려운 것도 섞여 있다.

그래서 아래에서는 우리에게는 난해한, 서로 연관된 '취향'을 다루고 있다고 생각되는 두 장의 작품을 선정하여 그 해독을 시도해 보겠다. 두 작품 모두 작가가 화제를 붙이지 않았기 때문에, 그 메기 그림을 소장하고 있는 기관에서도 취급에 애를 먹어 '무제'라고 표기하거나 기술된 글의 첫 부분 문구를 가제(假題)로 삼는 등, 지금까지 다소 비주류 취급을 받아왔던 작품이다.

그중 하나가 〈그림 22〉의 「무제」 가칭 「지진으로 불탄 아사쿠사(ち しんにてやけたるあとは浅草に)」라는 제목이 붙은 판화이다. 그림은 지진으로 목숨을 건진 사람들이 모여 노숙하는 모습만 그려져 있어 재미

〈그림 22〉「무제」(국제일본문화연구센터 소장)

가 없는 그림처럼 보일 수 있다. 함께 첨부된 가사도 "지진으로 불탄 아사쿠사에서 잠을 자야하는데 집이 하나도 없다"라고 간단히 적혀 있을 뿐이다. 문자 그대로 이해하면 이재민들이 숙소를 찾아 아사쿠사에 모여들었지만, 이 부근의 가옥도 전소되었다는 그림에 대한 보충 설명에 불과하다. 작가가 이 그림을 지진 메기를 의식하고 그렸다고는 도저히 생각되지 않는다.

그러나 작가는 당시 사람들이 알고 있는 것을 의식하고 그린 것이다. 내가 주목하는 것은 '집이 하나(一ツ家)'이다. 이 그림의 재미는 그것이 암시하는 것을 알아차릴 수 있느냐 없느냐에 달려 있다. 아사쿠사의 '히토쓰야(一ツ家)'[23]라고 하면 당시 사람들은 바로 아사쿠사 묘오인(明王院)의 우바가후치(姥ヶ淵)에 전해지는 '히토쓰야'에 관한 유명한 전설

---

23) 하나의 집을 뜻하는 一ツ家의 일본어 발음이 '히토쓰야'이다.

을 떠올렸을 것이다.

이 전설은 '아사지가하라의 히토쓰야(浅茅ヶ原の一ツ家)' 혹은 '아사지가하라의 돌베개(浅茅ヶ原の石枕)'로 알려져 있으며, 1662년에 간행된 아사이 료이(浅井了意)의 『에도명소기(江戸名所記)』나 19세기 중반에 그려진 우타가와 히로시게(歌川広重)의 『동도구적 즈쿠시(東都旧跡尽)』 등 많은 서적에서 다뤄지고 있다. 그 개요는 다음과 같다.

옛날, 센소지 동쪽 들판에는 노파와 그 외동딸이 사는 집이 하나 있었다. 딸이 미인이었기 때문에 노파는 해 질 녘에 숙소를 찾는 나그네의 소매를 잡아당겨 집으로 초대하고, 돌베개를 베고 자는 나그네의 머리에 천장에 매달아 놓은 큰 돌을 떨어뜨려 죽이고 돈과 의상을 빼앗는 것을 업으로 삼았다. 딸은 이런 악행에 마음이 아팠지만, 어느 날 하룻밤을 묵은 젊고 아름다운 나그네에게 반해 그 남자가 죽는 것을 막고 악행을 일삼는 어머니를 개종시키고 싶은 마음에서 나그네를 대신해 돌베개를 베고 잠

〈그림 23〉 우타가와 히로시게
「아사지가하라 히토쓰야 돌베개의
유래」(국립국회도서관 소장)

을 자고 있다가 이를 알아차리지 못한 어머니에게 죽임을 당했다. 이 사실을 알게 된 어머니는 자신의 악행을 뉘우치고 우바가후치 연못에 뛰어들어 자결했다. 이 아름다운 나그네는 센소지의 관음보살이 노파의 악행을 경계하기 위해 젊고 아름다운 나그네로 변해 나타났다고 전해진다.

히로시게의 『동도구적 즈쿠시(東都旧跡尽)』에는 「아사지가하라 히
토쓰야 돌베개의 유래(浅茅が原一ツ家 石枕の由来)」(〈그림 23〉)라는 제목
의 그림이 수록되어 있다. 노파가 딸을 이용해 나그네를 죽이려는 장
면을 그린 것으로, 장지 뒤에서 방 안을 살피는 노모, 머릿병풍을 세우
는 딸, 병풍 안쪽에 돌베개, 그리고 그 위에 커다란 돌이 매달려 있다.
나그네의 모습은 그려져 있지 않다.

그림으로까지 그려진 센소지의 아사지가하라 전설을 아는 사람이라
면, 위에서 언급한 '묵을 집도 하나(히토쓰야) 없고'라는 문장을 접했을
때 이 전설을 떠올렸을 것이다.

당시의 유행을 더 읽어내다

그러나 흥미롭게도, 사실 위와 같은 설명만으로는 설명할 수 없는
더 중요한 대중문화적 사정이 당시 에도에서는 일어나고 있었다. 대지
진이 일어난 1855년은 센소지 개장(開帳)의 해였는데, 이를 기념하기
위해 구니요시가 그린 아사지가하라 전설을 소재로 한 대형 그림이 봉
납되어 큰 인기를 끌었다. 그 에마에는 오른쪽의 전설을 바탕으로 왼
쪽에 잠들어 있는 어린아이, 중앙에 칼을 든 무시무시한 모습의 노파,
그리고 오른쪽에 그 노파(어머니)에게 필사적으로 매달려 어린아이의
살해를 막으려는 딸, 이렇게 세 사람이 그려져 있었다. 즉, 이 그림의
명성을 통해 아사지가하라 전설이 사람들의 입에 자주 오르내리게 된
것이다. 〈그림 24〉의 구니요시 「관세음의 영험 히토쓰야(観世音霊験一
ツ家)」는 이 에마의 원류가 된 우키요에로 추정된다. 이것도 널리 유포
되었다.

〈그림 24〉 우타가와 구니요시 「관세음의 영험 히토쓰야」(국제일본문화연구센터 소장)

게다가 더더욱 놓칠 수 없는 것이 있는데 주목해야하는 것이 당시 인기를 얻고 있던 '생인형(生人形)'(풍류인형)이라는 구경거리였다. 가와조에 유(川添裕)에 따르면, '생인형(生人形)'이란 마치 살아 있는 듯한 사실적인 세공이 특징인 거의 실물 크기의 인형을 말한다.[*29] 사이토 겟신의 『부코 연표』에 따르면, 지진 발생 4개월 후인 1856년 2월부터 센소지 오쿠야마 와카미야 이나리마에(奧山若宮稻荷前)에서 구마모토 출신인 마쓰모토 기사부로(松本喜三郎)[24]의 공연이 시작되었다고 한다. 그 구성은 당연히 『주신구라(忠臣藏)』, 『수호전(水滸伝)』, 다메토모의 영웅담 등 당시 사람들이 잘 알고 있는 가부키와 소설 등에서 가져왔지만, 구니요시의 큰 에마 그림이 유명한 것을 고려해 그중 하나는 그림과 똑같은 구도의 아사지가하라 인형이었다고 한다.

---

24) 마쓰모토 기사부로(松本喜三郎, 1825~1891). 에도시대 말기부터 메이지시기에 걸쳐 활약한 일본의 인형사.

불과 4개월밖에 지나지 않았음에도 불구하고, 밤이 되면 아사지가하
라 인형을 보관하고 있는 방에서 노파가 딸을 비난하는 듯한 무시무시
한 목소리가 들린다는 소문이 퍼진 것도 이 흥행에 큰 도움이 되었다.

그러자 '요미우리 가와라반'도 가만히 있지 않았다. 메기 그림의 판
매가 금지되어 곤경에 처한 '요미우리'는 우키요에 화가들에게 의뢰하
여 이 생인형을 그린 우키요에를 제작했는데, 그중에서도 아사지가하
라 인형의 취향을 살린 우키요에가 인기를 끌었다.

그런데 이러한 안세이 대지진 전후의 대중문화 상황을 이해하면 또
다른 메기 그림(〈그림 25〉), 즉 지금까지 가칭 「요석을 세우려는 가시마
다이묘진(要石を据えようとする鹿島大明神)」으로 명명되어 온 「무제」 메
기 그림의 '취향'이 드러날 것이다.

〈그림 25〉 「무제」(요석을 세우려는 가시마다이묘진, 국립국회도서관 소장)

실제로 이 그림의 표면상 형태는 가시마의 신이 요석으로 메기를 제

압하려는 그림이다. 따라서 비슷한 구도의 메기 그림 한 장에 불과하다. 그러나 작가는 그 이상의 것을 읽어내기를 기대했다. '아사지가하라 일가의 전설'이다. 머릿병풍 안에 있는 메기 남자의 머리에는 관음보살을 암시하는 원형의 '광배'가 그려져 있고, 그 머리 위에는 '요석'이라고 적힌 살생용 '큰 돌'이 매달려 있다. 이 메기 그림의 구도가 지진 이전의 우키요에서 차용한 것인지, 아니면 지진 이후에 그려진 구경거리의 우키요에서 따온 것인지는 확실하지 않지만, 당시 명성을 떨쳤던 구니요시의 에마 그림, 즉 아사지가하라 전설에 등장하는 '노파', '딸', '어린아이-나그네'의 세 사람에 빗대어 그려진 것만은 분명하다. 〈그림 22〉와 〈그림 25〉는 모두 에도 서민들에게 잘 알려진 아사지가하라 전설을 암시하는 취향이라는 점에서 서로 연결된 그림이며, 이 두 그림에는 당시 인기를 얻고 있던 에도의 대중문화가 잘 반영되어 있다.[*30]

6. 메기 그림의 현대적 의의는 무엇인가

대중문화로서의 메기 그림

메기 그림이란 무엇이었을까. 그 의의는 어디에 있을까. 기타하라 이토코(北原糸子)는 메기 그림을 즐긴 에도의 이재민에 대해 "스스로 지진의 피해를 입었지만 거기서 일어서지 않으면 내일의 전망이 없는 에도 지진의 이재민이 자신을 격려하고, 같은 처지에 있는 사람들을 격려하려고 한 응원의 그림"이었다고 말한다.[*31] 또, 기타니 마코토(気

谷誠)는 "지진이라는 악몽을 떨쳐내기 위해서 에도 사람들이 궁리한 사이코 테라피의 일종이었다"라고 하며,[*32] 오쓰카 에이지(大塚英志)는 메기 그림이라는 미디어를 통해 "특정 소수자를 타깃으로 삼지 않고 지진 후의 민심을 소프트랜딩시켰다"고 평가하고 있다.[*33] 이러한 평가는 지진이라는 비극, 가족이나 친척을 잃었거나 집을 잃은 사람들의 마음의 상처를 치유해 다시금 일어서고 있는 현실을 받아들인다는 점에서 공통점이 있는 것 같다.

그렇다면 그런 메기 그림을 보거나 읽는 우리에게 의미는 어디에 있을까. 코르넬리우스 아우웨한트는 어떤 경우는 파괴자이며 다른 경우에는 구제자가 되는 괴물 메기를 통해 세계 각지에 분포하는 트릭스터의 성격을 발견함과 동시에 민간 신앙·설화의 구조 분석을 통해 메기 그림의 깊숙한 밑바닥에 흐르는 "일본 신의 양의성(日本の神の両義性)"도 찾아냈다.[*34] 또 와카미즈 스구루는 "낙서를 통해 권력자뿐만 아니라 일반인에게도 가차 없이 파상 공격을 가해 온" 전통적 비판 정신=에도 토박이 기질의 발로라고 주장하고 있다.[*35] 또한 미야타 노보루는 "언젠가 일본에 닥칠 수밖에 없는 대재앙에 대한 마음가짐을 만드는 데 꼭 필요한 소재"라고 말한다.[*36]

현실의 메기는 그로테스크해서, 귀족의 고급 요리였다는 말을 들어도 우리가 기꺼이 먹을 생각을 하지는 않을 것이다. 그러나 그림의 메기나 의인화된 메기의 표정이나 행실을 보면 익살스럽고 귀엽다. 현대 캐릭터와 통하는 점이 있는 것 같다. 메기 그림이 현대인에게도 인기가 있는 것은 그런 맥락 때문인지도 모르겠다.

메기 그림은 다양한 얼굴을 가지고 있다. 그것을 깊이 이해하기 위해서는 다양한 관점에서의 고찰이 필요하며, 이들 선학의 견해도 경청

할 만하다. 그러나 여기서 나의 일차적인 관심은 메기 그림을 만들어
낸 에도 대중문화에 쏠려 있다. 메기 그림에는 당시 인기를 끌었던 대
중문화가 여실히 반영되어 있어 메기 그림 해독을 통해 당시 대중문화
를 부각시킬 수 있고, 그 과정에서 메기 그림 작가가 개별 메기 그림에
맡긴 취향과 서민들의 생각을 보다 깊은 맥락에서 이해할 수 있게 되는
것이다.

  비슷한 것이 가부키나 우키요에, 생인형 흥행, 혹은 유행가 등 다양
한 것에 반영되어 있다. 거기에 비치는 문화는 서로 영향을 미쳐 그
시대의 대중문화를 만들어 가고 있었다. 메기 그림은 그 시대의 대중
문화를 표상하는 이른바 '거울'로서 우리 앞에 나타나 있으며, 그것을
들여다봄으로써 지진 재해와 같은 상황에서 에도 서민의 행동이나 마
음가짐이, 나아가 말하면 당시 에도 대중문화 전반의 특징도 밝혀지게
되는 것이다.

원저자 주

*1   宇佐美龍夫,「江戸被害地震史」,『東京大学地震研究所彙報』第51巻, 1976, p.247.

*2a 2b   野崎左文,『かな反古』(仮名垣文三, 1895), pp.29~30. 로분이 처음 글을 쓴 '나마
      즈노오이마쓰'은 〈그림 18〉의 '오이마쓰'를 가리키는 것이 아닌가 추측된다.

*3   北原糸子,『地震の社会史─安政大地震と民衆』(講談社学術文庫, 2000年), pp.132~139.
      이 책은 메기 그림을 탄생시킨 지진 재해 전후의 에도의 사회상황을 상세하게 고찰하고
      있다.

*4   今田洋三,「幕末マス・メディア事情」, 宮田登・高田衛監修,『鯰絵─震災と日本文化』,
      里文出版, 1995, pp.77~78.

*5   前掲注2, p.31.

*6   コルネリウス・アウエハント,『鯰絵──民俗的想像力の世界』, 小松和彦・中沢新一・

飯島吉晴 · 古家信平訳, 岩波文庫, 2013.

*7 気谷誠, 『鯰絵新考―災害のコスモロジー』, 筑波書林, 1984.

*8 宮田登 · 高田衛監修, 『鯰絵―震災と日本文化』, 里文出版, 1995.

*9 前掲注3.

*10 若水俊, 『江戸っ子気質と鯰絵』, 角川学芸出版, 2007.

*11 黒田日出男, 『龍の棲む日本』, 岩波新書, 2003, p.189.

*12 大林太良, 「地震の神話と民間信仰」, 『神話の話』, 講談社学術文庫, 1979, pp.81~113.

*13 前掲注11, p.187.

*14 岡田芳朗, 『暦ものがたり』, 角川書店, 1982.

*15 気谷誠, 「黒船と地震鯰――鯰絵の風土と時代」, 宮田登 · 高田衛監修, 『鯰絵――震災と日本文化』, 里文出版, 1995, pp.52~55.

*16 宮田登, 「都市民俗学からみた鯰信仰」, 宮田登 · 高田衛監修, 『鯰絵――震災と日本文化』, 里文出版, 1995, p.27.

*17 クリストフ · マルケ, 『大津絵――民衆的諷刺の世界』, 角川ソフィア文庫, 2016.

*18 『藤岡屋日記』第3巻(三一書房, 1988), p.154. 흥미롭게도 후지오카야 요시조는 큰 메기가 세계(일본)를 짊어지고 있어 그것이 움직이면 지진이 발생한다는 것은 속설이며, 가시마 신궁의 요석이 이 메기를 붙잡고 있다는 것도 거짓이라고 단언하고 있다(pp.139~140).

*19 『藤岡屋日記』, 第5巻(三一書房, 1989年), pp.352~355. 이 '간행물'은 가부키 배우들을 형상화한 오쓰에 「우키요마타히라(浮世又平)」, 「오니의 염불(鬼の念仏)」, 「원숭이에게 메기(猿に鯰)」 등 11가지이며, 「우키요마타히라」는 이치카와 고단지(市川小團次)에 빗대어 도쿠가와 나리아키(徳川斉昭)를 「오니의 염불」은 아라시 오토하치(嵐音八)에 빗대어 도쿠가와 이에요시(徳川家慶)를 「원숭이에게 메기」는 '중산분고로'에 빗대어 '미토에 미국', '원숭이에게 메기'는 나카야마 분고로(中山文五郎)에 빗대어 미토에 아메리카(水戸にアメリカ)를 암시한다. 이 그림은 "7월 18일에 배부하여 여러 가지 평판이 좋아서 팔리기 시작했고, 8월 초순경부터 크게 팔려서 매일 천 6백 장씩 인쇄하여 점점 더 많이 팔렸다"고 한다.

*20 末廣幸代, 「大津絵の瓢箪鯰」, 宮田登 · 高田衛監修, 『鯰絵―震災と日本文化』, 里文出版, 1995, pp.182~185.

*21 富澤達三, 「錦絵のニュース性―鯰絵 · 麻疹絵 · 戊辰戦争期の風刺画をめぐって」, 木下直之 · 吉見俊哉編, 『ニュースの誕生』, 東京大学出版会, 1999, pp.192~193.

*22 메기 그림에는 괴물 메기가 요리되는 모습이 보이는데, 고토 요시에(後藤芳江)의 「메기 요리의 현재와 과거」(宮田登 · 高田衛監修, 『鯰絵―震災と日本文化』, 里文出版, 1995年, pp.199~205)에 따르면, 헤이안시대부터 메기 요리는 고급 요리로 여겨져 귀족들이 먹은 것 같으나, 에도 서민들에게는 모양이 흉측하고 저속한 생선으로 여겨져

식탁에 오르지 않았던 것 같다. 서민들이 선호한 것은 장어였고, 메기 그림은 '장어구이' 요리에 빗대어 '메기구이'라는 취향을 그린 것이다.

*23 木場貴俊, 「木版印刷と『二次創作』の時代」, 日文研大衆文化研究プロジェクト編著, 『日本大衆文化史』, KADOKAWA, 2020, pp.101~104.

*24 セップ·リンハルト, 『拳の文化史』(角川書店, 1998年), pp.180~182. 주먹놀이에 관한 가장 체계적인 연구로, 이 장의 주먹놀이에 대한 설명은 이 책에 의해 이루어졌다.

*25 『藤岡屋日記』第3巻, 三一書房, 1988, pp.128~129.

*26 젠코지 지진의 메기 그림 '가와리켄(かわりけん)'의 가사의 전반부는 다음과 같은 '도테쓰루켄(とてつる拳)의 노래'를 모티브로 한 것이다. '위험하다 신슈의 지진이 시작되었다. 사람들이 흔들리고 집은 무너진다. 흔들면서 가봅시다. 잔잔잔켄의 젠코지. 할머니한테 할아버지가 짓밟혔네. 기와를 가지고 흙담을 쌓자. 다르게 바꿔 보자'라는 가사이다. 또한 『후지오카야 일기』제3권(삼일서방, 1938년, p.154)에도 같은 '지진의 주먹' 노래가 실려 있다.

*27 ジェラルド·グローマー, 『幕末のはやり唄』, 名著出版, 1995, pp.13~30.

*28 예컨대 光田憲雄, 『江戸の大道芸人─庶民社会の共生』(つくばね舎, 2009年). 中尾健次, 『江戸の大道芸人─都市下層民の世界』(ちくま文庫, 2016年) 등을 참조할 것.

*29 川添裕, 『江戸の見世物』, 岩波新書, 2000.

*30 아사지가하라 전설을 둘러싼 우키요에와 구경거리의 관계에 대해서는 小松和彦, 「二つの『一つ家』─国芳と芳年の『安達ヶ原』をめぐって」(『東の妖怪·西のモンスター─想像力の文化比較』徳田和夫編, 勉誠出版, 2018, pp.46~72)를 참고할 것.

*31 北原糸子, 「なぜ, いま鯰絵か」, 宮田登·高田衛監修, 『鯰絵──震災と日本文化』, 里文出版, 1995, p.132.

*32 気谷誠, 「地震を洒落のめせ─鯰絵サイコセラピー説」, 宮田登·高田衛監修, 『鯰絵──震災と日本文化』, 里文出版, 1995, p.128.

*33 大塚英志, 「奇書あれこれ──初心者のための「怪」文学入門 第七講」, 『怪』33号, 角川書店, 2011, p.306.

*34 前掲注6.

*35 前掲注10, p.227.

*36 宮田登, 「はじめに」, 宮田登·高田衛監修, 『鯰絵──震災と日本文化』, 里文出版, 1995, p.22.

제4장

막부 말 콜레라의 공포와 망상

다카하시 사토시(高橋敏)

프롤로그

코로나19에서 막부 말기 콜레라로

도쿄올림픽·패럴림픽의 2020년은 신종 코로나바이러스 감염증 일색의 한 해로 끝났다. 아직도 전 세계적으로 닥친 감염병 코로나 재해 속에 놓여있다. 이 현실을 앞에 두고 현대문명사회가 얼마나 무력하고 무방비한 것인가를 새삼 깨닫고 있다.

인류는 유사이래 가공할 감염병에 조우해 생명의 위기를 겪어왔다. 거기에는 인류와 감염병의 치열한 투쟁의 역사가 있었다. 일본도 물론 감염병과 고통스러운 싸움을 거듭해 왔다. 지금 현실에서 코로나19와 악전고투가 이어지는 가운데 옛사람들의 악전고투가 어땠는지 보는 것은 지금의 상황을 고찰하는 데 하나의 힌트가 될 수도 있을 것이다.

이 장은 1858년 갑자기 찾아와 치명적인 병으로 여겨졌던 감염증 콜레라가 일으킨 역사를 꼼꼼히 추적하여 사회사의 관점에서 실증을 시도한 것이다. 나가사키에 기항한 미함 미시시피호 선원들로부터 감염된 콜레라가 동쪽을 향해 각지의 주민들에게 전염돼 확산, 만연해 엄청나게 많은 죽음을 초래했다. 콜레라는 공포스러운 재앙이었다. 의학·의료가 아직 무력했던 막부 말기, 다종·다양한 허구의 정보가 조작되어 망상이 되어 증폭되고 확산되어 갔다. 일상생활의 질서가 무너지면서 사람들은 안심입명(安心立命)을 찾아 재앙을 물리치는 의례와 주술에 광분했다.

1853년 흑선이 귀청을 찢는 포성으로 쇄국을 무너뜨리고 다음 해인 1854년에 초유의 대지진과 해일이 덮치면서 사람들은 세상의 종말을 예감했다. 1885년 서양에 문호를 개방한 통상조약이 체결되면서 극동의 섬나라 일본은 마지못해 격동하는 세계사의 와중에 내던져졌다. 이적으로 여겨져 봐서는 안 될 '다름'이 공공연히 신불의 나라 일본에 흙발로 올라왔다. 거기에 콜레라가 덮친 것이다. 콜레라는 불청객 이국으로부터의 암흑의 침략자이기도 했다. 흑선을 가까이서 견문하는 일이 있었던 이즈(伊豆)와 스루가(駿河) 근처에서는 콜레라가 이국선에서 방출된 여우거나 미국 여우, 천년 묵은 두더지, 영국 역병 토끼의 소행이 아닌가 의심하고 이들을 물리치기 위해 늑대 신의 영력을 빌리려고 아득한 부슈지치부(武州秩父)의 미쓰미네산(三峯山)에 무리지어 참배하는 현상까지 생겼다.

콜레라 소동 분석의 시점

콜레라가 세계사의 성립, 근대 탄생의 또 하나의 숨은 공신이 된 데는 감염증으로서의 강인함이 있었다(미이치 마사토시(見市雅俊) 『콜레라의 세계사(コレラの世界史)』).

① 발병 이후 치사율이 19세기 감염병 가운데 월등히 높았다.

② 발병에서 죽음에 이르기까지 매우 신속해 오늘 죽을지 내일 죽을지 두려워했다.

③ 콜레라 환자의 증상이 이상했다. 서구에서는 '푸른 공포'라고 불렸지만 일본에서는 혹이 생기고 근육이 줄어들며 까맣게 마른 상태로 죽음에 이르렀다.

이 세 가지 콜레라의 특이성은 사람들을 공포로 몰아넣고 망상을 만들기에 충분했다. 이리하여 두려움에서 벗어나 재앙을 제거하기 위해 온갖 주술, 종교 의례에 구원을 구하는 사태로 발전했다. 이것들을 일단 콜레라 소동으로 부르기로 하자. 그리고 콜레라 소동의 사회적 사건을 해명하기 위해서는 첫째, 사람들이 콜레라 대유행에 직면한 위기 상황은 어떠한 것이었는지, 둘째, 맹위를 떨치는 콜레라에 대해 어떻게 대응해야 했는지 이상의 두 가지를 밝히고 구체적으로 실증해 나가야 한다.

본 장에서는 분량 관계상 스루가 후지군(富士郡) 오미야초(大宮町), 현재의 후지노미야시(富士宮市)에 초점을 맞추어 1885년 콜레라 소동의 경위와 그 실태를 검증하고 공포와 망상에 대해 분석을 시도한다.

오미야초는 후지산 남쪽 기슭에 위치하여 후지산을 신체(神体)로 하는 후지아사마(富士浅間) 절의 총본산이 있어 후지산 참배 등산로 입구의 문전 마을로서 번성했다. 또한 도카이도(東海道)에서 가이·시나노(甲斐·信濃)로 통하는 물류로인 고슈로(甲州路)의 요지이기도 했다. 『겐로쿠고초(元禄郷帳)』와 『슨코쿠잣시(駿国雑志)』에 따르면 마치다카(町高)는 1494석 18정으로 이루어졌으며, 지배는 아사마 사령(浅間社領)과니라야마 다이칸(韮山代官)의 천령(天領) 둘에 의해 이루어졌다. 분석의 대상이 되는 사료는 간다초(神田町)에서 1660년부터 주조업「=야(=弥)」를 운영한 요코제키(横関) 가문의 9대손 야베(弥兵衛)가 남긴『소데일기(袖日記)』이다. 『소데일기』는 생소한 명칭인데 본래는 문서 여백에 적은 사적 일기의 의미이다. 필자인 야베는 공적인 필요에 따라 적은 일기와는 다르게 사사로운 일을 적어둔 일기라는 의미에서 겸손하게『소데일기』라고 했을 것이다. 형식이나 체면에 얽매이지 않은 점이 반대로 진실에 가까워 신빙성이 높다. 1843년 9월 1일부터 1863년까지 20년간 막부 말기를 일관되게 기록한 9권이 현존하고 있다. 덧붙여 1885년에 야베는 39세로 한창 일할 나이였다. 가족 구성은 아내 31세, 장남 12세, 장녀 9세, 둘째 딸 6세, 그리고 가게에서 일하는 종업원 남자 6명, 여자 1명이었다.

1. 콜레라 유행의 시작

콜레라 정보

콜레라는 미함 미시시피호가 나가사키에 기항한 1858년 5월 21일을 기점으로 한다. 『소데일기』에서는 7월 16일 "근래에 급병자가 많다는 소문이 있다"는 기술에서 3일 후인 19일 '삼일콜레라(三日コロリ)'라는 병명이 처음 등장한다.

17일경 상황이 악화되었다. 근래에 급병이 유행한다. 에도에 환자가 많다는 소문이다.

요시하라(吉原)에서 삼일 콜레라라는 병이 유행한다는 소문을 들었다.

1858년 여름은 다다미에 앉아서도 잠을 잘 수 없는 무더위가 계속되었다. 『소데일기』의 저자 요코제키 야베는 가까운 곳에서는 나카히나무라(中比奈村)의 소용돌이, 먼 곳에서는 다테야마(立山)의 산사태와 지진해일 소식에 '금년은 하늘과 땅에 물이 많을 것'이라는 불길한 예감에 휩싸여 있었다. 게다가 정국의 불안도 있었다. 7월 13일에는 쇼군의 죽음에 관한 소문을 적고 있다.

에도 저택 소동
쇼군이 육일에 타계했다는 풍문이 있다.
모반한 자가 있다는 말이 들리며, 독살이라는 소문이 분분하다.

콜레라 오미야마치를 덮치다

정국 불안의 소문을 밀어내듯 콜레라가 야헤가 사는 오미야마치(大宮町)에 다가왔다. 7월 20일 요시하라로 이사 온 "코지야 진베(糀屋甚兵衛)의 아들 젠지로(善二郎) 사망", 다음 날인 21일에는 "요시하라 급병 유행, 17일부터 45명 사망" 등 도카이도에 있는 요시하라주쿠(吉原宿)에서는 급성 구토와 설사로 인한 사망자가 잇따랐다. 7월 24일에는 요시하라주쿠와 주변 마을의 생생한 콜레라 유행과 증상이 속속 전해져 왔다. 그리고 마침내 오미야마치에서 처음으로 사망자가 발생한다.

　　어제 요시하라주쿠에서 장례식 열세 집이 있었다는 소식, 이와모토, 구
자와, 이리야마세(岩本·久沢·入山瀬)에서 어제 아홉 건의 장례식이 있
었는데, 모두 더윗병 때문이라며, 갑자기 몸이 나빠져 토하고, 손발에 힘
이 빠지면 바로 죽고, 몸이 검게 변하고, 열병에 걸렸다고 하니, 어느 병
인지 알 수 없다.

　　근래에 급병이 많아 마을마다 장례식이 끊이지 않는다. 갑자기 죽는
병이라고도 하고, 또는 콜로리라고도 한다.

　　이십일 요시하라 밭에서 괭이를 잡다가 쓰러져 죽다.

　　이십일 후지카와강에서 뱃머리를 잡고 쓰러져 죽다.

　　근방에서 이 병으로 죽은 건으로는 처음이다.

　　아사야(浅屋)와 미시마주쿠(三島宿)에 병자를 데리고 갔으나 병을 앓
다가 죽었다. 오늘 가마에 실려 와서 내일 장례식, 유행성 설사병.

　　가시마에 이틀 콜레라라는 병이 있다고 한다.

　　요시하라주쿠에 병으로 죽은 사람이 많다.

　나가사키에서 동쪽으로 올라와 도카이도의 숙소를 덮친 콜레라가
요시하라주쿠에서 북상하여 오미야마치까지 다가왔다. 사망자를 확인
하기 위해서인지 장례식 수에 주목하고 있다. 사망자의 증상에 따라
콜레라의 명칭이 '열병', '변병', '갑자기 죽는 병', 3일, 2일 '콜레라',
'설사병' 등 각지에서 다양하게 변모해 가는 것도 불안해하는 사람들의
불안과 혼란을 보여준다. 그리고 오미야마치 내에 미시마주쿠에서 감
염된 사망자가 발생한다. 8월 3일에는 콜레라의 맹위가 무서운 참상을
드러내며 다가온다.

　　요시하라에서 동쪽 마쓰바라(松原)의 거지, 인부 등이 길에 쓰러져 죽

는 경우가 많고, 마을의 파수꾼들이 이를 수습할 새도 없이 여우나 너구리가 이 시체를 먹고 냄새를 풍기니, 지나가는 사람들이 보면서 기분 나빠한다. 요시하라주쿠에서 삼백 팔십여 명이 죽고, 지난달 하순부터 유행성 질병으로 죽는 사람이 천육백여 명에 달하고 병든 사람에게는 여우가 빙의된 경우가 많다고 한다.

도카이도 마쓰바라에는 떠돌이 거지나 인부가 쓰러져 죽은 채로 방치되어 여우와 너구리의 먹이가 되고, 폭염까지 더해져 죽음의 냄새가 코를 찌르고 밤이 되면 쓸쓸한 이계의 모습이 되었다. 콜레라가 여우, 늑대, 너구리를 연상시킨다는 소문이다. 요시하라주쿠의 사망자 318명, 가시마초를 포함해 160명, 무시무시한 숫자다. '여우에 대한 망상'이 시작되고 있다.

8월 5일 현지 오미야마치의 "고료소(御料所)[1]에서 26명, 사령(社領)[2]에서 25명 사망"으로 51명, 같은 달 13일에는 18명의 사망자 수를 상세히 기록하고 있다. 요시하라주쿠의 사망자는 오미야마치의 두 배에 조금 못 미치는 223명이라고 상세히 기록하고 있다.

의약에 의한 치료

발병 후 1~3일 만에 사망에 이르는 콜레라가 창궐하면, 어떻게든 의사의 진료와 특효약 복용을 통해 질병에서 벗어나기 위해 노력하는 것

---

1) 지역에서 천황이나 막부가 직접 지배하는 직할 영지.
2) 신사에서 관리하는 땅.

이 우선적인 대응책일 것이다. 7월 27일, '각 마을의 대응방법(村々町方
渡世休ミ)'에서 마을 관리들은 과거 시바무라 도자부로(柴村藤三郎) 집
권기인 1733년 모치즈키 산에이(望月三英), 니와 쇼하쿠(丹羽正伯)가
"유행병에 이 약을 사용하여 그 번거로움을 덜어야 한다"고 응급 조제
를 지시한 촉서를 찾아내어 마을에 배포했다.

　一、검은콩 전분
　一、뽕나무 잎도 좋다
　一、명아뿌리도 좋다

　백 년 전의 처방전이므로 효과가 의심스럽다. 이 묘약을 찾기 위한
정보가 난무한다. 8월 3일, 니라야마(韮山) 대관 측의 정보가 들어왔다.

　니라야마 히다(韮山ひだ)님이 말씀하신 약이다.
　산사나무 1문 카밀레꽃 5분
　사향 5분 목향 3분
　감초 육린 회향 5분
　이상을 다 넣어서 한 포를 만든다
　이번에 나타난 환자들에게 좋다

　"니라야마 히다님"은 니라야마 대관 에가와 히데타쓰(江川英龍)의 시
중을 들었던 난학의 히다 하루야스(肥田春安)를 가리킨다. 같은 달 5일
에는 후지카와강의 강변에 있는 요시하라주쿠에 머물고 있는 명의와
시약을 전수하는 글을 남겼다.

이번에 명의가 요시하라주쿠에 머무르던 중 시약과 관련해 전수를 하였는데 이것을 계속 먹으면 병에 걸리지 않는다.

삽주나물, 도라지, 후박, 당귀, 천궁, 진피

백출, 반하, 탱자, 백구, 복령, 육계

건강, 십삼미 각 5분씩

마황 감초 삼분

이상 15가지를 넣어 달인다.

지푸라기라도 잡는 심정으로 약을 찾으려는 노력도 헛수고였고, 콜레라는 더 가까이 다가와 일상에 죽음의 세계가 펼쳐졌다.

2. 죽음에 대한 공포와 망상

구다 여우의 망상

콜레라 소동이 시작된 후, 마을과 마을의 일상은 마비상태에 빠졌다. 사람들은 콜레라를 퇴치하기 위해 온갖 종교의식, 민속의식, 저주를 찾아 헤매고 있다. 순회제사, 염불, 역신 보내기, 대일여래-만다라 개장, 밤낮으로 총쏘기, 도조신제, 설날 행사를 다시 치르는 등 제사의식을 연이어 치르며 전대미문의 즉사병 공포를 피하려 했다.

8월 3일, 콜레라 증상과 여우 빙의가 연관되어 있다는 소문이 사실로 드러나기 시작했다. 같은 달 6일 밤, 우천으로 인해 마을을 폐쇄한 채 콜레라 퇴치라는 명목으로 술집을 열어 제사를 지냈다는 기사가 기록되어 있다. 콜레라로 급사한 어머니의 장례를 치르고 마을을 돌아다

니며 감사의 인사를 전하던 긴조(金藏)가 갑자기 병을 얻어 저녁에 사
망했다.

> 오늘 밤 나카야도(中宿)에 있으면서 오늘 긴조의 죽음이 너무 이상하
> 여 여우가 한 짓은 아닌지 의논하고, 미쓰미네산(三峯山)의 개를 데리고
> 수색할지를 이야기했는데 이 이야기가 간다초(神田丁), 간다바시(神田
> 橋), 야마미치(山道) 마을에까지 퍼져 모두 납득하였기에 내일 아침 마을
> 의 촌장이 출발할 예정이다.

긴조의 죽음이 너무도 불가사의한 모습에 여우의 소행이라고 착각
한 모양이다. 여우를 쫓아내기 위해 미쓰미네산의 권속인 개를 빌리기
로 협의하고, 내일 아침 출발하기로 했다. 그리고 여우 빙의가 더욱
사실감을 더하는 사태가 발생한다.

> 아오야기(青柳) 마을의 야마모토(山本)와 그 부인이 신단에 등불을 켜
> 고 올라갈 때 갑자기 옆구리가 아프고 혹이 생겨서 여우인 줄 알고 밖으
> 로 나가 소리쳤다. 근처 사람이 다가와서 그곳을 만지자 통증을 호소했
> 다. 이 사람이 아코지 가즈마(阿幸地数馬) 님에게 가서 물어보니 여우라
> 하며 아직 숨어 있으니 조심하라고 하였다.

갑자기 옆구리가 아프고 혹이 생기는 증상으로 인해 여우가 몸속에
침입한 것이 아닌가 하는 망상이다. 인체에 침투하는 여우라고 하면
당연히 일반 여우로는 불가능하다. 본래 인간의 육안으로 볼 수 없는
미세한 움직임으로 몸속에 침입해 악행을 일삼다가 결국 목숨을 앗아
간다는 '여우'의 전승이 망상이 되어 되살아나 전파된 것이다. 보이지

않아야 할 여우의 목격담까지 등장한다.

동쪽 마을로 내려가서 고원을 지날 때 여우 일곱 마리가 이와모토(岩本) 쪽으로 내려가는 것을 보았다고 한다. 이것은 지웅(地熊)이라고 하는 것이다.

인간의 눈에는 보이지 않아야 할 여우를 일곱 마리나 목격했다는 기사다. 일명 '지웅'이라고 부르는 등 망상은 점점 더 부풀어 오른다.

〈그림 1〉 구다 여우
(미요시 쇼잔(三好想山) 『쇼잔 저문기집(想山著聞奇集)』)

'이(異)'와의 결합

8월 7일이 되면, 특정 병자를 지목하여 여우설이 정설화된다.

이번 콜레라 급병은 여우가 벌이는 짓이라는 소문이다. (중략)
니시신마치 에도야(西新町江戸や)의 기헤(儀兵衛)님의 사위가 어제 죽어 오늘 장례식을 치렀다. 이 사람이 아팠을 때 여우가 붙어서 말하길

내가 이 겐에몬(源右衛門)을 죽이고 난 뒤에 간다바시 야마토야(神田橋 大和や)로 갈 것이라고 하니 야마토야에서 큰 소란이 있었다.

에도야 기헤의 사위가 죽기 직전에 열에 휩싸여서인지 겐에몬을 죽이고 이제부터 간다바시의 야마토야로 간다고 말한 것으로 보아 여우에 홀린 것이 틀림없다고 판단한 것 같다. 지목된 야마토야에 이 사실을 알려주는 것도 망상이 진실로 받아들여진 비정상적인 상황을 말해 주고 있다. 그리고 8월 10일, 구다 여우가 개벽의 징조의 본류가 되어 세간을 불안에 떨게 하는 '이(異)'와 합체한다. 여우가 망상하는 기괴한 이수(異獸), 괴수(怪獸)의 출현이다.

> 네카타가와지리(根方川尻) 마을에서 이수(異獸)를 잡았다는 설화
> 큰 고양이 같은데 얼굴은 말처럼 생겼고, 털이 나있고, 발은 사람처럼 아기 발과 같다고 한다.
> 이 괴수를 간바라슈쿠(蒲原宿)에서 잡았는데 천년 먹은 두더지라 한다.
> 일설에 의하면 이국으로부터 온 승려가 여우를 수천 척의 배에 실어 와서 이 근처 바닷가에 풀었다고 한다. 이 괴승은 미시마쥬쿠에 있던 사람이 붙잡았다는 소문이 있다.

네카타 방면 가와지리 마을에서 이 괴물을 포획했다는 소문이다. 크기는 고양이 정도, 얼굴은 말 얼굴에 몸통에 털이 있고, 다리는 사람 아기 같았다고 한다. 도카이도 간바라슈쿠에서는 천년 두더지라는 괴수 한 마리를 잡았다고 한다. 일설에 의하면, 이국인이 승려에게 속아 몰래 여우를 수천 마리를 배에 싣고 와서 이 근해 부근에 풀어놓았다고 한다(이 여우에 빙의되어 콜레라가 창궐하고 있다).

당시 개항한 이즈시모다(伊豆下田)에는 미국 영사관이 설치되어 공
개적으로 이국 선박이 드나들었고, 또한 안세이 대지진으로 러시아 신
예함 디아나호가 대파되어 니시이즈 도다항(戸田港)으로 회항하던 중
풍랑으로 인해 스루가만(駿河湾) 앞바다에서 침몰하여 푸탸틴 이하 선
원들은 도다무라(戸田村)에 체류하며 귀국할 배의 건조에 임하고 있었
다. 이국선, 이방인이 기독교를 사교로 보는 인식과 뒤섞여, 사교의 승
려가 여우, 이수, 천년 두더지의 괴수를 풀어놓았다는 망상을 만들어
냈다.

〈그림 2〉 도다에 상륙한 부탸틴
(『지진의 기록(地震之記)』, 누마즈시 메이지사료관 소장)

8월 13일이 되면 가와지리무라에서 괴수를 봤다는 무나다카무라(宗
高村)의 고구마 캐는 사람에게서 직접 들은 더 자세한 정보가 전해진다.

가자키(桑崎) 쌀가게의 자식이 미쓰미네산에서 개를 빌려 돌아오는데 가와지리에 있는 친척 중에 병자가 있어 가와지리무라를 통과할 때 수풀 속에서 괴물이 나타났다. 젊은 사람들이 몰려와 때려죽였다. 그 모양이 큰 고양이와 같았고 여우를 닮았다. 얼굴은 여우와 비슷하지만 훨씬 길고 위에서 코 근처까지 흰 선이 있었다. 몸통의 털은 검었고 발은 원숭이와 같았고 발바닥은 부드러워 흙을 밟고 다니는 것이 아니었다.

이 짐승이 개의 위협에 놀라 모습을 드러낸 것이다. 이름은 알지 못한다. 이국의 여우인 것으로 보인다. 지웅이라고 부르기도 하는데 요시다 씨가 말하기로는 천년 두더지라고 한다. 먹으면 맛이 좋다.

이 괴수는 미쓰미네산의 개에게 위협을 느껴 당황해서 나왔는데 구타를 당해 죽었다. 모양 등으로 보아 일각에서는 지웅, 요시다 씨(요시다 신사 관련 인물인가)는 천년 두더지라고 단정한다. 그리고 여우와 합체하여 '이(異)'의 이미지가 짙어진다.

이번에 구다 여우라고 불리는 것은 지웅을 일컫는 것이다. 또 이르기를 이것은 이빨이 없는데 새로 생긴 묘지를 파헤쳐 먹는 짐승이다.

이렇게 말해준 사람이 이르기를, 이즈시모다에 온 이국의 선박 안에서 작은 상자를 꺼내서 일본의 야시(野師)[3]들에게 건네는 장면을 본 사람이 있다고 한다.

야쿠라자와(矢倉沢)에서 야시 한 명이 잡혔고 누마즈(沼津)에서도 야시 한 명이 잡혔다고 한다.

---

3) 축제일 따위에 번잡한 길가에서 흥행·요술 따위를 하거나 또는 싸구려 물건을 소리쳐 파는 사람.

구다 여우는 지웅, 천년 두더지라는 짐승으로 불리며 이즈시모다항에 정박 중인 이국의 배에서 작은 상자에 담겨 일본의 야시에게 전달되었다는 정보이다. 아마도 시모다항에서 짐을 싣고 내리는 작업을 본 누군가가 조작한 사기의 일종일 것이다. 그러나 망상은 승려가 야시로 바뀌고, 게다가 누마즈와 그곳에서 에도를 잇는 옆길인 야쿠라자와에서 야시를 붙잡았다고 과장되어 이야기되고 있다. 일본을 침략하려는 이국, 이에 손을 빌려주는 일본의 야시, 양자의 주인이 이방인이며, 퍼뜨리고 있는 것은 즉사병인 콜레라라는 무시무시한 망상에 이르렀다.

8월 섣달그믐날에는 콜레라가 창궐하는 에도의 정보로 쇼군의 후계 문제와 통상조약의 칙허(勅許)에 얽힌 막부의 혼란이 더해져 미국 여우에서 바뀌어 천년 두더지가 아닌 영국 역병 토끼(疫兎)를 풀어 놓았다는 소문으로 변모한다.

> 에지리(江尻) 사람이 6일에 에도에서 돌아와 말하길, 영국에서 교역을 위해 큰 배를 쇼군에게 진상해 배의 대포를 시험하였는데 그 소리를 듣고 놀라지 않는 자가 없었다. 그날 밤에 영국 배가 진상한 배만 남겨둔 채 종적을 감추었다. 배 안을 조사해 보니 영국인들이 벗어둔 옷이 있어 그 모습이 매우 기괴하였는데 7월 하순에 이와 관련해 논의하였다. 소문에 의하면 이 배에 외국의 역병 토끼를 들여와서 일본에 버리고 돌아간 것으로 보인다고 한다.

영국이 쇼군에게 진상한 큰 배는 일영수호통상조약 체결을 위해 일본에 온 특명전권대사 엘긴(Elgin) 경이 빅토리아 여왕으로부터 쇼군가에 선물한 증기선 엠페러호(이후 반류마루(蟠龍丸)로 개명)를 말한다. 이 배로 콜레라를 퍼뜨리는 역병을 퍼뜨리는 역병 토끼를 봉인하여 운반

〈그림 3〉 증기선 엠페러호
(이후 막부군함 반류마루(蟠龍丸)를 거쳐 해군군함 라이덴(雷電)이 된다)
(사진제공: 배의 과학관(船の科学館))

해 일본에 도착한 후 일제히 풀어주었다고 한다. 이 영국제 군함 엠퍼
러호의 내항을 계기로 미국 여우, 천년 두더지가 영국 역병토끼로 변
신한 것이다.

3. 여우에는 미쓰미네산의 개

역병 퇴치를 위한 다양한 의례

삼일 콜레라에서 이틀, 하루로 발병에서 사망까지 이르는 시간이 단
축되면서 사람들의 정신 상태는 극도의 죽음에 대한 공포와 의학적 치
료도 불가능하다는 무력감에 휩싸였고, 그 원인을 인력으로 어쩔 수

없는 불가사의한 마력적 빙의 현상으로 귀결시키게 되었다. 여우 기인설이 짙어지면서 '이(異)'와 결합하여 천년 두더지, 영국 역병토끼로 망상은 확장되어 갔다. 사람들은 이 이수, 괴수를 퇴치하기 위해 중지를 모아 행동에 나선다.

요코제키 야베가 살던 오미야마치에서는 콜레라가 유행하고 만연하는 가운데 자연발생적으로 생각나는 모든 것을 이용해 다양한 액막이의 제례가 행해졌다. 도카이도 거리의 숙소촌보다 뒤늦게 마을에 사망자가 나오기 시작한 7월 27일 밤, 일련종 신도들의 순회법회가 시작되었다. 이튿날인 28일에는 기타야마혼몬지(北山本門寺) 보물인 호기만다라(ホウギマンダラ) 개장이 있었다.

> 기타야마혼몬지의 보물 호기만다라가 얼마 전 다바타(田畑) 마을의 청으로 개장하였더니, 그 마을에 병자가 한 명도 없다는 말을 듣고 오늘 아쓰하라(厚原) 마을에서 와 소원을 빌고 혼코지(本光寺)까지 오니, 오미야 신도들의 바람을 담아 신마치 부근에 가서 보물을 열어 여러 사람들에게 공양을 베풀었다. 저녁에 보물이 간다바시까지 갔다가 이후에 돌아왔다고 한다.

이 지역은 일련종과 인연이 깊고, 일련종의 영향력을 간과할 수 없다. 천년 두더지와 영국 역병토끼가 침입하는 사태에 드디어 일연종 오산 중 하나인 기타야마혼몬지의 본존인 일연이 직접 만든 십계만다라(十界曼荼羅)가 산을 내려와 개장하게 되었다. 개장한 다바타 마을에는 병자가 한 명도 없다고 한다. 종조 일연의 영력이 담긴 '만다라'로 콜레라를 퇴치하자는 것이다.

섣달그믐날인 29일, 마을은 신을 보내어 재앙을 제거한다.

오늘 서쪽으로 역병신 보내기를 했다. 무라야마의 법력에 기대어 밤에 등불을 들고 역병신을 보냈다.

이번에는 후지산 신앙의 핵심인 무라야마센겐샤(村山淺間社)의 수행자에게 부탁해 역병의 액운을 마을 밖으로 보내달라는 송신의식이다.

8월 초하루에는 마을 근처에서 밤낮으로 마음을 담아 철포를 쏘는 역병 퇴치를 기원행사를 했다. 2일 마을 전체가 아사마타이샤(淺間大社)에 참배한 후, 마을을 봉쇄하고 오가는 세 곳에서 제문을 외치고, 4일에는 니시신마치(西新町)에서 '히마치(日待)'[4]를 하고 새끼줄을 치고, 밤에는 집집마다 문 앞에 큰 불을 피우고 한쪽에서 염불을 하면서 걸으면서 행진하는 등 불교 사원을 총동원하여 애를 쓰고 있다. 이러한 만다라, 역병신 보내기, 마을 봉쇄와 제물, 염불로 재앙을 제거했음에도 불구하고 콜레라는 줄어들기는커녕 점점 더 기승을 부려 8월 5일에는 51명의 사망자가 발생했다. 이튿날인 6일, 지인인 나카야도의 긴조가 하루 만에 콜레라로 급사한다. 사람들은 공포에 휩싸였고, 이에 대항하기 위해서는 미쓰미네산의 개를 빌리는 것 외에는 방법이 없다고 하며, 간다, 나카야도, 간다바시, 야마미치 네 마을의 협의가 이루어졌다.

미쓰미네산의 개 빌리기

이튿날인 7일 아침 일찍 미쓰미네산을 향해 네 마을의 촌장 4명이

---

4) 농촌에서 무엇을 기원(祈願)하는 뜻으로 부락민이 집회를 열고, 잔치를 벌이는 일.

출발했다. 노비 등 비용 8냥, 개는 각 마을에서 1마리씩 4마리를 빌릴 예정이었다. 여우 소행설이 정설로 굳어지는 가운데, 이날 정월 대보름 행사를 다시 하고 도조신의 신궁을 수리했다.

참고로 미쓰미네 신사는 야마모토 다케루(ヤマトタケル)의 동쪽 지방 정벌설에서 유래하여 야마모토 다케루를 안내한 늑대를 신견으로 모시고 무운장수, 오곡풍요는 물론 도적퇴치, 불의의 재앙을 막는 신으로 삼아왔다. 늑대를 제신의 사자로 삼았기 때문에 여우 빙의 등의 '사족제(四足除)'를 기원하는 신사가 되었다.

〈그림 4〉 미쓰미네산 (사진 제공: 야기 요코(八木洋行))

미쓰미네 신사의 공식 기록인 『일감(日鑑)』에 따르면, 1858년 8월에 들어서면서 슨슈(駿州)-즈슈(豆州)-고슈(甲州) 방면의 마을과 촌락에서 신견을 참배하려는 방문객이 급증했다. 15일에는 "날을 거듭할수록 참배객이 많다. 특히 도카이도 쪽이나 에도 쪽에서 병을 낫게하기 위해서 오는 사람이 많다"라며 도카이도 주변, 그리고 에도에서 변질 콜

레라 퇴치를 기원하는 신견배례 대참배 방문객이 몰려들기 시작했다
는 기술이 있다. 8월 24일에는 사람들에게 비려준 개의 숫자가 1만에
달한다는 기록이 있다. 즉사병이 미쓰미네산을 떠들썩하게 한 것이다.

8월 10일, 미쓰미네산에 개를 빌리러 간 일행이 마을로 돌아왔다는
소식에 네 마을에서 두세 사람들이 모여 마중을 갔다. 도중에 만노하
라(万野原)에서 불을 밝히고 오미야마치로 들어가 밤에 와카노미야(若
之宮) 신사를 숙소로 정하고 '불과 관련해 부정이 없는 사람만 골라' 잠
을 잤다.

그런데, 여우 퇴치용 견신제 배례는 오미야마치 사람들이 예상했던
것처럼 쉬운 일이 아니었다. 미쓰미네 신사에서 여러 가지 신앙적 제
약을 가하고 있었다.

오늘 저녁에 미쓰미네산을 다녀온 사람들이 마을로 돌아와서 말하길,
신견을 보았는데 거기에 신견을 상징하는 두 가지 색이 없었다. 이게 맞
는 건지 의심하는 마음이 드는 사람에게는 빌려주지 않는다는 이야기를
들었다. 승방은 큰 집이었는데 술을 만들어 팔지는 않고 참배하러 온 사
람들에게 대접하였다. 신견을 빌리기 위해 150명 정도가 곳곳에서 모여
들었다. (중략) 당해에는 이즈와 스루가 양쪽 지방에서 개를 많이 빌렸다
고 한다.

여우를 쫓아내는 신견이 있는 것을 상상하고 있던 오미야마치의 사
람들은 신견의 모습을 상징하는 두 가지 색을 볼 수 없었다. 의심이
있는 곳에는 빌려줄 수 없다는 말을 듣고, 신견의 모양을 한 신성한
부적을 받기로 했다. 보자기에 정성스럽게 싼 부적을 봉헌할 신궁이
미완성된 탓에 한동안 와카노미야 신사가 임시 거처가 되었다. 8월 13

일 드디어 가설 주택이 완성되었다. 불에 부정이 없는 자를 뽑아 와카
노미야에서 부적을 봉환했다.

미쓰미네산은 네 마을의 사람들에게 신견 배례에 관한 다음의 규약
서를 전달했다.

미쓰미네산 신견을 빌리는 규정의 필사본
어권속매차지남(御眷属拜借指南)
— 신견을 맞을 때는 지세가 높거나 낮지 않은 집에서 머물러야 한다.
— 신견을 모실 곳에 도착하면 즉시 불을 피우고 각별히 주의를 기울여
쌀을 씻어 준비해야 한다.
— 신사나 지극히 청정한 곳에 있는 신궁, 혹은 짚으로 보전을 만들어
제사를 지내고 부정한 자나 여자가 여기에 참여하는 것을 금한다.
— 헌상은 매월 십구일 저녁이나 이십일에 좋은 날을 정해서 가능하며
헌상할 때는 한 명씩 정진하여 시행한다. 불을 피워 공양을 올리되, 다만
밥을 공양한 뒤에 바깥사람이 먹지 못하게 하고, 공양불을 피워놓고 공양
간을 간다. 만일 상서로운 장소가 없다면 쌀을 씻어 공양하고, 시중을 드
는 여자들은 반드시 비단옷을 입어야 한다.
— 이나리 신사의 근처는 피해야 한다.
— 부적을 반납할 때까지는 놓아두는 것이 가능하다. 다음에 기재한
날짜까지 늦지 않게 반납하여야 한다.

월   일
부슈 미쓰미네산
부적 담당자

영험한 사람이 되기 위해서는 신성해야 한다. 그러기 위해서는 성
(聖)과 속(俗)을 엄격하게 구분해야 한다. 개가 여우를 퇴치하기 위해서

는 속세를 버리고 성스러운 환경을 조성해야 했다. 장소에 기복이 있어서는 안 되고, 특별히 정결해야 하며, 부녀자는 관여 금지 등 까다로운 조건이 붙었다. 이나리 신사 근처는 피해야 한다는 조항은 이나리 신의 사자로 여겨지는 여우신을 배려한 것일까. 이 규약서의 조건을 충족시키지 못했기 때문인지, 갑자기 장소가 바뀌어 도바시(土橋)가 되었다. 그동안은 마을의 보전(宝殿)이 부적을 보관하게 되었다.

이러한 신견배례의 부적 봉헌이 진행되는 와중에도 콜레라의 기세는 꺾이지 않아 "오미야마치 당병 사망자 118명"으로 5일 51명의 두 배 이상에 달했다.

8월 19일은 지침에서 정한 공물 헌상의 제사일에 해당한다.

오늘 저녁, 미쓰미네산 제사일에 청정하게 하고 불을 피워 봉납했다.

미쓰미네산의 신견에 대한 기록은 이후 왜인지 줄어들었다. 8월 29일에 효험을 의심한 자가 신벌을 받았다는 기사만 있을 뿐이다.

에지리에서 미쓰미네산의 개를 빌렸는데 이를 의심하여 신벌을 받은 자가 있다.

쓰시마덴노(津島天王)를 의심해 그곳에서는 촌장이 죽었다고 한다.

신이 내린 징벌에도 아랑곳하지 않는 콜레라의 기세에 사람들은 미쓰미네산의 신견과 역병에 영험한 쓰시마 신사의 쓰시마덴노의 영력에 의구심을 품기 시작했다. 퇴치할 수 없었고, 그저 퇴치를 기다릴 수밖에 없었다.

거대 도시 에도의 콜레라

거의 같은 시기에 인구 100만 명의 대도시 에도를 덮친 콜레라에 대해 언급하며 본 장을 마무리하고자 한다.

사망자가 급증한 에도는 장례식 행렬이 밤낮으로 육로를 막고, 수만 개의 절이 문전성시를 이루고, 화장터에는 관이 쌓여 죽음의 냄새가 진동하는 기이한 양상을 보였다(『안세이 가을의 이질유행(安政午秋頃痢流行記)』).

하지만 여기서도 겁먹지 않는 것이 에도 사람들의 기질이다. 콜레라의 공포를 역이용해 말장난으로 웃어넘긴다(『안세이 유행물 반고장(安政流行物反故張)』). 콜레라 소동으로 에도시대 모두가 고통을 겪은 것은 아니다. 역병으로 인해 망하는 사람이 있는 반면, 돈을 버는 사람도 있었다. 그 명암을 '바쁜 사람 한가한 사람 순위'를 만들며 즐기거나, 콜레라 소동을 센류(川柳)로 만들거나 자레우타(ざれ歌)를 만들어 재앙을 쫓는 교카집을 만들기도 했다. 나아가 웃음으로 넘기기 위해 삼십육가선(三十六歌仙)의 유명한 와카를 패러디해서 100만 도시 에도의 참상을 읊기도 했다. 궁극적으로는 나가사키에 기항한 미함에서 침입한 콜레라를 '아메리카 페로리 쪽(あめりかペロリ方へ)'으로 퇴거시키는 한 방을 날리고 있다(자세한

〈그림 5〉 후지미야시의 참배객이 미쓰미네 신사에 봉납한 등롱(필자 촬영)

내용은 필자의 저서 『에도의 콜레라 소동(江戸のコレラ騒動)』 참조).

거기에는 역병의 비참함을 넘어 살아남은 사람들을 기다리는 일상의 고단함이 담겨 있다. 그럼에도 불구하고 전해지는 것은 갑작스러운 재앙을 극복해 나가는 사람들의 담대함과 끝없는 에너지다.

에필로그

오미야마치의 주민이자 양조업자인 야헤의 콜레라 소동을 정리해 보자. 야헤가 콜레라 소동을 『소데일기』에 기록한 것은 1878년 7월 16일부터 10월 19일까지 약 3개월간이며, 직접 콜레라를 언급한 것은 27일부터다.

눈에 띄는 것은 콜레라가 유행, 만연하는 상황에 직면한 사람들의 공포와 망상에 대한 글이다. '급병폭사(急病暴瀉)'로 시작해 빙의 상태의 기이한 증상으로 '변병(変病)'이 되고, 삼일, 이틀, 하루 '콜레라'의 즉사병으로 변해가는 가운데, 대량 사망에 대한 불안감이 사람들을 몰아붙인다. 의사와 약은 믿을 수 없었고, 공포에 휩싸인 사람들은 콜레라가 여우의 소행이 아닐까 하는 망상에 빠졌다. 흑선을 타고 나가사키에서 온 콜레라와 궤를 같이한 1878년의 미국, 영국 등과의 통상조약 체결이라는 사건이 합쳐져, 여우가 미국 여우, 영국 역병 토끼로 변모하면서 망상은 최고조에 달한다. 이러한 콜레라의 공포와 망상에 사람들은 어떻게 대처했을까?

콜레라로 판명되지 않은 초기에는 신자들이 일련종 법회에 자신의 가게를 제공하거나 마을 전체가 아사마타이샤(浅間大社)를 참배하는 등 통상적인 제사 신앙 체계의 범위 내에서 활동했다. 즉사병이 되어 유행하고 마을 주변에서 사망자가 발생하여 일반적인 제재의식으로는 도저히 감당할 수 없게 되자 기타야마혼몬지의 호기만다라, 무라야마의 대일여래 개장, 무라야마의 법력으로 역병신 보내기, 마을의 신심을 담은 철포 쏘기, 정월 행사의 재시작, 귀자모신의 개안, 그리고 더 강한 영력을 얻기 위해 미쓰미네산의 신견 빌리기 등 제재의례는 확산되어 갔다.

액막이 의식을 다 써버리고 사람들의 피로가 극에 달했을 때, 콜레라는 엄청난 피해를 남기고 물러갔다. 콜레라는 근절은 생각도 못하고 한시라도 빨리 지나갔으면 하는 재앙이었다.

야헤와 오미야마치의 콜레라 소동은 일단 종식되었다. 10월 10일부터 14일까지 4박 5일간 평소 신봉하는 일련종 총본산인 미노부산(身延山) 참배 수행을 계기로 심신 모든 면의 재앙을 물리치고 일상으로 복귀했다.

1858년의 콜레라 소동은 현대 의학의 비약적인 발전으로 전염병 콜레라가 극복되면서 과거의 일로 잊혀졌다. 하지만 미지의 전염병 습격은 그 이후에도 계속되었고, 언제 또 올지 예측할 수 없는 것이다. 실제로 163년이 지난 2011년, 우리는 신종 코로나 바이러스에 휩쓸려 불안과 공포, 긴장의 자숙 사회에 놓여 있다.

기초자료

『袖日記』静岡県富士宮市大宮町(横関乃彦氏蔵)

『日鑑』(安政五年) 埼玉県秩父市大滝(三峯神社蔵)

『安政午秋頃痢流行記』国立歴史民俗博物館蔵

『安政流行物反故張』国立歴史民俗博物館蔵

참고문헌

山本俊一, 『日本コレラ史』(東京大学出版会, 一九八二年).

昼田源四郎, 『疫病と狐憑き──近世庶民の医療事情』(みすず書房, 一九八五年).

見市雅俊, 『コレラの世界史』(晶文社, 一九九四年).

『静岡県史 別編1 民俗文化史』(静岡県, 一九九五年).

高橋敏, 「幕末民衆の情報と世直し意識の形成──「年代記」のフォークロア」(『静岡県史研究』二号, 一九八六年).

高橋敏, 「幕末維新期における民衆の「異」意識」(桜井徳太郎編, 『日本社会の変革と再生』, 弘文堂, 一九八八年).

高橋敏, 「黒船・狼煙・狼糞──紀州藩有田郡山保田組村々の狼糞の拾い集め」(シンポジウム「古代国家とのろし」[宇都宮市実行委員会・平川南・鈴木靖民編, 『烽の道─古代国家の通信システム』, 青木書店, 一九九七年]).

高橋敏, 「安政五年のコレラと吉田神社の勧請──駿州駿東郡下香貫村・深良村のコレラ騒動」(国立歴史民俗博物館研究報告 第一〇九集, 二〇〇四年).

高橋敏, 『幕末狂乱 コレラがやって来た!』(朝日選書, 二〇〇五年, 二〇二〇年十二月『江戸のコレラ騒動』と改題し, 角川ソフィア文庫として再刊).

화재·소설·인명

『가나데혼 주신구라』의 패러디를 둘러싸고

이토 신고(伊藤慎吾)

소개

　근세 후기로 접어들면서 서민들 사이에는 다양한 문예가 전개된다. 총체적으로 파악하기는 어렵지만, 재난이나 사건 등 센세이셔널한 사건은 그들의 창작 의욕을 자극하는 소재가 되었다. 예를 들어 1858년에 간행된 『하키요시소시(掃寄草紙)』에는 대유행한 콜레라를 소재로 한 다양한 창작이 이루어졌다. 『미치유키미라이에코로리네(道行未来へころり寝)』라는 외제에서 블랙코미디가 느껴진다. 조루리다유(浄瑠璃太夫)에는 사본 쓰쿠다다유(死本佃太夫)－동변사 다유(同變死太夫)－동 쓰키지다유(同築地太夫), 샤미센에는 사본돈사(死本頓死)라는 연주자의 이름이 등장한다. "뜻밖으로 죽은 사람들이 많이 들어와 있는데 부디 뒤쪽부터 죽어줬으면 좋겠다"라고 호소하고 있다. 현대에는 비난을 받을 표현이지만, 에도시대에는 이런 창작물이 많이 만들어졌다.

하야시 요시카즈(林美一)는 그 이유를 재난을 극복하기 위함이라고 생각했다.[*1]

그런데 1829년 3월 21일, 에도에 큰 화재가 일어났다. 이때도 다양한 창작물, 예를 들어 웃긴 이야기, 센류, 교카, 교시가 창작되었다. 본고에서는 이 화재를 소재로 만들어진 『가나데혼 쇼신구라(火難出本燒進藏)』(필사본 1책)를 다루고자 한다. 그리고 『가나테본 주신구라(仮名手本忠臣藏)』의 패러디로서의 특징, 특히 인명에 주목하여 의인물의 계보 속에서 역사적 의미를 생각해 보고자 한다.

1. 1829년의 대화재와 문예

천재지변인가 인재인가

1829년 3월 21일, 간다사쿠마초(神田佐久間町) 강변에서 발생한 화재는 순식간에 번져나갔다.[*2] 교쿠테이 바킨은 이를 천재지변으로 인식하고 있다. 즉 "이 화재는 누가 잘못해서 발생한 것인지 알 수 없고, 실로 천재지변이다"(『교쿠테이 잡기(曲亭雜記)』)라고 했다. 하지만 인재에 의한 피해라는 것이 일반적인 인식이다. 요시하라 겐이치로(吉原健一郎)의 '에도 재해 연표'에는 여러 기록을 바탕으로 다음과 같이 간결하게 설명하고 있다.[*3]

오전 10시를 넘어 간다사쿠마초 니초메 강변 목재상 오와리야 도쿠에몬(尾張屋德右衛門)의 재목 창고에서 발화, 서북풍이 강하게 불어 니혼바시·교바시·시바 일대를 불태웠다. 피해 대지의 폭이 20초, 길이가 1리에 이르렀다. 다음 날 아침 불을 진압했는데, 무사들의 저택·동네의 집도 37만 채가 불에 타고 선박·교량 등 다수의 재해를 입었고 양대극장이 전소했으며, 불타 죽은 사람이 2,800여 명이라는데 도쿠에몬이 보상을 해야한다. 메이와 이래로 최대 화재이다(사쿠마초 화재·기축화재)〈사료명 생략〉.

화재의 발화지는 일단 오와리야 도쿠에몬의 목재 창고로 되어 있지만, 인접한 후시미야(伏見屋)의 창고일 가능성도 있어 확실히 단정은 하지 못한 채 결론이 내려졌다. 그 사이 도쿠에몬에 대한 가혹한 심문뿐만 아니라 후시미야 측의 공작도 있었던 것 같아 전후사정이 분명치 않았던 것 같다. 그래서 바킨처럼 자연재해로 보는 시각도 있었다.

화재와 문학

그런데 이마다 요조(今田洋三)에 따르면, "1829년 3월의 에도 대화재는 재난에 관해 전례 없이 많은 정보를 유통시켰고", "동시에 대화재에 대한 풍자, 비평이 한 장짜리 낙서의 형태로 많이 간행되었다"고 한다.*4 실제로 지금까지의 화재에 비하면 웃음거리와 낙서 등이 많이 만들어졌고, 『낙서류취(落書類聚)』상중하권에 실린 것만 해도 다음과 같은 것들이 있다.

교카, 스모, 가사이카나마치(葛西金町), 고약 팔이, 쇼카이켄(燒灰けん), 화전대환(火伝大丸), 관관옹(關關翁), 과자 부적, 하시오토시(橋落し), 대비류소옹(代悲類燒翁)(한시문), 편지글, 모에야스카타오(もえやす

たか尾)(속요), 화재 요와리(火事よわり)(생선팔이의 노래), 불을 끌어(조루리부시), 매약보조(약의 효능을 쓴 것), 가에리카케 새로운 문구의 위문글 다카오(속요), 산세키(三夕)(교카), 불이 나서 소녀가 간 도조지(道成寺)(교카), 화재의 단다이마고쓰키(段大まご月)(교카), 야키바센다루(燒場柳樽)(센류), 칠변화의 불을 끄다(편지), 낙수(落首)(교카), 나가우타, 밭에서 나온 불노래, 수수께끼, 낙수(落首), 장가(長歌)(한시문), 신판 불타는 들의 존가레부시(新板燒原ちょんがれぶし)(개장의 예고) 등의 낙서, 편지글, 각국 명산물류의 할인판매 등이 있다.

현재 확인할 수 있는 것은 다양하게 만들어졌을 창작물의 일부에 불과할 것으로 보인다. 본격적으로 조사하면 소개되지 않은 자료도 적지 않게 발견될 것이다. 아래에 소개하는 『가나데혼 쇼신구라(火難出本燒進藏)』도 그중 하나다. 먼저 줄거리를 살펴보자.

2. 『가나데혼 쇼신구라』에 대하여

개요

1829년 3월 하순, 가지카타쇼군 다카가시(火事方燒群高貸)는 멧타 가지사타(めった火事沙汰)(닛타 요시사다(新田義貞)의 이름을 따서 만든 이름)를 퍼뜨려 에도에 궁궐을 세우고 만인을 슬프게 했다.

아다키치(足吉)는 화재 피해자를 위한 구호시설에 넣어두었던 멧타 가지사타를 성의 창고에 들여보내자고 제안한다. 이에 대해 무사타노킨(無沙汰の金)이 반대한다. 모모히키(股引)는 다카시로의 계략으로 공격하지 않고 상납받으려는 술책이라고 주장한다. 고리(高利)는 죽은 사람 옆에 떨어져 있는 두건 속에서 진품을 찾아내기는 어렵다고 화를 낸다. 결국 호노히(炎火)의 아내인 모유루고젠(もゆる御前)이 몇타 가지 사타를 호노히의 절에 묻었다. 다음 날 아다키치는 모유루고젠에게 유품인 두건이 진짜인지를 물어본다. 화재 이재민이 있는 구호시설에 아다키치, 호노히, 모모히키가 머무르기로 한다.

그곳에서 아다키치가 부모와 떨어져 있는 어린아이를 돌보고 있는데, 옆에 서 있던 나이 많은 아이와 어른들이 아이를 돌보는 문제로 다투기 시작했다. 소방관과 청년의 대장이 싸움에 끼어들면서 불이 꺼졌고 아다키치 일행은 안타깝게 생각했다.

이상, 일부 문장의 뜻이 통하지 않는 부분이 있지만, 대략 이렇게 정리할 수 있다.

이 화재가 간다사쿠마초의 강변에서 발생한 것임은 당시부터 알려진 사실이었다. 문제는 불이 난 곳이 목재상인 오와리야인가, 아니면 후시미야인가 하는 것이었다. 모유루노고젠의 대사에 "오와리야라는 이름을 붙여서 지급해 주시고"라는 부분이 보이는 것은 그 때문이다. 그래서 같은 간다 지역이라 해도 가마쿠라 강변을 무대로 삼는 것은 이상해 보인다. 이는 원본 『가나데혼 주신구라』의 "아시카가 다다요시가 가마쿠라에 도착하자"라는 구절에 근거해 '가마쿠라'를 '가마쿠라 강변'으로 변경한 결과이다. 가마쿠라 강변의 도시마야(당시 실존했던 술집)에서 팔방으로 불이 번져 쓰쿠다 1초메나 쓰쿠다 2초메의 스미다가와(隅田川)강 하구에 이르렀고, 해상의 배와 많은 다리까지 불타 결국 그곳에서 2km 정도 서쪽에 있는 신바시(新橋)까지 불타버렸다고 한다.

이것이 이야기 속 설정인지, 아니면 사쿠마초 화재의 실제 모습인지

는 판단하기 어렵다. 배와 다리가 많이 불타고 나카무라좌, 이치무라
좌, 모리타좌(中村座·市村座·森田座)의 '가부키 극장 세 곳도 불타고'
소실되어 구호소 중 하나를 시장 앞, 즉 쓰키지혼간지(築地本願寺) 문
앞에 설치한 것도 이 화재의 사실과 다르지 않다. 다만 화재의 원인이
가마쿠라 강변의 도시마야(豊島屋)라고 하는 소문이 있었는지는 알 수
없다. 그 소문을 작품의 세계에 도입한 것인지, 아니면 단순히『가나데
혼 주신구라』의 "가마쿠라에 도착하면"을 살린 것에 불과한 것인지는
앞으로의 과제가 될 것이다.

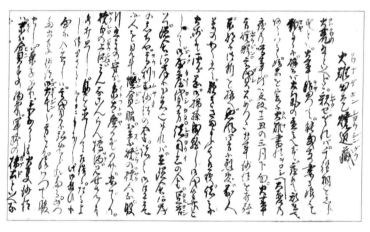

〈그림 1〉『가나데혼 쇼신구라』 권두 부분

서지 약기

서형 장장철(접착제 부착) 1권. 세로 14.0× 가로 38.9cm

재료종이 닥나무 종이

표지 없음

내 표제 가나데혼 쇼신구라(火難出本燒進藏)

정 수 2정

행 수 37~40행(불규칙)

본 문 한자 가나 혼용 문장. 곳곳에 구절점 있음.

오쿠가키(奧書) 없음

인기(印記) 없음

소장자 이토 신고(伊藤愼吾)

3. 『가나데혼 주신구라』와의 본문 비교

『가나테몬 주신구라』 약설

다음으로 원본 『가나데혼 주신구라』가 본문에 미친 영향을 살펴보자.

『가나데혼 쇼신구라(火難出本燒進藏)』는 제목 그대로 『가나데혼 주신구라(仮名手本忠臣藏)』(이하 『주신구라』)를 패러디한 작품이다. 『주신구라』는 1748년에 오사카 다케모토좌(竹本座)에서 초연된 조루리로 작자는 다케다 이즈모(竹田出雲), 미요시 쇼로쿠(三好松洛), 나미키 센류(並木千柳)이다. 1701년 아사노 다쿠미노카미(浅野内匠頭)에 의한 기라 고즈케노스케(吉良上野介) 칼부림 사건부터 이듬해 아코기시(赤穗義士)에 의한 기라 토벌까지를 다룬 작품이다. 총 11단으로 구성되어 있다.

이 중 『쇼신구라(燒進藏)』은 서두의 대서(大序)와 이어지는 1단 「스루오카의 향응(鶴岡の饗応)」을 축약하여 사용하고 있다. 본문 말미에

"여기 늘어선 마을 소방관들의 숫자는 마흔일곱 글자의 이로하로 분류해 가나의 음을 감안한 것이다"는 기술이 있는데 마을 소방관 27인은 아코기시 47명에 빗댄 것이다.

본문 비교

아래에 전문을 게재한다. 이때 원문을 개행 부분과 무관하게 문장의 뜻에 따라 개행한다. 또한 한자는 현행 표기로 바꾼다. 대조하는 텍스트는 초판본을 저본으로 하는 『신초 일본고전집성 조루리집(新潮日本古典集成 浄瑠璃集)』에 수록된 주석문을 사용했다. 단, 부주석은 모두 생략하고, 오독의 가능성이 있는 가나도 생략했다. 또한 원문에 없는 가나에는 ( )를 붙였다.

0. 제목

【焼進蔵】
火難出本焼進蔵

【忠臣蔵】
仮名手本忠臣蔵

(1). 대서(大序)

【焼進蔵】

①火荒有といへども。釈せざれば。其程相をしらずといふ。火事治まつて。能武士の妻も娘を紛るゝに。譬ば大気の昼みへず。夜と乱れてあらはるゝ。始末を爰に②火難書のヲロシ〳〵大変の夜の噂事。

【忠臣蔵】

①嘉肴ありといへども、食せざればその味はひを知らずとは。国治まつてよき武士の忠も武勇も隠るゝに。たとへば星の昼見えず　夜は乱れてあらはるる。ためしをここに②仮名書きのヲロシ〳〵太平の代の。まつりごと。

(2). 가지카타셔군 다카시로, 멧타 가지사타를 퍼트려 에도 사람들을 괴롭히다

【焼進蔵】

頃は文政十二年丑の三月下旬。火事方焼群。高貸公。めつた火事沙汰を打弘メ。東都に御所を構へ。悪風四方に烈敷。万人草の如くにて。歎きさまよふ其有様。

【忠臣蔵】

ころは暦応元年二月下旬。足利将軍尊氏公　新田義貞を討ち滅ぼし。京都に御所を構へ　徳風四方にあまねく。万民草のごとくにて　な

びき。したがふ御威勢。

(3). 아다키치, 고리 무사타의 사람들과 이야기하다

【焼進蔵】

諸々に火流す灰が岡。御掃除成就し御代算として。御屋台貸方。諸用意の金。足吉公。鎌倉河岸に下着也ければ。在鎌倉河岸のしちや。高利無沙汰の金。諸々御足元に人を見計ル慳貪眼。お素焼の。焼人な。股引有まの守が。糸太。屋かずの介。安でう。焼白の上酒。みんなこんらん樽酒。みせ先に水打廻し。臭を直して相詰る。

【忠臣蔵】

国に羽をのす鶴岡八幡宮　御造営成就し。御代参として　御舎弟足利左兵衛督直義公。鎌倉に下着なりければ。在鎌倉の執事　高武蔵守師直。御膝元に人を見下ろす権柄眼。御馳走の役人は。桃井播磨守が弟　若狭之助安近。伯州の城主　塩谷判官高定。馬場先に幕うち回し　威儀を正して相詰むる。

(4). 멧타 가지사타의 대응을 둘러싸고 모모히키와 고리가 논쟁

【焼進蔵】

たるよし仰出さるゝは。③イカニもろノ＼。此御救ひ小屋に入置しは。高貸に弘められたる。めつた火事沙汰。御大尽之方々ち。給は

つて服せし。菓子茶。忝なからも火事沙汰は。末は貧すの約束。聞
捨の株土といへながら。其儘にも捨置れず。当所のしろ蔵に納る条。
其出得有べしとの。算用候也とのたまへば。不沙汰の金。うけ給り
是は思ひも寄ぬ御事。一体末野貧也迚。約せし株土を損毛せば。御
ひざ元の大小名。末は貧すはいくらも有。損毛の義然るべからず候
と。遠慮なく言上す。

　イヤ左様にては候まじ。此やかず之介が存るは。是は全く高貸公の
御計略。めつたに麁相な打たをされ。御損徳を考し攷ずして。上納
さする御手だてと存じ奉れば。無用との御ひよふぎ。卒爾也。といは
せもはてず

　ヤア卒爾とは出かしたり。大方内色したる所が大さわぎ。死人の側
に落散たる。甲頭巾の数はしれず。とれがどふとも見しらぬ甲そふで
あろふと。思ふのを葬送した其跡で。そふでなければ。大きなはぢ。
生弱輩な形をして。御頼もなきはたらきすつこんで。居ればイエト合
点の儘出る程に。悔とも思はぬ此場の大施主。掘出したは無気味な
色目。

　イヤヤット引取て。コハ御尤なる御さいごながら。股引とらずもや
さるゝも。定たる世のゑんいん。是以て捨られず。早々菩提所。何寺
へゑんどう捨たてまつると。申上れば御機嫌有

　ホウ左いはへと思ひし故。拙寺が方へ持来れと。言付し。是へノ
＼と。有ければハツト答の程もなく。馬鹿のた人がせ話をして。うけ
しせ話やく打敷や。だ虫の後先の魂はばき。魂もあきるゝうつけ僧。
炎火が妻の。もゆる御前。はるかあがつて埋めらる。

【忠臣蔵】

　直義仰せ出さるるは「③いかに師直。この唐櫃に入れ置きしは。兄尊氏に滅ぼされし新田義貞。後醍醐の天皇よりたまはつて着せし兜。敵ながらも義貞は　清和源氏の嫡流。着捨ての兜といひながら。そのままにもうち置かれず。当社の御蔵に納める条　その心得あるべしとの厳命なり」とのたまへば。武蔵守うけたまはり。「これは思ひもよらざる御事。新田が清和の裔なりとて　着せし兜を尊敬せば。御旗下の大小名　清和源氏はいくらもある。奉納の義しかるべからず候」と。遠慮なく言上す。

　「イヤ左様にては候ふまじ。この若狭之助が存ずるは。これはまつたく尊氏公の御計略。新田に徒党の討ち洩らされ　御仁徳を感心し。攻めずして降参さする御手立てと存じたてまつれば。無用との御評議卒爾なり」と。いはせも果てず。

　「イヤア師直に向つて　卒爾とは出過ぎたり。義貞討死したる時は大わらは。死骸のそばに落ち散つたる　兜の数は四十七。どれがどうとも見知らぬ兜。さうであらうと思ふのを。奉納したそのあとで　さうでなければ大きな恥。生若輩ななりをして　お尋ねもなき評議。すつこんでおるやれ」と　御前よきまま出るままに。杭とも思はぬ詞の大槌。打ち込まれてせき立つ色目

　塩谷引つ取つて。「コハ御もつともなる御評議ながら。桃井殿の申さるるも　をさまる代の軍法。これもつて捨てられず　双方まつたき直義公の。御賢慮仰ぎたてまつる」と。申し上ぐれば御機嫌あり。

　「ホホさいはんと思ひしゆゑ。所存あつて　塩谷が婦妻を召し連れよといひつけし。これへ招け」とありければ。「はつ」と答へのほどもな

く。馬場の白砂素足にて　裾で庭掃く襠は。神の御前の玉箒　玉もあ
ざむく薄化粧。塩谷が妻のかほよ御前。はるかさがつてかしこまる。

(5). 호노히의 아내 모유루고젠, 태세를 정비하다

【焼進蔵】

　御小屋詰の者共。其儘声かけ。いんぐわ殿の御内室。くわほう
殿。昨晩ら嚥おつかれ御大義ノ＼。御せん義のひちかふノ＼と。取
持顔

　足よし御覧じ。召出す事外ならず。神田飛火のみだれに。御さい
ごの体身やきにて。召れし甲を。お仕着に給はつたれば。大火に付
て。着つらん事。うたがひはなけれ共。其甲をたれ是。見知人。其に
なし。其時は因果がつま。少児の中馬の。其中にて。評義用の。夜
番也と聞及ふ。嚥見しりあらんず。覚あらば。甲の本なみ。めきゝノ
＼と。神田二は。御吟味さいもやはらがず。おうけ申も。又なんぎ。

　めう火にあまる。組の大勢。夫こそは。私がのがるゝ事なき此度の
火にて。よし沙汰なしには。あいなるまじ。尾張屋といふかど名を添
て給はれ。お取次さま。則是が其主ニて人は一代。悪名は末代。又
は打けさんと。思ふ時此事を思ひなば。内外の衆が。火をしめし置な
らば。なんの飛火になりましよう。若も虫玉が。飛散しと。いふもの
あらば私が。妻子をつれて逃よとの。言ばはよもやちがふまじと。申
上ればおなげき有

【忠臣蔵】

をなご好きの師直そのまま声かけ。「塩谷殿の御内室かほよ殿。最前よりさぞ待ちどほ　御大儀ノ＼。御前のお召し近うノ＼」と取り持ち顔。直義御覧じ。「召し出だすことほかならず。去んじ元弘の乱れに。御醍醐帝都にて召されし兜を。義貞にたまはつたれば。最期の時に着つらんこと　疑ひはなけれども。その兜を誰あつて見知る人ほかになし。そのころは塩谷が妻。十二の内侍のその内にて。兵庫司の女官なりと聞きおよぶ。さぞ見知りあらんず。覚えあらば兜の本阿弥。目利きノ＼」とをなごには。厳命さへもやはらかに。お受け申すもまたなよやか。「冥加にあまる君の仰せ。それこそはわたくしが。明け暮れ手馴れし御着の兜。義貞殿拝領にて。蘭奢待といふ名香を添へてたまはる。御取次ぎはすなはちかほよ。そのときの勅答には。人は一代名は末代。すは討死せん時。この蘭奢待を思ふまま。内兜に焚きしめ着るならば。鬢の髪に香を留めて。名香かをる首取りしと　いふ者あらば。義貞が最期とおぼし召されよとの。詞はよもやちがふまじ」と申し上げたる口元に。下心ある師直は。小鼻いからし聞きゐたる。

(6). 모유루고젠, 구호소에 가난한 사람이 많이 있는 것을 보다

【焼進蔵】

ホヽウさいわんと思ひし故。やけ残つたる。貧人数しれず。此お小屋に入置たり。見分さしやれと。おしようしな。然らは御免と。腰かゞめつおづノ＼と。出くるものを立寄て。④みれば所も名にしお

ふ。鎌倉河岸の大株へ。豊嶋屋から。八方へ飛火は。佃人足嶋。石
川嶋も残りなく。海の中なる船迄も。留りは新橋限りにて。其外
橋々焼落る。芝居も三所残りなく。数々おふき其中にも。筑地門跡
是大変。是はといわぬ其内に。どつと一吹ふく風は。何といふべき様
もなし。といへければ

【忠臣蔵】

直義くはしく聞し召し。「オオつまびらかなるかほよが返答。さあら
んと思ひしゆゑ。落ち散つたる兜四十七。この唐櫃に入れ置いたり。
見分けさせよ」と　御諚意の下侍。かがむる腰の海老錠を。開くる間お
そしと取り出すを。おめずおくせず立ち寄つて。④見れば所も。名に
しおふ。鎌倉山の星兜。とつぱい頭獅子頭。さて指物は家々の。流
儀ノ＼によるぞかし。あるいは。直平筋兜。錣のなきは。弓のため。
そのぬしノ＼の好みとて。数々多きその中にも。五枚兜の竜頭。これ
ぞといはぬそのうちに。ぱつとかをりし名香は。かほよが馴れし「義貞
の兜にて御座候」と差し出せば。

(7). 아다키치는 호노히, 모모히키와 구호소에 머문다. 모유루고
젠과 헤어지다

【焼進蔵】

左よふならめといつけつし。いんぐわ股引。両品は。此小屋にとま
るべし。こなたへ来れと。ござを敷。火亡に。御暇たまはつて。番所
を立給ひば。いんぐわ股引両品も。打つれてこそ入にける。

【忠臣蔵】

　左様ならめと一決し「塩谷桃井両人は。宝蔵に納むべし　こなたへ来れ」と御座を立ち。かほよにお暇たまはりて　段葛を過ぎたまへば。塩谷桃井両人もヲクリうち連れ。ヽてこそ入りにける。

(8). 아다키치 구호소에서 미아를 돌보다

【焼進蔵】

　跡に誰が子かつきほなく。母さまはどこにいるとヽさまも居なさらぬ。とヽさまノウ母さまノウ。おいらがとヽさまかヽさまノウト。泣あるく。ヲヽどふりじやと走り寄。じつと抱〆ヲヽイヽ子ジヤつよい子じや。今にとヽさんかヽさんも来なさるだろふト。顔に似合ぬ子ぼんのう。

　だましつすかしつ。いろノヽと。あんもはいやかまヽくやるか。イヤならこヽに待ていなト。だましすかせばやうノヽと。すこし落付子供も有。中に年立子供をば大声あげて。叱るにぞ側成人が是をみてヽだますさい聞わけたりと思ふにぞ我子ならねど捨もおかれおず。イヱ愚痴をいふない。能ものも出来ねヱ曲にト。双方共に角目立。是をみるより。子供等は。涙ぐみてぞ居たりける。

【忠臣蔵】

　あとにかほよはつぎほなく。「師直様は今しばし。御苦労ながらお役目を。お仕舞ひあつてお静かに。お暇の出たこのかほよ。長居は恐れ

おさらば」と。立ち上がる袖すり寄つて　じつと控へ。「コレまあお待ち
待ちたまへ。今日の御用しまひ次第。そこもとへ推参して　お目にか
ける物がある。幸ひのよいところ召し出だされた。

　直義公はわがための結ぶの神。御存じのごとくわれら歌道に心を寄
せ。吉田の兼好を師範と頼み　日々の状通。そこもとへ届けくれよと
問ひ合せのこの書状。いかにもとのお返事は。口上でも苦しうない」
と。袂から袂へ入るる結び文。顔に似合はぬ「様参る　武蔵鐙」と書い
たるを。見るよりはつと思へども。はしたなう恥ぢしめては　かへつて
夫の名の出ること。持ち帰つて夫に見せうか。いや ／＼ それでは塩谷
殿。憎しと思ふ心から　怪我過ちにもならうかと。ものをもいはず投
げ返す。人に。見せじと手に取り上げ。「戻すさへ手に触れたりと思
ふにぞ。わが文ながら捨てもおかれず。くどうはいはぬ。よい返事聞
くまでは。口説いて ／＼ 口説きぬく。天下を立てうと伏せうとも　まま
な師直。塩谷を生けうと殺さうとも。かほよの心たつた一つ。なんと
さうではあるまいか」と。聞くにかほよが返答も。なみだぐみたるばか
りなり。

(9). 싸움 와중에 화재가 진정되다

【焼進蔵】

　折から来合す。飛の者此火の中で。けんくわどころか。早 ／＼ 止
ろと声かくれば。ヤア又してもいらぬ世話。やめてよければ。こつち
でやめる。此場のの事は。しまふても。外では済ぬ。大名でも。相手

にするはべらぼうめと。じやまの返答悪たいに。くはつとせき立若者頭。肩の手ぬぐひ鉢巻し。白眼つめはつめたれども。御場所也犯人也と。いつたんの堪忍も。いま一言が生死の。喧嘩のさかへ。鎮火。ぞと。いふ声ノ〵に。是非なくも。其期をのばし。むねんなむねに忘られず。

　　かゝる所へゑんつよく。はなれぬけふのよろこびも。あはぬ子を敵とも。しらぬ親子が跡や先。ひるも子供も。やうノ〵と歩行成行。
其風情

　　爰に御火消町火消。立ならんだる。数々も。四十七字のいろはわけ。かなの甲をやはらげて。甲頭巾のほころびぬ。組の行取明方の

【忠臣蔵】

　折から来合す若狭之助。例の非道と見てとる気転。「かほよ殿まだ退出なされぬか。お暇出でて隙どるは。かへつて上への恐れはやお帰り」と追つ立れば。

　きやつさては気取りしと。弱みをくはぬ高師直。

　「ヤアまたしてもいはれぬ出過ぎ。立つてよければ身が立たす。このたびの御役目。首尾ようつとめさせくれよと。塩谷が内証かほよの頼み。さうなくてかなはぬはず。大名でさへあのとほり。小身者に捨知行　誰がかげで取らする。師直が口一つで　五器提げうも知れぬあぶない身代。それでも武士と思ふぢやまで」と。邪魔の返答憎て口　くわつとせき立つ若狭之助。刀の鯉口砕くるほど　握り詰めは詰めたれども。神前なり御前なりと　一旦の堪忍も。今一言が生き死にの。ことばの先手「還御ぞ」と。御先を払ふ声々に　せんかたなくも期をのばす。

無念は胸に忘られず。悪事逆つて運強く　切られぬ高師直を。明日のわが身の敵とも。知らぬ塩谷があと押へ。直義公は悠々と　歩御なりたまふ御威勢。

人の兜の竜頭　御蔵に入るる数々も。四十七字のいろは分け　かなの兜をやはらげて。兜頭巾の綻びぬ　国の。掟ぞ三重〳〵久方の。

(10). 오쿠가키(奧書)

【焼進蔵】
新橋
作者　　火間出小广留

大夫　　　大雑書
和可羅奴大夫
千夢歩二
嘉二大夫
三味線　　美留気野内太

此外役者略之

4. 패러디 방법

화재가 났을 때는 다양한 낙서가 만들어진다. 교카, 교시, 요쿄쿠의 패러디나 속요, 웃긴고우타, 이로와우타, 데마리우타(手鞠歌), 반자이, 다이코쿠마이(大黒舞), 수수께끼, 하야구치코토바(早口言葉), 히키후다(引札) 서찰, 연하장, 고소데 주문(小袖注文), 가와라반, 약의 효능을 적은 것 등 익명을 조건으로 무엇이든 가능하다고 할 정도로 자유로운 창작이 이루어졌다.

연극과 패러디

예능 관련으로는 근세 전기부터 요쿄쿠니 다이코쿠마이가 자주 만들어졌다. 형식적으로는 노나 가부키와 같은 예능, 또는 노점상이나 곡예, 기계장치 공연 등도 많았다.

정치나 세태 풍자에는 근세 전기부터 요쿄쿠의 패러디가 활발하게 사용되었다. 그 수가 매우 많았고, 막부 말기에는 엄격한 단속으로 인해 눈에 띄지 않게 되었지만, 계속 만들어졌다. 『도조지(道成寺)』처럼 요쿄쿠 패러디의 범위를 넘어 다양하게 창작된 것도 있다. 그것은 『교가노코무스메 도조지(京鹿子娘道成寺)』라는 인기작이 탄생했기 때문일 것이다. 낙서를 하는 와중에 일종의 도조지물(道成寺物)이 정착한 것이다.

1760년 2월 6일 간다 여인숙 마을의 아카시야(明石屋)에서 발생한 화재(아카시야 화재) 때는 『다이헤이키 기쿠스이노마키(太平記菊水之巻)』에 기반한 『에도메누키 다이헤이키 가스이노마키(江戸目貫 太平記渇水

巻)』가 만들어졌다(『낙서류취』 7). 1772년 2월 29일 메구로 교닌자카(目黒行人坂) 화재 때 만들어진 『관동대재기(関東大変記)』(같은 책 8)는 앞의 『가스이노마키』를 개작한 것이다. 또한 이 메구로 교닌자카 화재에서는 『야케하라나미다 다이라노야스하루(焼原涙平安春)』와 『리쿠카와변사문답(陸川変死問答)』과 같은 조루리 계통의 낙서도 만들어져 점차 가부키·조루리 패러디가 우세해졌음을 알 수 있다.

또한, 문화·문정기(文化·文政期)에 이르러서는 가부키, 조루리로는 『고다이리키코이노후지메(五大力恋織)』의 패러디가 눈에 띄게 된다.

그런데 『주신구라』에 취재한 것으로, 1806년 3월 4일 시바쿠루마초(芝車町)에서 발생한 우시초(牛町) 화재 당시 9단 대사를 야마토고토바(大和言葉) 풍의 수수께끼 형식으로 표현한 것이 만들어졌다. 『낙서류주』 권11에는 "고상하지도 않고 세련되지도 않고"로 시작하는 31항과 "찾아와 여기 오는 사람은"으로 시작하는 30항목의 두 가지가 수록되어 있지만, 그 외에도 더 많이 만들어졌을 것이다. 1807년 러시아인의 에토로후토(択捉島) 섬 공격 사건 때에도 9단짜리 대사로 된 낙서가 만들어졌다. "찾아와 여기 오는 사람은"으로 시작하는 23항목으로 구성되어 있다. 1829년 사쿠마초 화재 때에도 '주신구라 9단 대사'가 만들어진 것은 『봄의 단풍(春の紅葉)』을 통해 잘 알려져 있다.

축어적 작품

『가나데혼 쇼신구라』의 경우 대서(大序)와 첫 번째 단이라는 공연 자체가 많지 않은 단을 바탕으로 하고 있다. 그래서인지 '9단의 대사'처럼 주요 대사를 이용한 패러디가 아닌, 쓰여진 글에 상당히 충실하게 사용하여 작품을 만들어내고 있다. 몇 가지 대표적인 문구를 예로 들면, 대조본문 중 ①의 지문, ②의 부호 있는 지문, ③의 대사 등이다. 이것들은 매우 가까운 본문에 변형되어 있다. 말하자면 축어적으로 작품을 만들고 있는 것이다.

이 수법은 이 작품의 특징이긴 하지만, 독창적이라고 할 정도는 아니다. 단문이라면 와카 형식의 낙수(落首), 즉 교카나 요쿄쿠의 패러디와 동일한 발상이다. 이야기 문장으로서는 『이세모노가타리(伊勢物語)』를 바탕으로 한 근세 초기의 『니세모노가타리(似勢物語)』로 대표되는 것처럼 전형적인 패러디 방법으로 근세기에는 일관되게 행해졌던 것이다.

그러나 후반부에 이르면 『주신구라』의 문장과 현저하게 괴리된 부분도 나타난다. 편의상 나눈 여섯 번째 부분, 즉 모유루고젠이 아다키치의 권유로 구호소에 가난한 사람들이 많이 있는 모습을 보는 장면이다. 모유루고젠은 그곳에서 가난한 사람들이 아니라 에도 시내 전역의 피해 상황을 목격한다. 『주신구라』에서는 가오요고젠이 아시카가 다다요시의 권유로 장롱에 들어있는 47개의 투구를 보는 장면에 해당한다.

【焼進蔵】
みれば所も名にしおふ。鎌倉河岸の大株へ。豊嶋屋から。八方へ飛火は。佃人足嶋。石川嶋も残りなく。海の中なる舩迄も。留りは新橋限りにて。其外橋々焼落る。芝居も三所残りなく。数々おふき其中にも。筑地門跡是大変。是はといわぬ其内に。どつと一吹ふく風は。何といふべき様もなし。といへければ

【忠臣蔵】

見れば所も。名にしおふ。鎌倉山の星兜。とつぱい頭獅子頭。さ
て指物は家々の。流儀ノヽによるぞかし。あるいは。直平筋兜。鍍
のなきは。弓のため。そのぬしノヽの好みとて。数々多きその中に
も。五枚兜の竜頭。これぞといはぬそのうちに。ぱつとかをりし名香
は。かほよが馴れし「義貞の兜にて御座候」

이처럼 더 이상 대응되는 본문을 찾기 어려운 부분이 종종 나타나게
된다. 이에 이어, 파트 8의 아다키치가 구호소에서 길 잃은 아이를 구
해주는 장면이나 파트 9의 싸움 장면도 특히 대사가 자유로워진다. 기
본적인 플롯은 계승하되, 쉽게 변형할 수 있는 대사 전달에 엄격함이
사라지는 것이다. 거칠게 표현하면 집중력이 떨어진 것 같다.

5. 이름 모방

『쇼신구라』의 경우

지문(地の文)이나 대화문에서의 변형을 살펴보았는데, 인명 또한 우스
꽝스러운 것으로 바뀌고 있다. 주신구라와의 대응 관계는 다음과 같다.

『쇼신구라』	『주신구라』
火事方焼群高貸公	足利将軍尊氏公

めった火事沙汰	新田義貞
貸方諸用意の金足吉公	足利左兵衛督直義公
高利無沙汰の金諸々	高武蔵守師直
股引有まの守	桃井播磨守
やかずの介安じょう	若狭之助安近
みんなこんらん樽酒 / 炎火	塩谷判官高定
もゆる御前 / 火亡	かおよ御前

이상은 고유한 이름을 가진 등장인물들이다. 모두 작명가의 취향을 엿볼 수 있는데, 호노히와 모유루고젠이라는 이름이 특징적이다. 호노히는 엔야 한간(塩谷判官)에서 따온 것으로 보이는데, 첫 등장에서는 "민나콘란다루자케"라고 적혀 있다. 그러나 부분적으로 마지막에 "호노히의 아내 모유루고젠"이라는 설명이 보인다. 이는『주신구라』의 "엔야의 아내 가호요고젠"을 근거로 한 것이기 때문에 "민나콘란다루자케"라는 이름과 모순이 발생한다. 또한 "모유루고젠"도 파트 5의 첫머리에 "인과도노노고나이시쓰 가보도노"라고 되어 있는데, 이건『주신구라』의 "엔야도노노고나이시쓰 가호요도노"에 기반하고 있다. '가호요'가 '가호우'로 변해 '가보'가 되었다고 해석하는 것이 자연스러울 것이다. 하지만 "모유루고젠"이라고 쓴 바로 뒤에 글자를 '火亡'으로 바꾼 것은 의미가 불분명하다. 또한 '炎火'를 'いんぐわ'나 '因果'로 표기하는 예가 보이는데, 이는 이(伊)와 에(ゑ)의 음을 혼용하고 있기 때문일 것이다. '스에(末)'를 '스이(末)'로 하거나 '사에(さへ)'를 '사이(さい)'로 표기하는 예와 비슷하다.

여러 작품의 사례

그런데 이렇게 화재와 관련해서 이름을 붙인 것은 앞서 언급한 1760
년 아카시야 화재 때가 가장 이른 사례가 아닐까 생각된다. 『다이헤이
키 가스이노마키』에 기반한 「다이헨키 가스이노마키(大変記渇水巻)」
의 전단지 역할명에 '나니카가 다카우리(何かゞ高売, 아시카가 다카우지)',
'니게타 요시사다(逃た義貞, 닛타 요시사다)', '구스노키 한분 마사야키(く
すの木はん分正焼, 구스노키 한간 마사나리), '오쿠라 쇼시치 모리나가(大蔵
焼七盛長, 오모리 히코시치 모리나가), '마루야키 주야(丸焼昼夜, 마루바시 주
야) 등이 올라가 있다. 1765년 2월 29일 메구로 교닌자카 화재 때 만들
어진 『관동 다이헨키(関東大変記)』는 아카시야 화재 낙서의 영향을 받
아 만들어진 작품이지만, 상당히 큰 비중을 차지하고 있다. 『관동 다이
헨키』뿐만 아니라 『다이헨키 니가쓰소가(大変記二月曾我)』라는 속편
도 만들어졌다.

낙서에는 화재를 소재로 한 것뿐만 아니라 인명을 소재로 한 것도
적지 않다. 즉, 명명이라는 행위 자체가 관심의 대상이었기 때문이다.
가부키, 조루리의 패러디에 등장인물의 이름을 바꾸는 개명 형식이 산
재해 있는 것도 그 때문이다. 『다이헨키 니가쓰소가』처럼 조루리다유
를 첨가한 것도 있다. 본 작품에서는 교겐 작자에 "히마데코마루(火間
出小广留)", 조루리다유에 "와카라누다유(和可羅奴大夫)", "가니다유(嘉
二大夫)", 샤미센에 "미루키노나이타(美留気野内太)"의 이름이 적혀져
있다. "히마데코마루"는 '히마데(火間出)'라는 성이 화재를 연상시키기
는 하지만, 그 외에는 별다른 연관성이 없는 이름인 것 같다.

이 밖에도 메구로 교닌자카 화재를 예로 들면, '스테후다(捨札)'에 메

구로 교닌자카 화재가 일어난 절 앞의 혼고마루야마카카사마오야시키 고노히노코야초베(本鄕丸山火賀樣御屋敷後の火の子屋丁兵衛), '무제'에 야키노 겐에몬, 하시바시라쿠타(燒野原右衛門·橋々落太), '시샤코조(使者口上)'에 야키타 단조 소실(燒田弾正燒失), '야키타코조(燒田口上)'에 야키다 히모토(燒田火元), '가엔(花ゑん)'에 기조 야키노스케(木藏燒之助), 하시가오치 우에몬(橋ヶ落右衛門) 등의 이름이 적혀있다(『낙서류주』 8). 모두 연관성이나 영향 관계가 없다. 각 작가의 창작 의욕은 이러한 이름을 자유롭게 창작하는 데 있지 않았을까 생각된다.

통칭과 별명 종류

물론 화재에 국한되지 않고 다양한 재난이나 사건에 대해 동종의 음을 이용한 인명이 만들어졌다. 이를 가칭 '희인명(戱人名)'이라고 부르고 싶다. '교초 원년(魚鳥元年)', '잔치키 원년 도라노토시(ちゃんちき元年どらのとし)' 등의 장난으로 만든 연호를 희연호(戱年号)라고 부르는데 그것과 비슷하게 장난으로 만든 인명이라는 뜻이다. 현실 사회에서는 통칭이나 별명에 해당한다.

근세 초기부터 부랑자나 불량한 사람 등 무뢰한의 이름이 여러 기록에 산재해 있다. 초기에는 오카제 아라시노스케(大風嵐之介), 가제후키치리 우에몬(風吹散右衛門), 덴구마 우에몬(天狗魔右衛門),[*5] 난바노 우라바(浦波の浦波), 아시마노 가니와카(葦間の蟹若), 구마지노 라이하치(雲路の雷八)[*6] 등이며, 후기에는 후쓰카요이 젠에몬(二日酔善衛門), 인가노스케(烟火之介), 유메노 무시구라(夢之虫藏)[*7]가 있다.

이러한 사례에서 알 수 있듯이, 현실 세계에서는 자연이나 인간 세계의 여러 가지에서 영감을 얻은 것이 붙는다. 반면 이야기 세계에서는 통칭이 아닌 실명으로 사용된다. 그리고 그 세계관은 앞선 이야기 세계나 사건의 패러디로 설정되거나 비현실적인 세계로 설정되기도 한다.

아시카가 쇼군 다카우지공(足利将軍尊氏公)을 가지카타 쇼군 다카시로공(火事方焼群高貸公)으로, 닛타 요시타다(新田義貞)를 멧타 가지사타(めった火事沙汰)로 설정한 것은 그 때문이다. 한편 야키노하라 우에몬이나 하시바시 라쿠타라는 이름은 화재와 관련된 단어를 이용해 만든 인명이기 때문에 언어유희로서는 다른 종류의 것이다. 하지만 양자는 특별히 구분 없이 사용되고 있다. 결과적으로 재미있는 이름으로서만 성립하면 되는 것이다.

의인물에서 파생

이러한 이름 빗대기가 이루어지기 이전에는 의인물(擬人物) 이야기에 등장하는 캐릭터 이름에 의인명(擬人名)이 사용되었다. 『쇼진교루이모노가타리(精進魚類物語)』는 15세기에 성립된 쇼진 요리와 어류의 전투 이야기이다. 거기에는 쇼진 쪽에 우시후사 사에몬 나가키치(牛房左衛門長吉), 우메보시(梅法師), 구리이가노모리(栗伊賀守) 어류 쪽에 도미 아카스케(鯛赤助), 상어 아라타로(鮫荒太郎), 메시오 스시스케(飯尾鮨介), 이소와부야 스즈키사부로(磯和布や鱸三郎)와 같은 이름이 많이 등장한다. 『네즈미노소시(鼠の草子)』(산토리 미술관 소장 고서화첩)에는 이야기 본문에 등장하지는 않지만, 그림 속 글로 쓰치호리노 마고스케(土堀の孫助), 아나호리노 사콘노조(穴掘の左近丞), 게타바시리노 사루치요

(桁走りの猿千世) 등, 쥐의 습성에 근거한 이름이 많이 기록되어 있다.

이러한 희인명은 근세에 이르러서도 『시쇼노우타아와세(四生の歌合)』의 조수충어(鳥獸虫魚)의 이름을 비롯해 의인물 가나조시(仮名草子) 작품에 계승된다. 또한, 오토기조시, 가나조시에 보이는 비슷한 취향의 이름은 우키요조시(浮世草子) 계열의 의인물 『무시갓센 모노가타리(虫合戦物語)』나 『초목군담 시즈노쓰마키(草木軍談賤爪木)』 등과 나아가 설화, 강독 등의 예능으로까지 확대된다. 이들은 세계관으로서 인간계와 다른 조수, 곤충, 물고기, 초목에 의해 이루어진 사회가 설정되어 있다. 그러나 인간 사회와 동등한 사회로 그려지고 있기 때문에 의인물로 여겨진다.

그런데 겉보기에는 의인물로 보이지만, 의인물을 모방한 현실의 인간 사회를 그린 작품이 근세 전기에 등장했다. 1667년에 간행된 지호보 다루지(地黄坊樽次)의 『수조기(水鳥記)』가 바로 그것이다. '수조(水鳥)'는 '주(酒)'를 파해한 것으로, 즉 술을 좋아하는 사람들끼리 술 마시는 모습을 군기(軍記)처럼 꾸며낸 것이다. 거기에는 사이토 덴자에몬 다다노미(斎藤伝左衛門忠吞), 진테쓰보 쓰네아카(甚鉄坊常赤), 게조보 하치노미(毛蔵坊鉢吞), 고쿠라 마타베 다다요이(小倉又兵衛忠酔), 라이켄보 다루모치(来見坊たるもち) 등 술과 관련된 이름들이 등장한다. 이러한 이름은 인간뿐만 아니라 신의 이름에도 사용된다. 『장자교(長者教)』에는 복의 신과 가난의 신이 각각 열 명의 자식을 두었는데, 저축하는 첫째 다네모치(蓄え太郎たねもち), 아침에 일어나는 둘째 무네키요(朝起き二郎むねきよ), 계산 잘하는 셋째 가네마스(算用三郎かねます), 나쁜 짓하는 지로타로(不行儀二郎太郎), 물건 좋아하는 사부로지로(物好きの三郎二郎), 사람을 모으는 지로사부로(人あつめの四郎三郎) 등의

이름이 붙여져 있다. 『수조기』든 『장자교』든 술을 의인화하거나 '저축'이나 '아침형 인간'이라는 개념을 신격화한 것은 아니다. 그것들과 연관된 단어를 이용해 인명을 장난삼아 만들었다고 보는 것이 옳을 것이다.

그리고 보면 의인명으로서 중세의 의인물에서 퍼져나간 작명 취향이 인간 사회를 무대로 한 작품의 세계에도 확산되어 갔다고 문학사적으로 해석할 수 있지 않을까. 니시키분류(錦文流)가 조루리 『경성팔화형(傾城八花形)』에서 후구루마료린노스케 미치쿠사(文車両輪之介道草)나 지리즈카무료노스케 쓰치쿠레(塵塚無量之介土塊), 마사키 구즈노조스에나가(正木葛之丞末長)라는 거의 현실성 없는 인명을 사용한 것은 이런 작명 맥락에서 이해해야 하는 것이 아닐까. 이후로 분류는 『초목군담 시즈노쓰마키』라는 의인물을 만들어(178년 간행), 인명뿐만 아니라 세계관도 초목의 세계로 설정하는 작품을 만들었다. 현실의 인간 사회와 괴리된 공상에 관심을 가졌음을 알 수 있다.

희인명의 흐름

이러한 의인물의 상상력을 인간사회로 끌어들이는 작풍은 앞서 『수조기』 이후 많지 않았는데 근세 후기에 들어서면서 산발적으로 나타나, 특히 호색싸움물(好色合戰物)에서 나타나기 시작한다. 『오요세하나시 시리우마(大寄噺尻馬)』의 한 편으로 간행된 『호색 아케가하라 전투(好色開ヶ原合戰)』나 『예기기녀 화산 전투(芸妓戯女花山合戰)』, 『동후일대 전투(同後日大合戰)』, 그리고 단독으로 간행된 『이로자토 다이헤이키(色里太平記)』 등도 이 유형이다. 『호색 아케가하라 전투』에는

나사케 아리마노스케 요시나리(なさけ有馬之助好成), 스이쓰쿠 다코노신(すいつく蛸之しん), 인노란 히리킨차쿠시에몬(ゐんのらん平巾着しえ右衛門), 우와쓰키카미비라키 가와라케사에몬(うわつき上開かわらけ左衛門) 등이 등장한다. 모두 인간이며, 유녀도 무장과 같은 이름이 부여되어 있다. 『화산 전투』는 샤미센산을 본거지로 하는 하코네 마쿠라노스케 쓰메나가(箱根枕之助爪長)와 오야마가성 앞의 오비케스노스케 네마요시(帯傑之助ねまよし) 양군의 전투물로 후리소데 신조(振り袖新造), 야쿠즈메 신하치(若づめ新八), 나이기데 모리요시(内儀で盛よし) 등이 등장한다. 게이샤와 유녀의 대립을 전투의 틀에서 창작한 것으로, 발상은 『수조기』와 다르지 않다. 『이로자토 다이헤이키』는 유곽의 여무사 오기야 하나오미(扇屋花近江)가 신조와 하게(禿)를 거느리고 오카바 쇼가타(岡場所方)와 전투를 벌이는 내용이다. 이 작품에는 나이토 신주쿠 다유 야쓰후사(内藤新宿太夫八ツ房)나 이타바시 와타노스케 메시모리(板橋渡之助飯盛), 센주 고로 도키무네(千住五郎時宗) 등 지명을 딴 이름이 많이 등장한다.

또한 하야시 요시카즈가 소개한 『쓰야보 군기(通野暮軍記)』[*8]는 제목 그대로 쓰(通)과 야보(野暮)의 대립을 군기(軍記)로 만든 작품인데 세계관이나 이야기의 유형성, 취향 등으로 볼 때 오른쪽의 호색 전투물과 같은 그룹에 속할 수 있다. 쓰의 수장은 이키마 하오리노스케 우라요시(いきま羽織の介裏よし), 부하로 사케노우에노 아타케마루(酒の上のあたけ丸), 사미고마노 쇼온지메(三味駒の丞音〆), 히토리기다유 시로가타리(ひとり義太夫素語り) 등이 있다. 야보의 우두머리는 이시베 긴자에몬 이와나리(石部金左衛門岩成)이며, 휘하에 시카쿠 시멘베 가타이지(四角四面兵衛片意地), 젠킨쓰카미조 쓰카와즈(銭金つかみ丞つかわず)・

가라타 무사시노스케 아카기레(から田武蔵の介赤ぎれ) 등이 있다.

　호색물 못지않게 직접적이고 강한 화제성을 가진 것이 화재를 비롯한 천재지변이나 인재, 그리고 사건이었다. 술과 재해, 사건을 소재로한 문예가 잡다한 매체를 통해 다양하게 만들어졌다. 즉, 가십이나 에로, 센세이셔널한 사건이 일어날 때마다 이에 영감을 받아 이야기 창작의 의욕을 불태우는 아마추어 작가들이 쏟아져 나온 것이다. 발표매체가 없는 그들은 주로 낙서라는 형태로 이를 표현했다. 같은 마음으로 출판에 참여하면 가와라반이나 『오요세바나시 시리우마』와 같은가와라반의 이야기집을 내게 된다. 또 예능인이라면 강독이나 속요의형태로 요세나 거리에서 공연으로 피로했다.

의인물과 비슷한데 그렇지 않은 것

　본 장에서 다룬 『가나데혼 쇼신구라』는 개인적 행위로서의 창작물이며 출판물이나 예능을 통해 널리 대중에게 전달된 것은 아니다. 그러나 화재라는 사건에 영감을 받아 창작을 실천하는 시민이 많았을 것임을 짐작하게 한다. 그때 주신구라의 '세계'가 그 근거지 중 하나가되었을 것이다.

　『가나데혼 주신구라』의 역사적 세계를 1829년이라는 당대로 옮겨놓았지만, 순수한 인간만의 세계관은 그대로 따르지 않았다. 주요 등장인물들은 화재와 관련된 단어로 이름을 지었고, 현실감보다 우스꽝스러움을 우선시했다. 그들은 불에 관한 사물을 의인화한 것이 아니라『주신구라』의 등장인물들을 불과 관련된 말들로 비틀어 만든 것에 불과하다. 『세타이헤이키조구바나시(世帯平記雜具噺)』나『떡과 술의 대

전투(餅酒大合戰)』와 같은 의인물은 아닌 것이다. 그렇다고 해서 기뵤시나 샤레본처럼 줄거리를 치밀하게 구성한 것도 아니다. 요컨대, 현실 세계를 전제로 하고 있고, 주요 등장인물이 비인간이며, 주신구라의 '세계'를 바탕으로 한 로우 판타지이다.

나가며

본 장에서는 화재를 소재로 만들어진 『가나데혼 쇼신구라』를 다루며 『가나데혼 주신구라』의 패러디로서의 특징, 특히 인명에 주목하고 의인물의 계보 속에서 그 역사적 의의를 고찰해 보았다.

1829년의 대화재에는 수많은 낙서가 만들어졌고, 그중에는 출판된 것도 있었다. 이 작품은 대화재라는 센세이셔널한 사건에서 영감을 받은 한 사람이 『가나데혼 주신구라』의 본문을 그대로 패러디하여 화재의 세력이 에도를 장악한다는 컨셉으로 만든 것이다. 인명은 음차(音借)로 붙여져 있다. 언뜻 보면 의인물처럼 보이지만, 의인물의 양식을 따르는 이야기 형식의 언어유희라고 할 수 있다. 호색 전투물이나 『오요세바나시 시리우마』에 수록된 야담집이 비슷한 특징을 가지고 있다. 서민의 타블로이드적 관심이라는 점에서 통하는 것이라고 평가할 수 있다.

화재는 문예 창작의 의욕을 불러일으키는 것이지만, 발표의 장이 없는 서민들은 낙서라는 형태로 많이 남겼다. 그것들은 후세에 거의 남지 않고 사라졌다. 이 작품은 간신히 전승된 하나의 소박한 작품이다.

원저자 주

*1 林美一, 「幕末大地震の摺物ラッシュ」, 『珍版我楽多草紙』, 有光書房, 1969.

*2 藤口透吾, 『江戸火消年代記』, 創思社, 1962.

*3 吉原健一郎, 「江戸災害年表」, 西山松之助編, 『江戸町人の研究』第5巻, 吉川弘文館, 1978.

*4 今田洋三, 「江戸の災害情報」, 西山松之助編, 『江戸町人の研究』第5巻, 吉川弘文館, 1978.

*5 『도다이키(当代記)』나 『스루가키(駿河記)』에 보인다. 熊倉功夫, 『寛永文化の研究』(吉川弘文館, 1988年) 제1장 참조.

*6 『교토 시조 안쪽 가부키(京四条のおくに歌舞伎)』에 보인다.

*7 전게 주 2의 『만천목록(万天目録)』에 보인다.

*8 林美一, 「瓦版の軍談もの『花山大合戦』ほか」, 『珍版・稀版・瓦版』, 有光書房, 1966.

제5장

감기의 신 보내랏

설화를 만들어내는 또 다른 세계

다카오카 히로유키(高岡弘幸)

1. 도시의 기억과 고전 라쿠고(落語)

「감기의 신 보내기(風の神送リ)」

일찍이, 가미가타 라쿠고(上方落語)[1]에 「감기의 신 보내기」라는 것이 있었다.

> 나쁜 감기가 유행하여 동네 사람들이 모두 힘들어하니 동네 젊은 패거리들이 감기의 신 보내기를 할 생각에 봉하장(奉賀帳)을 만들어 동네를 돌아다니며 비용을 모으려 한다. 돈을 잘 내는 집, 나쁜 집 등 여러 가지

───

[1] 오사카(大阪)·교토(京都)를 중심으로 하는 기나이(畿内, 천황이 사는 도읍 주변 지역을 가리키는 호칭)의 가미카미(上方)에서 주로 연기되는 라쿠고(落語)의 총칭이다. 라쿠고는 익살을 주로 한 이야기. 만담.

가 있었지만……

……나머지 집도 대충 돌아 (돈을) 모아 버리면 빈집 한 채에 모여 대나무를 사오는 놈, 짚을 사오는 놈. 종이를 붙여서 수상한 연극 소품 인형을 만들어 냅니다. 얼굴을 좀 이렇게 그려서 말이야. 술을 사오고, 떡을 사와 제단을 만들고 거기에 인형을 모십니다. 공양을 드리고 부디 감기의 신이시여, 퇴산을 해 달라는 부탁을 드린다. 해가 지면 (동네의 젊은) 무리들이 모여 꽹과리나 북이나 샤미센(三味線)[2]으로 장단을 맞춰 이것을 강으로 흘려보낸다. 인형을 이렇게 메고 많은 무리들이 졸졸 따라다닌다.

"감기의 신 보내라 (악기로 흥을 돋우며) 감기의 신 보내라 (칭칭칭 칭). 감기의 신 보내라(칭칭칭 칭)…… 감기의 신 보내라……"

여럿이 강가로 가서 다리 난간에서 휙 강으로 내던지자마자 뒤도 보지 않고 휙 도망쳐 돌아가 버립니다.

그 강 훨씬 아래쪽에서 밤에 그물로 물고기를 잡고 있던 사람이 있었습니다. 배 위에서

남자 "뱃사공이여 잠깐만, 잠깐만 기다려줘. 도와줘, 이봐. 지금 이 그물에 무려 굉장한 무거운 물건이 걸렸는데…… 물고기가 아니야. 쓰레기라도 걸렸는가, 이거. 그래, 좀 그물이…… 아, 아, 올라오지 않네. 잠깐 도와줘, 도와줘."

계속 끌어올리자 연극 소품 감기의 신 인형. 많은 사람의 정성이 들어갔는지 그물 속에서 주욱. (질척질척…… 올라오는 모습)

---

2) 일본의 가장 대표적인 현악기로 민요의 반주나 근세 일본 음악의 대부분의 종목에 사용된다. 3현의 발현악기로 여러 종류의 음악 연주에 사용된다.

남자 "으악. 이봐 괴물이 아닌가. 너는 무엇이냐?"

신   "나는 감기의 신이다"

남자 "아, 그래서 밤 그물(약한 몸)을 파고들었구나."*1

이 무슨 영문인지 알 것 같은 묘한 라쿠고에 대해 가미가타 라쿠고계의 대가인 가쓰라 베이소(桂米朝)3)는 다음과 같이 말한다.

> 이 이야기의 주제인 '감기의 신 보내기'라는 풍습을 전혀 알 수 없게 되면서 이 라쿠고는 당연히 시들해지고 말았습니다.
>
> 다이쇼(大正)4) 무렵까지는 아직 연기되고 있었다고 합니다만 쇼와(昭和)5)가 되고 나서 연기하는 사람도 없이 망했던 것을 1967년이라고 생각합니다. 제가 부활시켜 가끔 하고 있습니다만, 드문 탓인지 의외로 기뻐합니다.*2

라쿠고의 소재가 될 정도이니 다이쇼시대 무렵까지 사람들 사이에서는 '감기의 신 보내기'라는 풍속은 상당히 잘 알려져 있었을 것이다. 그러나 현대의 우리는 완전히 그 기억을 잃어버렸다. 그 풍속에 대해 아주 간단히 소묘해보자.

---

3) 가쓰라 베이소(桂米朝, 1925~2015): 현대 라쿠고계를 대표하는 라쿠고가(落語家) 중 한 명으로 제2차 세계대전 후 쇠퇴하고 있던 가미카미 라쿠고를 계승, 부흥에 대한 공적으로 인간 국보로 인정되고 문화 훈장을 받았다.

4) 일본의 연호의 하나로 다이쇼 천황(大正天皇)의 재임기간에 해당하는 1912.7.30.~1926.12.25.이다.

5) 일본의 연호의 하나로 쇼와 천황(昭和天皇)의 재임기간에 해당하는 1926.12.25.~1989.1.7로 일본 역사상 최장수 연호로 기록되었다.

역병신을 내보내다

여기서 말하는 '감기의 신'이란 감기——현재의 독감——를 불러 온다고 여겨지는 역병신으로 사람들에게 재앙을 주는 신을 자신들이 사는 지역에서 몰아냄으로써 감기가 낫거나 예방할 수 있다는 믿음에서 이러한 의례가 행해지고 있었다. 참고로 사게(サゲ)[6](오치[オチ])는 '약한 몸에 달라붙는 감기의 신'이라는 속담이 전제되어 있다.

'감기의 신' 외에도 역병 즉 유행병을 초래할 것으로 여겨지는 여러 역병신을 내보내는 의례는 전국 각지에서 행해지고 있었지만(현재도 연중행사로서 행해지고 있는 곳이 있다), 도쿄(東京)나 오사카(大阪) 등 대도시에서는 에도시대(江戸時代)[7]를 전성기로 메이지시대(明治時代)[8] 초기 무렵까지 있었다고 생각된다. 이 라쿠고를 통해서 약 백 년이나 전에 없어져 버린 오사카의 풍속을 엿볼 수 있는 것이다.

에도기 오사카의 감기의 신 보내기 모습을 전하는 기사를 하나 살펴보자.

1801년부터 1812년에 이르는 동안 오사카의 별난 일을 기록한 아카쓰키 가네나루(曉鐘成)의 『근래 견문 만담 피리(近来見聞 噺の笛)』에는 다음과 같이 쓰여 있다.

---

6) 재담이나 만담 등에서 사람을 웃겨 놓고 끝맺음으로 하는 부분.
7) 도쿠가와 이에야스(德川家康)가 세운 에도 막부(德川幕府)가 일본을 통치한 1603 년부터 1868년까지의 시기를 가리킨다. 에도시대 일본에서는 급격한 경제 발전이 이루어졌고 유례없는 번영을 누렸다.
8) 메이지 유신(明治維新) 이후의 메이지 천황(明治天皇)의 통치를 가리키는 일본 연호의 하나로 왕정복고의 대호령에 의해 메이지 정부가 수립된 1868.1.3.~1912. 7.30. 메이지 천황이 서거할 때까지 44년간으로 쇼와 다음으로 긴 연호이다.

그해(1802년—인용자 주) 3월 상순부터 오사카 시내에 감기가 크게 유행하여 이에 고생하지 않은 자가 없었다. 이로써 거리마다 감기의 신이라는 것을 만들어 밤마다 보내 강가에 버린다. 모두 각기 다른 것으로 귀신 모양, 혹은 여우, 와토나이(和藤内),[9] 도깨비 염불, 호카이보(法界坊),[10] 종과 북, 징, 나각을 불며 매일 밤의 흥청거림, 참으로 진기한 일이라 할 것이다.[*3] (이하 생략)

라쿠고에서는 그저 짚 인형(藁人形)[11]을 감기의 신으로 본떴을 뿐이지만 이 자료에서는 감기의 신을 본뜬 인형의 다채로움이 놀랍다. 와토나이는 지카마쓰 몬자에몬(近松門左衛門)의 작품 『고구센야갓센(国性爺合戦)』의 등장인물, 도깨비 염불은 오쓰에(大津絵)의 제목으로 도깨비가 법의를 입고 우산을 짊어지고 봉가장(奉加帳)과 징·당목을 들고 있는 모습을 나타내고 있어 밤에 어린아이의 울음을 멈추는 주술로도 도움이 되었다. 또한 호카이보는 가부키(歌舞伎)[12]에서의 파계승을 말한다.

다양한 인형의 형상은 어떻든 간에 『만담 피리』에서 볼 수 있는 의

---

9) 지카마쓰 몬자에몬(近松門左衛門)의 조루리 작품 『고구센야갓센(国性爺合戦)』의 주인공으로 실재의 인물 정성공(鄭成功)을 모델로 하여 만들어졌다. 중국인을 아버지로 일본인을 어머니로 두었으며 초인적인 활약으로 명조(明朝) 재흥에 힘쓴다.
10) 가부키 『스미다가와 고니치노오모카게(隅田川続俤)』의 통칭으로 나가와 시메스케(奈河七五三助)의 4막 작품이다. 1784년 초연되었으며 파계승 호카이보(法界坊)의 우스꽝스러운 소악당 면모를 그린다.
11) 와라닌교(藁人形). 짚으로 만든 인형으로 검술 연습이나 저주할 때 따위에 쓴다.
12) 일본의 전통 공연 예술로 모든 출연자는 남성이며, 노(能)와 달리 여성역을 맡은 배우는 여성적 발성을 한다. 일본의 주요무형문화재이며 유네스코 지정 세계무형유산으로 등록되어 있다.

〈그림 1〉 감기의 신 보내기
(井原西鶴 『好色二代男』에서)

례를 배경으로 하여 라쿠고「감기의 신 보내기」가 당시 라쿠고가(落語家)에 의해 만들어졌음을 알 수 있을 것이다.

그렇다면 이 글의 주제인 다음과 같은 의문이 생긴다.

"왜「감기의 신 보내기」라는 라쿠고가 만들어졌을까?"

이 물음은 자못 기묘하게 들릴지도 모른다. "왜 만들어졌냐고요? 그건 감기의 신 보내기 같은 풍습이 재미있고 이상했기 때문이겠죠!"

독자 대부분은 그렇게 단언할 것이다. 그러나 정말 그럴까? 나는 그렇게 쉽게 결론낼 수 없다. 왜냐하면 감기의 신 보내기의 어느 부분에 라쿠고가에 의해 소화(笑話)화된 요소가 있었는지는 아직 전혀 알 수 없기 때문이다.

만담이 나온 현장에

그렇다면 이 물음에 답을 내기 위해서는 어떠한 시각에서 접근해야 할까?

지금까지 라쿠고는 "장어 장어 장어를 잡아 하루단지(春團治) 걸어가는 무대(高座)에 산사나무(山査子)가 진다"(마사오카 이루루[正岡容])라고 하는 무대 중심의 연구 혹은 연기자에 관한 평론의 틀 안에서 이야기되는 경우가 많았다. 그 이외의 학술적인 연구로서는 세키야마 가즈오(関山和夫)가 정성들여 추구하고 있는 중세의 설경(説経)(사[師])에서 근세의 라쿠고(가)로, 라고 하는 연기자나 화예(話芸)의 변천에 대한 역사학적 연구[*4]가 우선 제일 중요하다. 둘째로, 우이 무슈(宇井無愁)와 같은 현행 라쿠고 소재의 원류를 찾는 연구[*5]를 들 수 있다. 그러한 연구도 흥미롭고 라쿠고의 본질을 생각하는 데 필요한 작업이지만, 여기에서는 지금까지 전혀 채택되지 않았던 방법을 시도한다. 즉, 라쿠고의 소재가 만들어진 그 현장에 내려서는 것이다.

말을 바꿔서 설명해보자. 라쿠고는 소재의 내용으로 보아 크게 두 가지로 나눌 수 있을 것으로 보인다. 예를 들어 「만주 무섭다(まんじゅうこわい)」처럼 시대나 장소 등에 거의 관계없이 어떤 의미에서 순수한 소화로서의 성격이 강한 만담과 그와는 반대로 「감기의 신 보내기」와 같이 어느 특정 시대의 풍속을 정성껏 그려 넣거나 장소 서술이 세밀하게 이루어지고 있는 만담의 두 종류이다.

전자는 만담의 추상도가 높아 시대나 장소가 바뀌었다고 해도 살아남을 확률이 매우 높지만(또한 그만큼 예로부터 외국을 포함해 각지에서 전해 내려왔다고도 생각된다), 후자는 전래되고 있는 장소에서 한 발짝도 밖으로 나가지 못하고,[*6] 시대가 바뀌면 사라질 운명인 만담이라고도 할 수 있다. 설화 연구자라면 전자는 옛날 이야기적 성격을 가진 라쿠고, 후자는 전설적 성격을 지닌 라쿠고라고도 부를 수 있을 것이다.

단순한 소화라고 하여 민속학자들로부터는 거의 상대되지 않았던 라쿠고이지만 특히 전설적 성격의 라쿠고는 라쿠고가 탄생한 교토(京都)·오사카(大阪)·에도(江戸)[13)]를 찾는 도시 민속학자들에게 더할 나위 없이 귀중한 연구재료가 됨을 알 수 있을 것이다. 즉, 「감기의 신 보내기」를 예로 이미 확인하였듯이 전설적 성격의 라쿠고는 어느 시대, 어떤 장소에서의 사건이나 사람들의 경험을 바탕으로 구성되어 있는 것이다. 소화 형식을 취하고 있어도 그 배후에는 연기자와 관객이 함께 겪은 일들이 숨어 있는 것이다. 그렇다면 라쿠고 해독에 몰두하는 민속학자에게 무엇보다도 중요한 과제는, 어떤 '사건'이나 어떤 '경험'이 왜 라쿠고(소화)화되었는가 라는 것이 될 것이다.

즉, 지금부터 우리가 시도하는 라쿠고의 소재가 만들어진 현장에 내려서는 것은 감기의 신 보내기라는 사건 혹은 경험이 라쿠고「감기의 신 보내기」로 번역된 이유를 읽어내는 것과 다름없다. 시대나 장소에 너무 밀착되어 있었기 때문에 소멸의 우려를 받았던 만담을 거꾸로 그 시대·장소로 되돌려 보내줌으로써 그 만담이 전하고자 했던 내용을 비로소 이해할 수 있는 것이다. 또한 그렇게 함으로써 현대의 우리가 오래전에 잃어버린 오사카라는 대도시의 '기억'이 선명하게 되살아날 것임에 틀림없다.

아무쪼록 주의해 두지만 라쿠고 애호가들 사이에서 흔히 볼 수 있듯이 만담 속에서 풍속을 발견하는 것이 아니라 풍속이나 사건이 소화화되는 과정·이유를 문제 삼는 것이다. 이런 작업의 끝에는 '웃음' 예능의 본질적인 부분으로 다가가는 길이 제시될 것이다.

그럼 이제 '감기의 신 보내기'라고 하는 커뮤니케이션 회로를 거슬러 올라가 보기로 하자. 그러나 그곳에 기다리고 있는 '사실'을 제대로 파악하기 위해 약간의 우회로일지 모르지만 몇 개의 복선을 쳐놓아야 한다.

---

13) 도쿄(東京)의 옛 이름. 도쿠가와 막부(德川幕府)의 소재지이다.

2. 역병신(疫病神) 보내기 구조

귀녀 상락(上洛)¹⁴⁾의 소문

일단 한 가지 소문부터 시작하도록 하겠다.

지금으로부터 700여 년 전의 일, 도쿄에서 이상한 사건이 일어났다. 겐코(兼好) 법사는 그것을 『쓰레즈레구사(徒然草)』 제50단에 기록하고 있다.

　　오초(応長)¹⁵⁾ 무렵 이세국(伊勢国)¹⁶⁾에서 누군가가 귀신이 되어 버린 여자를 데리고 도읍지인 교토로 올라왔다는 일이 있어서, 그 무렵 20일 정도 매일 교토나 시라카와(白川) 사람들이 귀신을 보러 밖을 서성거렸다. "어제는 사이온지(西園寺) 절에 갔대." "오늘은 원(=상황의 거처)에 참배하겠지." "방금, 어디 거기에 있는 것 같아." 등으로 말다툼을 하고 있다. 그러나 귀신을 정말로 봤다는 사람도 없고, 거짓말이라고 말하는 사람도 없다. 신분의 상하를 막론하고 오직 모두가 귀신 이야기만 하고 있다.

　　바로 그 무렵, 히가시야마(東山)에서 안고인(安居院) 절 근처로 갔더니, 시조(四条)보다 북쪽에 사는 사람들이 모두 북쪽을 향해 달려간다. "이치조(一条) 무로마치(室町)에 귀신이 있어."라며 떠들고 있다. 이마데(今出)강 근처에서 보니, 원의 관람석(桟敷) 근처에 지나갈 수 없을 정도

---

14) 상경. 교토(京都)로 올라감.
15) 일본 연호의 하나로 1311~1312년까지를 가리킨다. 이 시대의 천황은 하나조노 천황(花園天皇)이다.
16) 고대 일본의 지방행정 구분의 하나로 도카이도(東海道)에 설치된 일본의 옛 구니(国)이다. 지금의 미에현(三重県) 중앙의 대부분에 해당한다.

로 사람들이 삐죽삐죽 서 있었다. 귀신 이야기도 사실무근이 아닌 것 같
아 사람을 시켜 보러 가게 했더니 귀신을 만난 사람은 한 명도 없다. 해가
질 때까지 이렇게 서서 소란을 피우다가 급기야 싸움이 벌어졌고 끔찍한
일들이 여러 가지 벌어졌다.

　　그 무렵 세간에서는 2, 3일 사람이 병에 걸리는 일이 있었던 것을 "그
귀신(이 있다는 소문)의 거짓말은 이 병의 조짐을 보여주는 것이었어."라
고 말하는 사람도 있었습니다.[*7]

　이세국에서 귀신이 되어 버린 여자가 교토로 상경하는 일이 있었다.
그래서 스무날 정도 되는 동안 사람들은 그 귀녀를 한번 보려고 온 도
시를 누볐는데 도무지 봤다는 자가 나오지 않는다. 급기야 싸움까지
벌이는 소동이 벌어지고 말았다. 또 비슷한 시기에 사람들 사이에 역
병이 유행하는 일이 있었다.[*8] 귀신의 소문은 이 역병의 전조였다고 말
하는 사람도 있었다는 내용이다.

　이 이야기에 대해 국문학자들은 뜬소문에 우왕좌왕하는 인간의 나
약함이 겐코의 냉철한 눈으로 정확하게 묘사되고 있다는 해석을 해 왔
다. 그러나 내가 이 이야기에 흥미를 느끼는 것은 귀신과 역병의 관계
가 실로 훌륭하게 그려져 있기 때문이다. 즉 귀신 출현 소문이 돌았던
것은 도읍 사람들이 무의식적으로 역병이 유행한다고 느꼈기 때문이
라고 말하는 사람도 있었다고 겐코 법사가 적고 있어 역병은 귀신에
의해 초래된다고 하는 사람들의 상상력을 짐작할 수 있기 때문이다.

　귀신(鬼)＝오니(オ二)의 어원은 숨어서 모습을 나타내지 않는다는 뜻
의 '은(隱)'에서 비롯되었다는 설이 있다. 불가해한 사건이나 역병 등의
재액이 생긴 것은 모습을 드러내지 않고 인간에게 해를 끼치는 사악한
존재 때문이라고 여겨져 그 존재에 대해 오니라는 이름이 붙여졌던 것

〈그림 2〉『가스가곤겐켄키에』　　　〈그림 3〉『유즈넨부쓰엔기』
　　(국립국회도서관 소장)　　　　　　(국립국회도서관 소장)

이다. 『쓰레즈레구사』의 소문은 그 사실을 잘 보여준다.

　그리고 그러한 것은 눈에 보이는 것과 보이지 않는 것의 대비를 근원
으로 하는 발상으로 이어진다. 즉 귀신이 날뛰고 설치는 세계는 눈에
보이지 않는 위험천만한 세계이다. 그것은 눈에 보이는 것과는 달리
모든 곳에서 갑자기 사람들에게 덤벼든다. 그래서 사람들에게 우선 중
요했던 것은 그에 대한 어떠한 방어책을 궁리하는 것이었다. 그리고
사람들은 불가시의 존재인 귀신을 여러 가지 상상력을 구사하여 눈에
보이게 하려고 했다. 역병을 일으키는 귀신(역병신)에 한정한다면 그 예
로서『가스가곤겐켄키에(春日権現験記絵)』[*9]의 병자가 있는 집 지붕 위
에서 이상한 모습을 한 귀신이 집안을 들여다보고 있는 그림이나『유
즈넨부쓰엔기(融通念仏縁起)』[*10]의 역병신 무리를 그린 그림 등을 들 수
있다. 또한 궁중 쓰이나(追儺)[17) 의례에서 쫓겨나는 귀신(方相氏)[18)도
가시화된 것이다.

　이상과 같이 역병신의 가시화는 역병 발생의 원인을 명확히 하는 것

과 그 역병신을 통제하기 쉽게 하기 위해, 즉 역병신이 어디론가 쫓겨 났다는 것을 보다 알기 쉽게 보여주기 위한 장치였던 것이다.

역병신을 다스리다

앞서 든 오사카에서의 감기의 신 보내기나 민속학이 수집해 온 역병 신 보내기 의례는 그러한 두 가지 생각 중 특히 후자의 생각하에 행해 져 온 것이다. 민속학이 가진 자료를 하나 살펴보자.

> 사누키(讚岐) 다카마쓰(高松)의 상한방(傷寒坊) 보내기는 메이지 중반 까지도 반복되었다고 한다. 상한, 즉 티푸스의 유행 조짐이 보이자 사람 크기의 짚 인형을 만들어 많은 젊은 사람들이 이것을 메고 북을 치면서 상한방 보내라 하면서 온 동네를 돌며, 나중에 중을 시켜 불경을 읽고 바 다로 흘려보냈다. 이렇게 하면 이 병이 들어오지 않는다는 믿음에서다[*11] (사누키다카마쓰소시[讚州高松叢誌]).

불가시의 존재인 역병신의 침입에 의해 일어난다고 여겨지는 역병 을, 사람들이 상상력을 발휘하여 역병신을 본뜬 인형을 만들어 가시적

---

17) 섣달그믐날 궁중의 연중행사로 헤이안시대(平安時代, 794~1185) 초기부터 행해진 것으로 볶은 콩을 집안에 뿌려 악귀(질병 따위의 재액을 비유한 것)를 내쫓는 행사이 다. 우리나라 고제의 하나인 구나(驅儺)와 비슷하다.

18) 궁중에서 쓰이나를 할 때 악귀를 쫓고, 장송 때 관을 실은 수레를 선도하는 역할을 하였다. 눈이 넷인 황금 탈을 쓰고 검은 옷에 주홍색 상도를 입고 창과 방패를 들고 안쪽 네 문을 돌아 귀신을 쫓아냈다.

인 상태로 만들고 공동체 경계에서 외부로 추방함으로써 역병을 진정시킬 수 있다고 여겨져 온 것이다. 말하자면 역병으로 오염된 공동체를 다시 살리기 위한 정화 의례로 볼 수 있을 것이다.

다카마쓰의 사례는 메이지시대의 풍속을 보여주는 것이었다. 그 무렵에는 이미 서양의학이 상당히 보급되어 있었을 텐데 그와 병행하여 민중 독자적인 의료체계를 갖추고 있었다는 것이다. 현대에도 성행하는 병의 쾌유를 비는 신불 기원과 비교해 상당히 색다른 양상을 띠고 있는 '역병신 보내기'인데, 그런 것은 조금도 놀랄 일이 아닐 것이다.

1980년대 당시 '자파 유키상(ジャパゆきさん)' 등으로 불렸던 아시아 국가에서 일본으로 돈을 벌러 온 여성들 중에서도 특히 '성풍속(性風俗)' 가게[19]에서 일하는 사람이 일본에 '에이즈'를 들여와 만연시켰다는 극악한 소문이 돌면서 일상의 교제도 기피됐다. 심지어 2020년 COVID-19가 기승을 부리자 '현(県) 외인'의 입점을 거부하거나 '현외번호'의 자동차 주차나 내점을 거절하는 간판을 세우거나 영업을 계속하고 있는 점포에 자제를 강제하는 협박문을 붙이는 일이 비일비재했다. 이들은 '역병신'의 가시화와 공동체 외부의 배제로 볼 수 있을 것이다. 인간이 그 안에서 살아갈 수밖에 없는 '사회'를 사람에서 사람으로 전염시켜 파괴하는 유행병은 우리 상상력의 가장 깊은 부분을 분출시키는 것이다.

---

19) 성적인 서비스를 제공하는 가게.

3. 설화 속의 역병신

역병신의 보은

앞 절에서 확인한 바와 같은 상상력을 바탕으로 사람들이 만들어 낸
또 다른 것으로 역병신에 얽힌 설화(민간전승)가 있다. 회화나 의례와는
달리 설화 그 자체는 눈에 보이지 않지만 어떻게 보면 역병신을 가시화
하여, 즉 말할 수 있는 형태로 하여 역병신에게 어떻게 대처해야 할지
고민해 본 민중 지혜의 결정이라고 할 수 있다. 우선 가가와현(香川県)
마루가메시(丸亀市) 우시지마(牛島)에서 채집된 사례부터 살펴보자.

【사례 1】 우시지마의 고자에몬(五左衛門)은 원래 오사카에서 쓰레기
배를 밀던 사람이었다. 다음 날은 정월인데도 일을 하다 다리 밑에서
쉬고 있는데 상인 같은 사람이 다리 위를 지나가다 하룻밤 묵게 해 달
라고 했다. 이런 곳이라도 좋다면 이라고 승낙했다. 동틀 무렵 그자가
갑자기 돌아간다고 한다. 추운데 하고 의아해하자 "나는 무언가를 숨기
려고 콩을 맞는다. 이 경사스러운 날에는 모두가 있는 집 근처에 있을
수 없기 때문에 도망쳐 왔다. 나는 나쁜 신, 열병에 걸리게 하는 신이
다. 너는 건드리지 않겠다. 뭔가 은혜를 베풀겠다"며 돌아갔다.
　어느 날 상점의 우두머리 같은 자가 불쑥 찾아온다. "우리 주인님이 열
이 많이 나서 곤란하오. 주인님이 사누키 우시지마의 고자에몬을 불러달
라고 하오. 당신이 와주면 나을 것 같소"라고 말한다. 고자에몬이 가보니
주인의 머리맡에 얼마 전 잠자리를 빌리러 온 자가 있다. 다른 사람한테
는 안 보이는 것 같다. 그자가 "네가 오면 비켜 가겠다. 돈을 주는 만큼
받으라"고 말한다. 오자에몬이 주인을 어루만지자 열의 신은 비켜나 주인
의 병이 나아 많은 사례를 받았다. 고자에몬은 그 후 운이 따라 큰 부자가

되었고, 부호 리스트에도 올랐다.

　고자에몬은 유석과 해변 사이에 여러 해 풀이 자랄 때까지 대대로 뒤를 잇기를 바랐지만 눈 깜짝할 사이에 가난해져 가산은 순식간에 사라져 버렸다.[*12]

　설화에는 사례 1과 같이 전해 내려오는 이야기(구전) 이외에 기록된 이야기(서승)도 포함된다. 다음은 에도시대의 수필집 『단카이(譚海)』에서 사례를 인용해 보자.

　　【사례 2】오가와 요소우에몬(小川与惣右衛門)이 배에서 약속이라고 써 출입문, 또는 문이 있는 출입구마다 설치할 때는 그 집의 소아 포창(疱瘡)을 가볍게 한다. 이것은 전년도 포창신이 관동으로 하향했을 때 구와나(桑名)의 배 위에서 바람에 배가 뒤집히려는 것을 요소우에몬이라는 뱃사공이 수호하고 구해주자 포창신이 기뻐하며 사례로 그의 이름을 걸어 둔 집의 아이는 반드시 포창을 쫓겠다고 약속되어 있다.[*13]

　즉 포창=천연두신이 배를 타고 관동으로 가던 중 그 배가 전복될 뻔한 것을 오가와 요소우에몬이라는 사공이 도와 그 답례로 그 사공의 이름을 적은 패를 문 등에 붙여두면 아이의 포창이 가벼워진다고 약속한다는 내용이다.

　어디선가 찾아온 역병신을 두려워하지 않고 부지런히 대접한 자가 역병신으로부터 보은을 받아 역병에서 벗어날 수 있거나 부를 얻는 것과 같은 모티브를 가진 설화를 민속학에서는 보통 '역병신 환대' 설화로 분류하고 있다.

　확실히 한눈에 보기만 해도 두 사례 모두 '역병신의 보은' 모티브가

똑같이 숨어있는 것처럼 보인다. 그러나 자세히 들여다본다면 사례 1
과 2에서는 무언가 결정적으로 다르다는 것을 알게 될 것이다.

사례 2에서는 역병신에 대한 봉사와 역병신으로부터의 보은이라는
일련의 사건만이 이야기되고 있는 반면, 사례 1에서는 거기에 더해 또
다른 사건, 즉 고자에몬의 성쇠가 그려져 있다.

즉 이런 것이다. 우시지마에서의 사례에서 알 수 있는 것은 원래 쓰
레기 배를 밀고 있던 인물이 갑자기 갑부가 되어 버리는 등 공동체의
다른 구성원들의 눈에는 원인 모를 일이 생겼을 때 그 설명을 해주고
그들 나름대로 납득하기 위해 고자에몬이 역병신을 대접하고, 그 보답
을 받았기 때문에 부자가 되었다는 '역병신 환대'의 줄거리를 가진 설
화를 불러내고 있다는 것이다.

역병신 환대 신앙

역병신의 보은이라는 모티브는 『빈고노쿠니후도키(備後国風土記)』
일문의 에노쿠마 국사(疫隅国社) 기사라는 실로 오래된 문헌에서도 찾
을 수 있다.

> 【사례 3】 북해 무탑(武塔)의 신이 남해 신의 딸에게 가기 위해 하룻밤
> 숙소를 구했다. 부유한 고탄 쇼라이(巨旦将来)는 아깝게 여겨 숙소를
> 빌려주지 않았는데 가난한 소민 쇼라이(蘇民将来)는 흔쾌히 숙소를 제
> 공했다. 그래서 소민의 딸로 하여금 지노와(茅の輪)[20]를 달게 하여 이

---

20) 띠로 둥글게 만든 고리로 6월 불제(祓除) 때 신사(神社)에 준비된 이 띠고리를 빠져

딸만 남기고 고탄 집안 사람을 죽게 하였다. 그리고 "나는 스사노(速須佐雄)의 신이다. 후세에 전염병이 있으면 너는 소민 쇼라이의 자손이라 하여 지노와를 허리에 맨 사람은 면할 것이다"라고 고했다.[*14]

역병신 환대 설화의 변형을 바탕으로 민속학자 오시마 다테히코(大島建彦)는 다음과 같이 말하고 있다.

말할 것도 없이 무탑의 신, 즉 스사노 신은 무서운 역병을 관장하는 신이었다. 그런 까닭에 다양한 역병신 환대 전승도 아득히 먼 고후도키(古風土記)[21] 기사로까지 거슬러 올라갈 수 있다. 그보다는 오래된 역신제사의 유형이 후대의 역병신이나 포창신의 신앙에도 계승되었다는 것이 한층 적절한 표현일 수 있다.[*15] (방점 인용자)

우리가 먼저 주목한 것은 설화를 낳는 계기가 되는 사건이었지만 오시마는 사건을 설화화할 때 작용하는 신앙에 대해 주목하고 있는 것이다. 즉, 역병신 환대 설화가 세부적으로 아무리 다르더라도 역병신을 대접하면 굉장한 축복이 주어진다는 믿음이 그 배경이라는 것이다.

그렇다면 사례 2는 역병신 환대 설화의 조형에 상당히 가깝다고 할 수 있을지도 모른다. 그러나 일단 공동체 내에서 원인 불명의 이상한 일이 발생했을 때에는 사례 1과 같이 변형되어 사용될 가능성이 있고, 또 그 반대로 사례 1과 같은 내용의 설화가 타지방에 전해지거나 어느

나가면 병을 피할 수 있다 한다.
21) 713년 겐메이 천황(元明天皇, 661~721)의 명령으로 편집된 여러 나라의 풍토기.

틈에 어떤 인물이나 집안 성쇠 등의 사건이 잊혀지거나 하면 사례 2와 같은 내용의 설화로 변형될 가능성도 내포하고 있는 것이다.

또한 오시마가 주목하는 역병신 환대 신앙은 과거 상당한 진실성을 지니고 있었다고 생각된다. 예를 들어 사례 2에서 볼 수 있는 오가와 요소우에몬 이외에도 '사사라 산파치 집(さゝら三八宿)', '소민 쇼라이의 자손(蘇民将来之子孫)', '쓰리부네 세이지 집(釣舟清次御宿)' 등 역병신을 대접한 사람의 이름을 적은 패를 출입구에 붙여 역병에서 벗어나려던 풍속들이 근세 사료나 민속조사 보고서에 자주 나오고 있다. 더욱이 사례 1의 경우는 역병신 환대 신앙이 리얼리티를 가지고 있었기 때문에 불가해한 사건의 원인 설명으로 제시되었을 것이다. 아무리 사소한 일이라 할지라도 신앙과 결부시켜 이야기되자마자 기억해야 할 것으로 변모하는 것이다.

자, 마지막으로 1823년 3월 오사카에서 소문난 이야기를 살펴보도록 하자.

【사례 4】 같은 달 감기의 신 괴이

요즘 감기가 유행하여 동네마다 감기의 신을 보냈다. 사이와이초(幸町) 부근에서 감기의 신 머리를 주어 돌아오는 길에 신마치(新町) 도리겐(鳥源)에서 술과 안주를 대접하였다. 하루 이틀 지나 자코바(ざこば)[22]에서 그를 불러 모르는 집인데도 가보니 열병 환자가 감사하다며 일례를 하였다. 이전의 답례라 하여 술과 안주를 내오고 이에 더해 정성을 다했다. 잘 생각해 보면 감기의 신이 병자에 붙어 보은한 것이다.

---

22) 오사카의 어시장.

돌아오는 길은 돈과 함께였다는 좋은 소식이 있는 기담이다.*16

감기의 신 보내기가 매우 떠들썩하게 행해진 후 어떤 자가 아마도 인형의 머리를 주어 공양한다. 그 후 낯선 사람이 부르러 와서 따라가 보면 모르는 사람(열병 환자)에게 매우 대접받는다. 곰곰이 생각해 보니 지난번 감기의 신이 이 병자에게 홀려 은혜를 갚아 주었으리라고 생각했다는 내용이다.

배제 사상의 소화화

대강 읽어 알 수 있듯이 마루가메에서의 사례와 흡사하다. 어느 쪽이 원조 설화인가 라고 하는 대도시와 지방 사이의 설화 전파의 문제도 흥미롭지만,*17 그것은 차치하고 여기에서 특히 주목하고 싶은 것은 이 소문이 라쿠고 「감기의 신 보내기」의 이어지는 부분을 그리고 있는 것처럼 생각된다는 점이다.

즉, 감기의 신 보내기의 의례 부분은 라쿠고(소화)로 그 후일담은 소문(잡담)으로 되어 있는 것이다. 그렇다면 왜 의례 부분만 라쿠고화된 것일까? 여기에 라쿠고 「감기의 신 보내기」 생성의 비밀이 숨겨져 있는 듯하다.

이에 더해 생각해 두어야 할 문제가 또 있다. 그것은 역병신을 둘러싼 설화는 환대를 나타낸 반면, 역병신 보내기 의례는 이를테면 강제 배제 사상을 나타낸다는 것이다. 모순적으로 보이는 이들 양극단의 사상도 다음과 같이 정리하면 일단 납득이 갈 것이다. 즉, 역병신이 공동체에 침입하기 이전과 의례를 받고 보내진 후, 즉 공동체 외부에 역병신이 있을 때는 환대받지만 공동체 내부에 존재할 때는 의례를 통해 강제 배제에 이른다는 것이다.

하지만 그러면 또 하나의 의문이 생길 것이다. 라쿠고는 전문 예인 (芸人)에 의한 것이라고는 하지만 설화의 일종임에는 변함이 없다. 그러나 다른 설화가 보여줬을 역병신 환대 사상은 조금도 보이지 않고 의례 전후를 정성껏 묘사하는 데 그치고 있다. 의례를 다루는 설화인 라쿠고는 배제와 환대라는 양극단의 사상을 한 몸에 품게 되는 것이다. 이 모순 또한 라쿠고 「감기의 신 보내기」 탄생의 수수께끼를 푸는 열쇠가 될 것이다.

4. 이야기(噺)에 맡겨진 '생각'

가미가타 판 「감기의 신 보내기」의 특징

감기의 신 보내기를 소재로 한 라쿠고(소화)는 도쿄(에도)도 포함해 몇 가지 변형이 있다. 그것들을 대충 훑어보고 가미가타 라쿠고 「감기의 신 보내기」의 특징을 확인한 후 고찰 단계로 나아가기로 한다.

옛날에는 감기가 유행하면 감기의 신 보내기를 했다. 온 동네 집에서 한 명씩 나와 변두리까지 보내준다. "보내라, 감기의 신 보내라", "아직 남아있는 것이 애석하구나", "누구냐, 이상한 소리 하는 놈은"이라고 조사해 보면, 동네의 의사(약방).[18]

이것은 도쿄에도 전해지는 짤막한 이야기지만 가미가타 것은 장단이 다르다. 가미가타에서는 "감기의 신 보내랏"이라고 신명나게 말하면 징·북·샤미센으로 떠들썩하게 장단을 맞춘다.

그리고 예를 들어 낭인(浪人者)[23]이 지물포를 희롱하여 "감기의 신을 달라"고 하면 부채를 꺼내며 이것이 그렇다고 한다. 대금을 받으려고 하면 낭인이 "감기의 신이라면 (2, 3개) 줘"라고 익살을 부리는 등 장단의 멋을 사용한 소화[*19]를 많이 볼 수 있을 정도로 의례 및 그 전후의 모습을 상세하게 이야기하는 것은 가미가타의 「감기의 신 보내기」밖에 없다. 그렇다면 오사카에서의 감기의 신 보내기와 관련된 어떠한 특수한 사정, 혹은 사건이 만담 생성에 결정적인 영향을 주었다고 생각되지 않는가.

그중 하나로 근세 오사카의 감기의 신 보내기가 어떤 의미에서 '놀이'의 요소를 가지고 매우 떠들썩하게 행해진 것이 만담 생성에 영향을 주었다고도 생각할 수 있다.

감기의 신 보내기에 샤미센 사용 금지

전함
　지난 2, 3일 화재 진압반 마을 내 덴만(天満) 우에마치(上町) 집회소로 불러 메쓰케(目附)[24]께서 아래와 같이 명령하셨다.
　한때 유행 감기 때문에 마을 곳곳에 감기의 신 보내기를 하며 종·북을

---

23) 무가시대에 녹을 잃고 매인 데 없이 떠돌던 무사.
24) 에도 막부의 직명의 하나로 에도 성내 순찰, 화재 예방, 모든 관리 근대 조사 등을 맡았다.

치고 돌아다녔다. 이 의식은 병난을 쫓기 위해 행하는 것이니 문제가 될 것은 아니다. 유곽과 그 주변의 여인들이 샤미센을 시끄럽게 연주하는 것은 문제가 있다. 왜냐하면 스나모치(砂持)[25]나 쇼센구(正遷宮)[26]와는 달리 병을 쫓기 위해서 감기의 신 보내기를 행하는 것이니 샤미센을 사용할 때는 유의해야 한다. 이상의 내용에 따라 행하기 바란다. 신 보내기를 행하는 자는 종과 북으로 신묘하게 신 보내기를 행하라. (중략)

5월 27일 미시
화재 진압반 마을
구레하초(呉服町)[*20]

1857년에 나온 법령은 감기의 신 보내기는 '스나모치'나 쇼센구 등 경사스러운 일과는 달리 병난을 물리치기 위해 행해지는 것이니 신묘하게 행하라라며 도를 넘는 느낌의 감기 신 보내기를 권하고 있다. 그렇다면 이러한 야단법석을 떠는 '즐거움'이나 '놀이'의 요소가 만담으로 직결된 것일까? 아니, 그뿐만이 아니지. 다시 한번 잘 기억해줬으면 좋겠다. 라쿠고에서 웃음을 터뜨리는 장면은 동네 젊은 패들이 돈을 모아 돌아다니는 부분과 사게의 부분으로 감기의 신 보내기 묘사는 음악이 들어가 매우 떠들썩하기는 했지만 의외로 솔직한 표현으로 줄곧 하고 있었던 것은 아닐까.

---

25) 건축용 토사를 운반하는 것. 또 그 사람. 사찰 조영에는 다수의 고장 사람·신도들이 모래 운반을 하였으며 나중에는 여러 가지 여흥이 이루어졌다.
26) 신사 본전의 조영 수리가 끝나고 신체(神体)가 임시전에서 본전으로 옮기는 것.

일어서는 감기의 신 인형

그래서 아무래도 내가 걸리는 것은 에도에서도 같은 장면 설정으로 만들어졌을, 수금을 하기 위해 동네를 도는 장면보다 인형이 강에 밀려 떨어진 이후 사게에 이르는 부분이다. 그중에서 인형이 일어서는 장면이 다음 자료에서 볼 수 있는 어떤 '사건'과 겹칠 것 같은 생각이 든다.

> 1722년의 겨울 온 세상에 감기가 유행한다. (중략) 오사카에서의 일이다. 감기의 신 보내기라고 해서 대개 징, 북으로 연주하고 짚 인형 또는 히닌(非人)[27] 등을 품삯으로 고용하여 감기의 신으로 만들어 보낼 수 있다. 교토 오사카의 관습으로 오사카에서 그 무렵에도 히닌을 고용하고 두세 명의 젊은 자들과 합의하여 감기의 신 보내기를 행한다. 징, 북 샤미센 등으로 장단을 맞춰 보내는데 젊은 자들이 흥에 겨워 어느 다리 위까지 보내고 호기로이 감기의 신으로 모시는 히닌을 다리 위에서 갑자기 떨어뜨려 껄껄 웃다가 자기 집으로 돌아갔다. 히닌이 곰곰이 생각하니 감기의 신으로 고용되었으나 아무리 물이 말라 있다고 한들 다리에서 덜컥 떨어뜨리니 원망스럽다. 밤이 되어 그 감기 신이 마을에 와서 밖에서 문을 두드릴 것이니 누구냐 하면 아까 감기의 신이 다시 돌아왔다 하여 집들을 괴롭힐 수도 있다고 하는 교토의 소담(笑談)이 되었다고 한다.[*21](방점인용자)

네기시 시즈모리(根岸鎭衛)가 저술한 『미미부쿠로(耳袋)』에 우스갯

---

27) 에도시대에 사형장에서 잡역에 종사하던 사람.

소리로 제작이 되어 있다고는 하지만 이러한 실로 대단한 내용의 기사가 있다. 연극학자 군지 마사카쓰(郡司正勝)도 이 자료를 감기의 신 보내기 실태의 일면을 보여주는 것으로 소개하고 있다.[*22] 그러나 '히닌'이 감기의 신으로서 강에 밀뜨려진다는 사건은 이외에도 『쇼키사이일일잡기(鐘奇斎日々雑記)』[28)*23]에서도 찾아볼 수 있다.

　내용이 내용인 만큼 결코 가볍게 다룰 수 없는 기사라고 생각한다. 그러나 『미미부쿠로』에서 묘사된 것과 같은 사건들은 민속학이 풍부하게 가지고 있는 '역병신 보내기' 자료와 아무리 유사하더라도 히닌이 실제로 희생양으로 이용되고 있다는 점에서 뚜렷한 차이를 보인다.

　이러한 무시할 수 없는, 그리고 신중하게 풀어내야 하는 매우 중대한 내용을 가진 '사건'에 관해서는 별고[*24]에서 고찰을 시도했다.

　충분히 음미했다고 보기는 어렵지만 여기에서 밝혀진 것은 우리가 제2절에서 확인한 역병신을 가시화하는 상상력에 히닌과 역병신을 연결시키는 상상력이 얽혀 그 결과 그렇게 비참한, 그러나 실은 근세 오사카 마을 사람들에게는 잠재적으로 용인된 행위에 이르렀다는 것이다.

　그리고 만담 속에서 일어나는 '인형'이란 그런 잔혹한 퍼포먼스의 결과로 사람들에 의해 다리에서 떨어져 강물 속을 헤엄치고 있는 '히닌'의 모습이 아니었을까.

　또한 서두에 제시한 '감기의 신 보내기'는 초대 가쓰라 하나단지(桂花

---

28) 근세 후기 오사카의 외과의사 이와나가 분테이(岩永文禎, 1802~1866)에 의해 기록된 일기이다.

團治)[29]의 속기(速記)를 바탕으로 여러 선배·노인의 이야기를 참고하
여 베이소가 부활시킨 것인데 1932년 간행된『신 라쿠고 전집(新落語全
集)』에 수록된 하나단지의 구연 속기인「감기 요괴(風邪化物)」에서는
다음과 같이 되어 있다. 감기의 신 보내기를 끝내는 부분까지는 거의
비슷하고 도입부가 주목할 만하다.

> ……(인형을) 다리 위에서 첨벙 던져 놓고 흔적을 보지 않고 일동은 뿔
> 뿔이 흩어져 돌아갔습니다. 묘한 기분이 들어 보자 감기의 신 인형이 헤
> 엄치기 시작했습니다.[*25](이하 생략·방점 인용자)

어떨까? '인형이 헤엄친다'는 식의 라쿠고 때문에 자칫 간과되고 마
는 황당한 이 표현도『미미부쿠로』기사를 토대로 생각해 본다면 거기
에 기록된 끔찍한 일들이 표현을 바꿔 만담 속에 삽입되어 있다고 볼
수 있지 않을까.

그리고 우리가 이하에서 주목해야 하는 것은 만담의 작가 즉 라쿠고
가(落語家)이다. 이들은 에도시대 때 예능에 종사하는 자였기 때문에
천시되고 차별받는 존재였다. 그렇다면 역병신으로 추앙받아 강물에
밀려 떨어진 히닌과 똑같은 처지였다고 단순하게 단언할 수는 없지만
밀어내는 쪽 사람들보다 밀려나는 쪽 사람들에게 더 가까운 위치에 있
었다고 할 수는 있을 것이다.

그런 의미에서 라쿠고가나 히닌의 동료 중에는 '감기의 신'으로 분장

---

29) 초대 가쓰라 하나단지(桂花團治, 1875~1942)는 가미가타의 라쿠고가로, 가쓰라
하나단지는 가미가타 라쿠고의 가명(家名)이다.

〈그림 4〉「감기의 신」(『진린킨모즈이』에서)

해 금전을 구걸하는 자들이 있었다. 그 모습은 1690년 간행된『진린킨
모즈이(人倫訓蒙図彙)』*26에 실려 있다. 한 사람이 귀신 탈을 쓰고 총채
와 국자를 들고, 다른 한 사람이 복면을 쓰고 북을 쳐 감기의 신을 쫓기
위한 재주를 보여주는 각설이 예인이다.

역병신의 세계에 산 사람들

이렇게 보면 라쿠고「감기의 신 보내기」를 통해 방출되는 것은 역병
신으로 상정되거나 역병신과 관련된 직업을 갖고 있던 사람들의 세계
라는 것을 이해할 수 있을 것이다. 그리고 이러한 세계는 앞 절에서
정리한 바와 같이 자신들과는 다른 세계에서 오는 역병신을 상정하고
그것을 대접함으로써 부를 얻을 수 있다는 '역병신 환대' 설화를 만들
어낸 사람들과는 180도 다른 세계라고 할 수 있다.

즉, 라쿠고를 포함한 역병신을 둘러싼 설화는

1. 자신들과는 다른 존재로서 역병신을 상정하는 입장(세계)인 자가
   만든 설화
2. 역병신으로 상정된 (될 수 있는) 입장(세계)인 자가 만든 설화

의 두 가지로 분류할 수 있는 것이다.

그렇다 치더라도, 2의 세계에서 흘러나온 설화가 소화(라쿠고)화된
것은 실로 의미심장한 일이라 하겠다. 예능, 특히 웃음 예능은 천시되
기 때문에 깔보고 비웃음당할 가능성이 많은 사람들, 즉 사회의 최하
층 혹은 보통 인간 이하로 여겨지던 사람들의 세계를 잘 아는 사람들에
의해 생겨났다.

가령 「쓰키미자토(月見座頭)」라는 근세 중기 이후에 만들어진 것으
로 추정되는 교겐(狂言)[30]을 보자.

> 장님이 달 밝은 밤, 벌레 울음소리를 즐기고 있을 때 가미교(上京)[31]의
> 사내가 말을 걸어 술잔을 주고받으며 의기투합하였다. 기분 좋게 두 사람
> 은 헤어지지만 가미교의 남자에게 장난기가 생겨 다른 사람인 양 발길을
> 돌려 일부러 장님에게 부딪혀 언성을 높여 때려눕히고 떠난다. 장님은
> "지금 놈은 앞사람과는 달리 인정도 없는 놈이구나"라고 술회해 장님 신
> 세의 고독을 노래하는 시오리(우는 연기)로 끝난다.[*27]

---

30) 일본의 전통 희극으로 일본의 전통 예능인 노가쿠(能樂)의 하나이다.
31) 교토시 북부의 지역.

여기에서도 알 수 있듯이 작가는 피해자인 장님에게는 조금의 동정
도 보이지 않고 맹인이 처해 있던 냉혹한 현실을 있는 그대로 표현하고
있는 것이다. 국문학자 사타케 아키히로(佐竹昭広)가 지적한 대로 교겐
에서 겁쟁이는 웃음거리가 되고, 사람 좋은 사람은 속고, 시골 사람은
바보 취급을 받고, 신체에 장애를 가진 자는 농락당하고, 곤란한 자는
이래저래 괴롭힘을 당하는 것이다.[28] 이는 다른 웃음 예능에서 공통되
는 것이기도 하다. 작가는 어떠한 약자라도 어쨌든 자력으로 사회에
동참할 수밖에 없었던, 어떻게든 살아가야 했던 이 세상 현실을 냉정
하게 그려내기로 일관한 것이다. 이것이야말로 웃음 예능의 본질에 해
당하는 부분이다.

역병신으로 비유된 자, 혹은 스스로 직업으로서 역병신과 관련되어
있던 자들 쪽으로 몸을 의지하고 있던 라쿠고가는 비참한 '사건', 그
무엇으로도 치유하기 어려운 상흔을 라쿠고에 맡기고, 그러나 쾌활하
게 웃어넘김으로써 도시의 기억 속에 간직하려 했던 것이다.

즉, 내려다보고 비웃는 신체(=웃음을 만드는 신체)와 역병신으로 여겨질
수 있는 신체가 합치했을 때 라쿠고 「감기의 신 보내기」가 탄생한 것이다.

결론

우리가 제3절에서 보았듯이 민속학자들이 부지런히 모아온 역병신
에 얽힌 설화는 역병신 환대 설화였다. 그것은 사람들이 자신들이 사
는 세계와는 다른 세계에 역병신을 상정하여 역병신이 초래하는 유행

병으로부터 어떻게든 자신의 몸을 지키고, 게다가 무서운 재액신을 복신으로 바꾸려는 사상의 표출이었다. 종래 민속학은 그러한 사상만을 추려내 역병과 일본인의 관계를 분석해 왔다.

그러나 우리가 라쿠고에서 분석해 낸 것은, 그곳에 사는 사람들이 역병신으로 여겨지던 세계였다. 당연하게도 그 세계에서는 민속학이 추출한 것과 같은 '역병신 환대' 사상은 찾아볼 수 없다. 그리고 그러한 세계에서 우러나온 설화는 그 세계의 주민들이 당한 배제 사상을 그대로 표현하고 있었던 것이다. 즉, 민속학의 진전에 따라 사실 아무도 모르게 가려져 버린 또 다른 세계의 모습이다.

우리가 여기서 특히 비중 있게 고찰한 것은 설화의 '이야기꾼' 문제였다. 민속학이 충분히 축적해 온 설화들과 더불어 현대에도 매일같이 셀 수 없는 설화들이 누군가에 의해 생겨나고 이야기되고 있다. 그러나 우리가 여러 가지 방법으로 얻을 수 있는 설화를 단순히 민속학적으로 분류하거나 혹은 거기에 내재되어 있는 의미의 해독으로 바로 갈 것이 아니라 우리가 지금까지 논해 왔듯이 먼저 그 설화가 누구에 의해, 어떤 입장에 있는 사람에 의해 이야기된 것인지를 신중히 음미하는 데서 시작해야 한다.

언뜻 보기에 비슷한 내용을 가진 이야기, 혹은 하찮은 이야기라도 화자의 세계라는 필터를 거침으로써 그 설화가 우리에게 말하려 하는 내용이 갑자기 빛나기 시작할 것으로 생각된다.

그리고 덧붙이자면 지금까지 민속학이 행해 온 것과 같은, 정상적이고 건전한 생활을 영위하고 일본 문화의 중심에 위치한다고 여겨져 온 '상민(常民)' 연구에서는 누락된 사람들, 예를 들어 '상민'에 의해 차별받고 있던 사람들의 편에서 전해 내려오는 설화에 보다 열심히 귀를 기울여야 한다. 그렇게 함으로써 민속학이 배제한 또 다른 세계가 명확하게 떠오르고 새로운 민속학의 전망이 펼쳐지게 될 것이다. 즉, 진정한 의미에서 '잊혀진 일본인' 연구에 임해 나가는 것이 우리 민속학의 가장 중요한 과제이다.[29]

부기

본고의 작성에 있어서 가쓰라 베이소(桂米朝) 선생님으로부터 많은 협력을 받았습니다. 여기에서 깊이 감사 말씀을 드립니다.

초출

小松和彦編(1989), 『これは「民俗学」ではない──新時代民俗学の可能性』, 福武書店. 재록함에 있어 부분적으로 대폭 가필 수정을 하였다.

원저자 주

[1] 桂米朝, 『米朝落語全集』第五卷, 創元社, 1981, pp.104~120.

[2] 위의 책, p.121.

[3] 曉鐘成, 『近来見聞 噺の笛』 『日本随筆大成』第3期第6卷, 吉川弘文館, 1977, pp.109~110.

[4] 関山和夫, 『説教の歴史』, 岩波新書, 1978.

[5] 宇井無愁, 『落語のみなもと』, 中公新書, 1983.

[6] 만일 다른 곳으로 옮겨진 경우에는 그 땅에 적합한 형태로 변형된다. 이 관점에서 에도 ←→ 오사카 간 라쿠고의 이동과 만담의 변형을 생각해 봐도 재미있을 것이다.

[7] 吉田兼好, 『徒然草』, 永積安明校注·訳, 日本古典文学全集第27卷, 小学館, 1971, pp.132~133.

*8 『원태력(園太曆)』에 1311년 3월, 2월 중순부터 교토 부근에서 역병이 유행, 속칭 2, 3일병이라고 한다고 써 있는 것으로 보아 실제로 풍진(삼일 홍역)이 유행한 것으로 보인다. 富士川游, 『日本疾病史』, 東洋文庫133巻, 平凡社, 1969, p.210에서 재인용.

*9 『春日権現験記絵』, 小松茂美編, 『続日本絵巻大成』第14巻, 中央公論社, 1982, pp.50~51.

*10 『融通念仏縁起』, 小松茂美編, 『続日本絵巻大成』第11巻, 中央公論社, 1983, pp.82~83.

*11 柳田國男, 「神送りと人形」, 『定本柳田國男集』第13巻, 筑摩書房, 1969, p.457.

*12 福田晃編, 『日本伝説大系』第12巻, みずうみ書房, 1982, pp.53~54.

*13 津村正恭, 『譚海』, 日本庶民生活史料集成第8巻, 三一書房, 1969, p.91.

*14 『日本架空伝承人名事典』(平凡社, 1986), p.303, 飯島吉晴「蘇民将来」항목에 기록된 글을 참고로 했다.

*15 大島建彦, 「疫神歓待の伝承」, 『疫神とその周辺』, 岩崎美術社, 1985, pp.70~71.

*16 濱松歌國, 『摂陽奇観』, 『浪速叢書』第6巻, 浪速叢書刊行会, 1929, p.220.

*17 미야모토 쓰네이치(宮本常一)는 촌락에서의 '소문(うわさ話)'은 타인의 인지를 위해서 이야기된다고 말하고 있는데(「村の作法・都市の作法」[梅棹忠夫・多田道太郎編, 『日本文化の表情』, 講談社現代新書, 1972, p.43]), 도시의 '소문'과의 비교 연구를 이끄는 발언이라고 생각된다.

*18 東大落語会編, 『増補落語事典』, 青蛙房, 1969, p.121.

*19 원저자 주 1, p.122나 宮尾しげを編注, 『江戸小咄集 1』, 東洋文庫192(平凡社, 1971)에 수록된 만담본 『호문목(好文木)』과 『천년초(千年艸)』에도 있다.

*20 『大阪編年史』23巻, 大阪市立中央図書館, 1977, p.33.

*21 根岸鎮衛, 『耳袋』, 『日本庶民生活史料集成』第16巻, 三一書房, 1970, pp.312~313.

*22 郡司正勝, 「風の神・風の祭り」, 『CEL』8号, 大阪ガスエネルギー・文化研究所, 1988, p.25.

*23 원저자 주 20, pp.31~33.

*24 髙岡弘幸, 「都市と疫病―近世大坂の風の神送り」, 『日本民俗学』175号, 1988.

*25 『新落語全集』, 大文館書店, 1932, pp.213~214.

*26 著者未詳, 『人倫訓蒙図彙』, 『日本庶民生活史料集成』第30巻, 三一書房, 1982, p.436.

*27 『狂言集』下, 小山弘志校注, 『日本古典文学大系』第43巻, 岩波書店, 1961, pp.350~355. 「쓰키미자토(月見座頭)」을 둘러싼 차별의 연극성에 대해서는 야마구치 마사오(山口昌男) 씨의 훌륭한 논문 「「黒い」月見座頭」(『道化的世界』筑摩書房, [文庫1986年, 1975])를 참조할 것.

*28 佐竹昭広, 「弱者の運命」, 『下剋上の文学』, 筑摩書房, 1967, p.110.

*29 더욱이 이러한 사정은 재일교포나 동남아시아 등지에서 온 돈벌이 노동자, 혹은 신부들이 만들어 전하는 설화 연구로 연동되는 것이다.

제6장

오로치(大蛇)와
호라가이(法螺貝)와 천변지이

사이토 준(齊藤純)

1. 구와노야마(桑野山)산의 오로치(大蛇)

『스루가키(駿河記)』의 기재

1820년의 스루가국(駿河国)[1](시즈오카현[静岡県])의 민속지(地誌) 『스루가키(駿河記)』에 「구와노야마오로치헤이노즈(桑野山於魯地斃之図)」라고 제목을 붙인 그림이 있다(〈그림 1〉). '구와노야마산'은 오이가와(大井川)강 중류의 지명으로 현재의 하이바라군(榛原郡) 혼가와네초(本川根町) 내에 있다. '어로지(於魯地)'는 '오로치'라고 읽어서 큰 뱀을 말한다. '폐(斃)'는 '쓰러지다' 즉, '누워서 죽다'는 뜻이다. 그림을 보면 전체적

---

1) 일본 도카이도(東海道)에 있던 옛 나라이다. 현재의 시즈오카현 중앙부에 해당하며, 슨슈(駿州)라고도 부른다. 후지산(富士山)의 남쪽 기슭, 태평양 쪽에 위치한다.

〈그림 1〉 「구와노야마오로치헤이노즈」
(桑原藤泰著·足立鍬太郎校訂 『駿河記』上, 1932.
(국립국회도서관 디지털라이브러리에서)

으로 폭풍우와 홍수가 그려져 왼편의 절벽 붕괴와 낙석 아래 오로치의
모습이 눈에 띈다(〈그림 1〉 위). 한편 오른쪽을 보면 토사가 무너져 내리
는 민가와 물에 떠내려가는 민가들이 있고 초가지붕만 수면으로 나와
있다. 또, 폭풍 때문인지 대나무 숲마다 쓰러져 가는 민가가 있어 황급

히 도망치는 사람들도 보인다(〈그림 1〉 아래). 즉 단순히 오로치(大蛇) 폐사만이 아니라 비바람·홍수·토사 붕괴에 의한 재해의 모습이 그려져 있다.

『스루가키』의 본문을 읽으면 「15권 시다군(志太郡) 2권」의 「구와노야마산」 항목에 그림과 관련된 기술이 있었다. 그에 따르면 옛날 구와노야마산 계곡 땅속에 숨어 있는 오로치가 있었다. 어느 날 폭풍우가 거세고 대지가 진동하여 숨어 있던 오로치들이 튀어나와 산이 오이가와강 속으로 갈라졌다. 고산의 꼭대기가 무너지면서 대암석이 한꺼번에 무너져 오로치 위에 떨어지고 오로치는 폐사했다.

산속은 홍수가 나고 집은 떠내려가고 사람은 짓눌려 죽고 물에 빠져 죽었다. 후세에 여기에서 '사골(蛇骨)'이 나와 그 큰 뼈를 가미후지카와(上藤川)강(혼가와네초[本川根町])의 게조인(化成院)이라는 절에서 부엌의 발판으로 삼고 있다. 크기는 절구 정도. 또, 도토미국(遠江国)[2](시즈오카현)의 이에야마(家山)산(시마타시[島田市] 가와네초[川根町])에도 흘러들어 산코지(三光寺) 절의 부엌에 있었지만 뭔가 이유가 있어 버렸다고 한다.[*1]

『엔카 기담(煙霞綺談)』과 구와노무라(桑野村) 마을의 전승

같은 사건이 1773년의 수필 『엔카 기담(煙霞綺談)』 2권에도 기록되

---

2) 도카이도(東海道)에 위치한 일본의 옛 나라. 현재의 시즈오카현 오이가와(大井川) 강 서쪽에 해당한다. 엔슈(遠州)라고도 하며 도토미국이라는 용어는 현재도 가끔 사용된다.

어 있었다.[*2] 저자는 오이가와강 하류의 가나야 여관(金谷宿) 사람이
다. 이곳은 '1573~1592년의 일인가'라고 하는데 수천 년을 산 오로치
가 홍수와 함께 바다로 나가려고 강을 막아 비슷한 상황이 벌어졌다.
후에 흙이 흘러내려 오로치 뼈가 나타났는데 입으로 보이는 곳으로 들
어가니 위턱은 뻗은 손이 닿는 근처. 뼈는 여러 가지로 사용되다가 없
어졌지만 가끔 기름이 굳어진 듯한 것이 붙은 돌이 발견된다. 이를 오
로치 기름(大蛇の油)이라고 하여 깎아서 상처 등에 바른다. 이 돌을 저
자가 지인에게 선물했더니 종유석의 '석장[石状](석순)'으로 종유동이
무너졌을 것이라는 것이었다.

한편, 2011년의 『혼가와네초 구와노야마산·사와마의 민속(本川根町
桑野山·沢間の民俗)』이 기록하는 현지 전승에서는 오로치는 편백나무
가지가 심장에 박혀 죽었다고 한다.[*3] 그 장소를 '자코쓰자와(蛇骨沢)'
라고 부르고 여기서 큰 백골을 주워 약사당(薬師堂)의 발판으로 삼았
다. 그러자 역병이 유행하였고 오로치의 재앙이라 하여 뼈를 오이가와
강에 넣었다고 전한다.

자코쓰자와는 구와노야마산 취락의 북쪽, 스마타구치바시(寸又口橋)
다리에서 오이가와강을 따라 400미터 정도 거슬러 올라간 동쪽 산허리
의 못이다(〈그림 2〉). 2019년 8월 12일 현지를 방문했는데 낙석이 퇴적
되어 지금도 종유석이나 석회화(石灰華) 조각을 줍는다(〈그림 3〉). 돌의
색깔은 흰색에 갈색이 섞여 있고 내부는 다공질로 확실히 뭔가 생물의
뼈를 연상시킨다.

오이가와강 유역은 수해나 토사 재해가 많으며 구와노 산촌도 1757
년에 산사태, 1768년에 태풍·홍수, 1828년에는 집중 호우에 의한 홍수
의 피해를 입었다. 구와노야마산 오로치 전설에는 이러한 재해의 기억

〈그림 2〉 자코쓰자와
(시즈오카현 하이바라군
혼가와네초 구와노야마산)

〈그림 3〉 자코쓰자와에서 채취한 돌

도 반영되고 있을 것이다.

1828년의 수해에 대해 구와노무라 마을의 명주(名主)가 관공서에 보고한 문서의 사본 「1828년 8월 구와노야마 산촌 재해에 대한 신고서(文政十一年八月 桑野山村被災につき届下書)」가 『혼가와네초사 자료편3 근세2(本川根町史 資料編三 近世二)』에 들어가 있다.*4 이에 의하면, 6월 30일부터 폭우로 상류의 둑이 끊어지고 밀려든 많은 물로 식량·가재·농기구가 유실되고, 집들이 진흙에 묻혔다. 그때 밤하늘에 수많은 '화염'이 날아 '백주'처럼 됐고 정체불명의 목소리로 외치는 소리가 났다. 그러다가 산골짜기가 천둥처럼 진동하고 갑자기 따뜻한 바람이 불어왔다고 한다.

이변과 관련하여 문서는 "노인들이 전하길"이라고 써 "백칠, 팔십 년 전에 이 마을 산속에서 오로치가 출현"하여 바위에 깔려 죽었으므로 지금도 산에서 '사골'을 파낸다고 기록하고 있다. 그리고 "그렇다면 이번 변사도 오로치 출현의 소행 때문이겠지"라고 계속된다. 즉 이번 변사도 옛일을 아는 노인들의 전언처럼 오로치의 출현이라고 생각하고 있는 것이다. 새로운 이변 해석에 전래의 오로치 전설이 참조되고 있어 전승의 본연의 자세로서 흥미롭다. 이렇게 해서 천변지이를 일으키는 괴물의 리얼리티가 유지되고 있었던 것이다.

2. 오로치와 천변지이

'자누케(蛇抜け)'라는 현상

현재도 나가노현(長野県) 등지에서 '자누케(蛇抜け)'라는 말이 나온다. 토석류를 중심으로 한 토사 붕괴를 두고 근대 이전 사람들은 이러한 천변지이를 오로치의 소행으로 여겼다. '자누케'라는 명칭은 그것을 잘 나타내고 있다. 사사모토 쇼지(笹本正治) 『자누케·이인·목령 ― 역사 재해와 전승 ― (蛇抜·異人·木霊 ―歴史災害と伝承 ―)』은 나가노현을 중심으로 중부 지방의 자누케 전승을 다루는데, 그에 따르면 나이를 먹은 오로치가 비바람을 불러 대지를 빠져나가 바다로 나갔다, 승천했다는 등의 전설이 있으며 뱀은 용이 된다고도 한다. 개중에는 신불(神仏)이나 오로치 스스로가 위험을 알렸다는 이야기도 있었다.[5] 사사모토는 1759년 문서인 「기소오자이모쿠호(木曽御材木方)」의 "붕괴 자누케 흔적"의 기재를 소개하며 '자누케' 명칭이 근세로 거슬러 올라가는 것을 보여준다.

이 '자누케'라는 말은 『일본 국어 대사전(日本国語大辞典)』 제2판, 제6권에 기재되어 있다.[6] 설명에는 "① 폭우 등으로 토사가 무너진 것. 산사태"를 뜻하는 사투리가 있다. 용례의 사용지로서 야마나시현(山梨県), 나가노현 이다시(飯田市) 부근, 히가시치쿠마군(東筑摩郡), 기후현

(岐阜県) 에나군(恵那郡)이 제시되어 있어 이 근처의 말인 듯하다. 그러나 주의 깊게 찾아보면 자누케는 더 넓은 범위에서 사용되었음을 알 수 있다.

예를 들어 시즈오카현 아베카와(安倍川)강 상류에도 '자누케자와(蛇抜沢)', '신자누케자와(新蛇抜沢)' 등의 지명이 있다. 『시즈오카현사 별편 2 자연재해지(静岡県史 別編二 自然災害誌)』에 따르면 '자누케'란 토석류를 말하며 이것이 일어나기 전에 뱀이 나타나는, 즉 '뱀이 계곡에서 빠져나간다'는 데서 유래한다. 혹은 탁류가 계곡에 흘러내리는 모습을 하류 평야에서 보고 있으면 마치 뱀이 꿈틀거리는 모습을 닮았기 때문이라고도 한다.[*7]

또, 군마현(群馬県)의 민속학자·지명 연구자인 도마루 도쿠이치(都丸十九一)의 『지명 이야기(地名のはなし)』를 읽으면 그 현에도 '자누케'라는 지명이 있고, 그 밖에도 '자구에(蛇崩)', '자바미(蛇喰)' 등의 지명이 있었다.[*8] 도마루의 설명에 의하면 붕괴하는 것을 현 내에서 '구에르(クエル)'라고 하며 그것이 명사화한 것이 '구에(クエ)'인데, '자구에(ジャグエ)'라는 지명이 가장 많고 자바라(蛇腹)처럼 오랫동안 암반이 노출되거나 암석이 굴러다닌 것에서 이름이 붙여졌다고 한다. 또 비슷한 작은 골짜기를 '자바미(ジャバミ)', '자누케(ジャヌケ)'라 하고 "자바미는 자구에와 비슷한 지형이라고 생각되는데, 자누케는 토사 유출을 동반하고 있는 경우가 많은 것으로 보인다"고 적고 있다. 아울러 태풍으로 인한 홍수를 '자오시(ジャオシ)'라고 부르는 예를 들어 이러한 홍수로 인해 토사가 밀려난 흔적이 '자누케'라고 판단하고 있다.

게다가 아키타현(秋田県) 기타아키타시(北秋田市)의 아니(阿仁)에도 '자누케 숲(ジャヌケ森)'이라는 산이 있다. 가스가 가쓰오(春日克夫)「아니초의 지명에 대해서 (1) (阿仁町の地名について(一))」에 의하면 '자누케'는 "산사태, 벼랑 끝 땅이라는 뜻"으로, 그 이외에 "현지에서 자쿠즈레(ジャクズレ), 자타쿠레(ジャタクレ) 등도 비슷한 의미로 사용하고 있다"는 것이다.*9

이상 중부(中部), 관동(関東), 동북(東北) 지방의 예를 계속 서술하였는데 서일본에서도 '자누케'가 발견된다. 필자가 우연히 본 것인데 교토시(京都市) 우쿄구(右京区) 게이호쿠(京北) 시모쿠로다초(下黒田町)에 '자누케다니(蛇抜谷)'가 있었다. 또, 고쿠가쿠인대학(國學院大學) 민속학 연구회가 효고현(兵庫県) 기노사키군(城崎郡) 다케노초(竹野町)(도요오카시[豊岡市])에서 실시한 민속 조사 보고서「민조쿠사이호(民俗採訪)」1956년호에 다음과 같은 기술이 있다.*10

> 7월의 뱀날에는 세키료(セキリョウ) 씨를 모신다. 자누케에 모시는 것이라고 한다. 지금은 세키료 씨는 지장보살 석상으로, 아주 옛날 이곳에는 뱀이 살았기 때문에 지장보살 석상을 세우고 세키료 씨를 모시게 되었다고 한다(가난다니[川南谷]).

'세키료'는 한자로 보통 '석룡(石竜)'이라고 쓴다. 암석을 신체(神体)나 의대(依り代)로 모신 용신(竜神)을 말하는데 이를 '자누케에 모시다', '뱀이 살고 있어 모시게 되었다'고 한다. 이것만으로는 의미를 알기 어렵지만 같은 보고서에 기록된 다음 이야기와 함께 생각하면 토석류와 같은 재해가 있어 그 자리에 모셔진 것 같다.

> 이 마을 산속 크고 작은 늪에는 뱀이 살고 있다고 한다. 가스미(香住)

나 미카와(ミカワ) 부근에서는 자누케라고 하여 사흘, 나흘이나 땅울림이
일어났는데 이 뱀이 크고 작은 늪에서 빠져나와 마을로 내려갔다고 한다.
옛날 미카와 부락은 이 자누케 때문에 늪의 물에 떠내려간 적이 있었다.

위의 글에서 '미카와'는 효고현 미카타군(美方郡) 가미초(香美町)의
가스미구(香住区) 미카와(三川)로 다케노초(竹野町)의 가난다니(川南谷)
에서 서쪽으로 능선을 넘은 곳의 골짜기 취락이다.

덧붙여 『일본 국어 대사전』은 앞의 「자누케」 항목에서 '잔누케(じゃ
んぬけ)'라고 하는 고치현(高知県) 도사군(土佐郡)의 용례를 들어 "② 큰
비가 내리는 것"이라고 해설하고 있다. 하지만, 이것도 토사 붕괴의 원
인이 되는 폭우일 것이다. 이처럼 '자누케'는 중부 지방 이외에서도 널
리 사용되었을 것으로 추정할 수 있다.

오이가와강의 '자구에'

이미 '자누케'의 소개에서 언급되었지만 마찬가지로 토사 붕괴와 관
련된 말로 '자구에(蛇崩)', '자바미(蛇喰)'가 있다. '蛇崩'는 '자쿠즈레
(じゃくずれ)'라고도 '자구에(じゃぐえ)'라고도 읽는 예가 있지만 앞서 언
급한 사사모토는 1615~24년경 성립된 『고요군칸(甲陽軍鑑)』, 1716년
에 간행된 『부쇼간조키(武将感状記)』에서 '자쿠즈레', '자구에'의 용례
를 설명하고 있다.

이 중 『부쇼간조키』는 전국시대(戦国時代)[3]부터 에도시대 초기에 걸
친 무사의 일화집이다.[*11] 그 「3권」, 도쿠가와 이에야스(徳川家康)[4]의
가신 오쿠보 다다요(大久保忠世)[5]가 활약하는 「오쿠보 다다요 사졸 난

동 진압(大久保忠世士卒の躁乱を鎮むる事)」에 다음과 같은 예가 있다.

1568년부터 1582년까지 다케다 신겐(武田信玄)[6]·가쓰요리(勝頼)[7] 부자가 스루가국을 지배하고, 미카와·도토미국의 영주였던 도쿠가와 이에야스와 국경의 오이가와강에서 대치하고 있을 때의 일. 이에야스는 사가미국(相模国)[8]의 호조 우지마사(北条氏政)[9]와 손잡고 가쓰요리에 대항하기 위해 오이가와강의 시모이로(下伊呂)(이로[井籠], 시마다시[島田

---

3) 센고쿠시대(戦国時代, 전국시대)는 일본에 15세기 중반부터 16세기 후반까지 사회적, 정치적 변동이 계속된 내란의 시기로 1467~1590년도를 가리킨다.

4) 도쿠가와 이에야스(德川家康, 1543~1616): 에도 막부(江戸幕府)의 초대 쇼군이자 일본 역사상 가장 혼란스러웠던 센고쿠시대를 최종적으로 종식 시킨 일본의 무장이다.

5) 오쿠보 다다요(大久保忠世, 1532~1594): 도쿠가와 이에야스의 가신으로 센고쿠시대부터 아즈치모모야마시대(安土桃山時代, 1568~1603)까지 활약한 무장이다. 미카와(三河) 누카타군(額田郡) 가미와다(上和田)(현재의 아이치현[愛知県] 오카자키시[岡崎市])의 오쿠보 씨(大久保氏)의 지류인 오쿠보 다다카즈(大久保忠員)의 장남이다.

6) 다케다 신겐(武田信玄, 1521~1573): 일본 센고쿠시대의 다이묘로 뛰어난 장수들이 많았던 센고쿠시대에도 손꼽히던 명장이다. 풍림화산(風林火山)의 군기를 사용하며 사람들로부터 '가이의 범', '가이의 호랑이'라고 불렸으며 무적으로 불리던 기마 군단을 이끌었다.

7) 다케다 가쓰요리(武田勝頼, 1546~1582): 다케다 신겐의 넷째 아들. 적자인 다케다 요시노부가 스루가 침공을 둘러싸고 신겐과 대립하나 실패하여 가쓰요리가 후계자로 정해진다. 둘째는 맹인이었고, 셋째는 어려서 죽었다.

8) 과거 일본의 지방행정 구분이었던 나라 중 하나. 도카이도에 속하며 현재의 가나가와현(神奈川県)에 해당한다.

9) 호조 우지마사(北条氏政, 1538~1590): 센고쿠시대의 사가미국 무장. 호조 우지야스(北条氏康)의 차남이나 형이 일찍 죽었기 때문에 우지마사가 가독을 계승받아 세력 확대에 힘썼다. 도요토미 히데요시(豊臣秀吉, 1537~1598)가 대두하면서 오다와라 정벌(小田原征伐, 1590)을 시도. 몇 달간의 농성 끝에 아들 우지나오(氏直)는 항복하였고 우지마사는 할복하였다.

市] 사카모토이로[阪本色尾])에 포진했다. 그러자 "때마침 23일간 비가 내리다가 밤이 되자 강둑이 갑자기 무너져 물속에 빠지는 소리가 엄청났다. 이것을 속어로 자구에라고 한다. 잠결에 듣고 가쓰요리가 밤에 전투를 일으킨다고 생각하여 선봉도 호위 무사단도 사졸도 조바심을 내어 아무리 억제하려 해도 진정되지 않는다"라고 하였다. 즉, 강우로 강둑이 무너지는 소리를 가쓰요리 군의 야습으로 착각하여 선진의 군사와 호위 무사단이 난리를 쳤다. 이를 오쿠보 다다요가 묘한 계책을 써서 진정시키고 태세를 재정비했다는 이야기이다.

사건의 시기가 명기되어 있지 않지만 상황으로 보아 1579년 9월 말경의 이야기로 생각된다. 그렇다고는 해도 『부쇼간조키』 자체는 1716년 간행이므로 이 '자구에'도 일단 그 무렵의 예로 보아야 한다.

흥미롭게도 비슷한 일이 역시 오이가와강의 '자구에' 이야기로 전해진다. 1843년의 민속지 『슨코쿠잣시(駿国雑志)』의 「24권 하」는 스루가국 마을의 '이상한 일'을 모았는데 「시다군(止駄郡)(시타군[志太郡])」 부분에 「자구에」 항목이 있다.*12 그에 대한 설명은 "시다군 오이가와(大堰川)강(大井川)에 있어"라고 시작해 이어서 근세의 잡사(雜史) 『도부단소(東武談叢)』를 인용한다. 즉, 1578년 8월 하순 이에야스가 스루가국 침공에서 돌아올 때 후위의 군세가 뗏목으로 '오이가와강'을 건넜다. 그때의 일로 "요사이 23일간 비가 온 뒤 물살이 넘치고 밤이 되면 강둑이 무너져 물속에 빠지는 소리가 천둥처럼 엄청나다. 적이 다가오는 것이 아닐까 의심하다. 운운."

이처럼 『도부단소』를 인용한 뒤 민속지 편집자는 "이러한 지방 풍속을 자구에라고 부르는 일이 왕왕 있다"고 맺는다. 즉, 비가 계속되고 천둥소리를 내며 오이가와 강기슭이 무너져 내렸다. 그것이 적습인 줄

알았다는 『도부단소』의 기술과 관련하여 "지방 풍습에서는 이를 자구
에라 명명하고 가끔 있는 일이다"라고 부언하고 있는 것이다.

이에야스·가쓰요리가 국경의 오이가와강을 사이에 두고 싸우던 시
기의 이야기여서 자연스럽게 이 강이 주목을 받았을 것이다. 혹은, 같
은 이야기가 설정을 바꾸어 전해졌을지도 모른다. 어쨌든 오이가와강
의 토사 붕괴가 근세에 자구에라 불렸음을 알 수 있다. 즉, 오이가와강
중류의 구와노야마산 오로치의 출현도 '자구에'라고 불러도 좋은 현상
이었다.

'자구에'와 '자바미'

'자구에(蛇崩)'는 지명이 되기도 한다. 『가도카와 일본 지명 대사전
(角川日本地名大辞典)』이나 헤이본샤(平凡社)의 『일본 역사 지명 대계
(日本歴史地名大系)』에서 검색하면 자구에(蛇崩)[후쿠시마현(福島県) 야마
군(耶麻郡) 야마도초(山都町)], 자쿠즈레가와(蛇崩川)강[도쿄도(東京都) 세
타가야구(世田谷区)·메구로구(目黒区)], 자쿠즈레(蛇崩れ)[니가타현(新潟県)
오지야시(小千谷市) 가타가이쵸(片貝町)]를 발견할 수 있다([ ]로 나타내는 주
거 표시는 두 지명 사전 간행 시의 것. 이하 같음*13). 자쿠즈레가와강은 수도
권의 예인만큼 비교적 유명하며, 1889년부터 1932년까지 가미메구로
(上目黒)(메구로구[目黒区])에 '자구에'라는 구역명도 있었다. '자쿠즈레
가와'라는 이름의 유래는 근세 후기의 민속지 『신편 무사시후도기코(新
編武蔵風土記稿)』 47권 「에바라군(荏原郡) 9」, 「마고메령(馬込領)」, 「가
미메구로무라(上目黒村)」의 설명에 의하면 "옛날 여기에서 오로치가
나와 땅이 무너져 이름 붙여졌다"는 것이다.*14 이에 대해 민속지 편집

자는 "받아들이기 어려운 설이다", 즉, "인정하기 어려운 설이다"라고 설명을 이어가지만, 그 지방에서는 오로치가 출현했다고 전승되고 있었던 것이다. 이 밖에 사전의 제목이나 설명에 나타나지 않을 만한 작은 지명이라면 비슷한 예가 더 있을 것이다.

재미있는 것은 다소 변화된 형태로 정착한 예로, 아이치현(愛知県) 지타군(知多郡) 히가시우라초(東浦町)의 행정구역 이시하마(石浜)의 '蛇子連'는 '자코즈레(じゃこずれ)'라고 읽는다. 그 부근을 흐르는 마메쓰키가와(豆搗川)강 상류의 작은 지명으로『개정 히가시우라지메이코(改訂東浦地名考)』에 의하면 이 땅에 이런 전설이 있었다.*15

옛날 세 명의 젊은이가 이곳을 지나가다가 새끼를 동반한 오로치가 잠들어 있는 것을 발견했다. 세 사람은 장난기를 일으켜 짚으로 둘러싸 불을 질러 이들을 죽였더니 두 사람이 고열을 일으켜 죽고 말았다고 한다.

'자쿠즈레(じゃくずれ)'가 '자코즈레(じゃこずれ)'가 되고, 다시 '자코즈레(蛇子連)'로 이해하게 되어 새끼를 동반한 오로치 이야기가 되었다고 생각되지만, 이 땅에 오로치가 출현했다, 그것이 폐사했다, 혹은 주민을 해쳤다는 등의 이야기는 이전부터 전해지고 있었을 것이다.

한편, '蛇崩'를 '자구에(じゃぐえ)'라고 하는 예는 앞서 언급한 지명 사전에서 찾을 수 없었다. 그러나 도마루는 군마현(群馬県)의 네 가지 예를 든 데다 그 밖에도 많다고 밝혔다. 또,『일본 국어 대사전』은「자쿠(じゃく)」를 표제어로 하여 "① 산 등이 무너짐. 또 무너진 곳"을 뜻하는 방언이라고 적고 있다. 사용처는 야마가타현(山形県), 후쿠시마현(福島県), 이바라키현(茨城県), 도치기현(栃木県) 등이고, 비슷한 예로 나가노현(長野県) 사쿠(佐久) 지방에 '자구에'가 등장한다. 하지만, 군마

현의 예를 생각하면 '자구에'나 '자쿠에(じゃくえ)'가 본래의 형태에 가
깝고, '자쿠'는 그것이 짧아진 방언이 아닐까. 그렇다면 적어도 동(東)
일본에는 '자쿠에', '자구에'가 퍼져 있었을 것으로 생각된다.

'蛇喰'는 '자바미(じゃばみ)'로 읽으며 지명 사전에서 다음의 예를 검
색할 수 있다.

자바미(蛇喰)[홋카이도(北海道) 마쓰마에군(松前郡) 마쓰마에초(松前町) 시
라사카(白坂)], 자바미세키(蛇喰堰)[아키타현(秋田県) 혼조시(本荘市)(유리혼
조시[由利本荘市]) 고요시(子吉)], 자바미(蛇喰)[후쿠시마현(福島県) 오누마군
(大沼郡) 아이즈타카다초(会津高田町)(아이즈미사토초[会津美里町])], 자바미
(蛇喰)[군마현(群馬県) 후지오카시(藤岡市) 아유가와(鮎川)], 자바미조(蛇喰城)
[지바현(千葉県) 아와군(安房郡) 도미야마초(富山町)(미나미보소시[南房総市])
헤구리시모(平久里下)], 자바미(蛇喰)[니가타현(新潟県) 이와후네군(岩船郡) 세
키가와무라(関川村)], 자바미(蛇喰)[도야마현(富山県) 히가시도나미군(東礪波
郡) 이노구치무라(井口村)(난토시[南砺市])], 자바미이케(蛇喰池)[미에현(三重
県) 아야마군(阿山郡) 이가초(伊賀町)(이가시[伊賀市]) 야바타(山畑)], 자바미
조(蛇喰城)[와카야마현(和歌山県) 니시무로군(西牟婁郡) 가미돈다초(上富田町)·
시라하마초(白浜町)], 자바미가와(蛇喰川)[시마네현(島根県) 하쿠타초(伯太町)
(야스기시[安来市])], 자바미야마(蛇喰山)[시마네현(島根県) 마쓰에시(松江市)]

그 밖에도 『시즈오카현사 별편2 자연재해지(静岡県史 別編二 自然災
害誌)』에 게재된 1863년 11월 「우메가시마 뉴지마 두 마을 그림(梅ヶ島
入島両村絵図)」을 보면 아베카와(安倍川)강 상류의 우메가시마(梅ヶ島)·
뉴지마(入島) 두 마을 내(시즈오카시[静岡市])에 많은 붕괴지가 그려져 있
으며 그중 하나에 '자바미구에(蛇ばみ崩)'라는 이름이 쓰여 있다.

이들 '자구에', '자바미'는 '자누케'와 마찬가지로 오로치가 토사를 붕

괴시켰다는 생각을 반영한다. 천변지이는 이러한 괴물의 소행으로 널리 이해되었음을 알 수 있는 말이다.

3. 호라가이(法螺貝)와 천변지이

대지를 빠져나가는 호라가이

1927년 야나기다 구니오(柳田國男)가 집필한 논고 「시카노미미(鹿の耳)」에 니가타현(新潟県) 이와후네군(岩船郡)의 오리도오게(大利峠) 고개, 일명 '자코쓰도오게(蛇骨峠) 고개', '자토도오게(座頭峠) 고개'의 오로치 전설이 소개되어 있다. 그에 따르면 그 부근 산중에 오로치가 오래 살며 조만간 바다로 나가려고 한다. 이때 일대를 물에 가라앉힌다. 오로치의 화신(化身)에게 이를 들은 맹인은 이와 동시에 알게 된 오로치의 약점인 '쇠못'을 마을 사람들에게 알려주었다. 그래서 오로치는 퇴치되고 마을은 살아났다. 이런 이야기인데 야나기다는 계속해서 다음과 같이 적고 있다.*16

신슈(信州)에서는 산에 호라쿠즈레(法螺崩れ)와 자쿠즈레(蛇崩れ)가 있었다. 산사태의 징조에는 산이 수없이 울리므로 즉시 편백나무를 깎아서 많은 말뚝을 만들고, 그것을 그 산 주위에 박으면 뱀은 나갈 수 없게 되어 죽고, 해가 지난 후 뼈가 되어 땅속에서 나온다. 그것을 가루로 만들어 복용할 때는 학질을 고치기도 했다.

야나기다는 어디서 이러한 지식을 얻었는지 현재 신슈(나가노현)에서 자주 듣는 것은 '자누케'이다. 그러나 앞서 말했듯이 시즈오카현(靜岡県)·니가타현(新潟県) 등에서 '자구에'가 사용되고 있어 인접한 나가노현에 같은 말이 있어도 이상하지 않다. 편백나무가 오로치의 활동을 멈춘다는 생각도 앞서 소개한 구와노야마산의 지역 전승에서 이야기되고 있었다.

'자쿠즈레' 이외에도 주목받는 것은 '호라쿠즈레'이다. 사실 '자누케'와 같은 천변지이를 호라가이(法螺貝)[10]의 소행으로 보는 전설도 있다. 땅속의 호라가이가 비바람을 불러 이상한 소리를 내며 바다나 하늘로 빠져나갔다는 등의 이야기로 각지에서 전승되고 있었으며 근세에는 하마나코(浜名湖) 호수의 이마기레(今切) 이야기가 잘 알려져 있었다.

이마기레는 시즈오카현의 아라이초(新居町)(고사이시[湖西市])와 마이사카초(舞阪町)(하마마쓰시[浜松市]) 사이에 있어 하마나코 호수의 물이 외해(外海)와 통하는 출입구에 해당한다. 이것은 1492~1501년의 지진·해일로 해안이 끊어져서 생긴 것으로 그때까지는 강 때문에 지금보다 서쪽에서 바다와 연결되어 있었다. 이 강에 놓여 있던 것이 유명한 우타마쿠라(歌枕) '하마나노하시(浜名の橋) 다리'이다. 즉, 이마기레는 중세에 쓰나미로 형성되었는데 근세에 이르러서는 다수의 호라가이가 산을 빠져나가면서 생긴 것으로 알려져 있었다. 1616년 에도에서 교토

---

10) 호라가이는 홍합과로 분류되는 고둥의 일종인 생물을 칭하는 동시에 이것의 껍데기를 활용해 만든 악기를 가리킨다. 이르게는 12세기경의 문헌 기록을 통해 전해지며 전쟁 시 신호의 역할을 하는 한편, 종교 수행이나 전통 예능의 영역에서 주로 사용되어 왔다.

로 향하던 하야시 라잔(林羅山)[11]의 기행 『헤이신기코(丙辰紀行)』에는 다음과 같이 기록되어 있다.[17] 덧붙여 '아라이(新居)'는 이전에 '아라이(荒井)'라고도 썼다.

엔슈(遠州) 아라이(荒井)의 해변보다 안쪽 산, 5리쯤 바다가 되어 큰 배도 나가는 곳. 옛날에는 산으로 이어진 육지였다. 나카고로야마(中比山)산에서 호라가이가 빠져나와 바다로 들어갔다. 그 흔적이 이와 같이 바다가 되어 이마기레라 이름 지었다고 고로(古老)가 말하였다.

과거에는 이 호라가이가 빠졌다는 흔적도 남아 있었다. 1689년의 이하라 사이카쿠(井原西鶴)[12]의 여행기 『히토메다마보코(一目玉鉾)』 3권은 「센넨야마(千年山)산」이라는 항목에서 다음과 같이 적고 있다.[18]

옛날 호라가이가 튀어나온 흔적이라고 하여 오른쪽으로 계곡이 무너지고 이 아래로 시라스(白洲)[13]가 있으며 다리는 끊어졌다.

『히토메다마보코』는 에조(蝦夷)[14]에서 이키(壱岐)[15]·쓰시마(対馬)[16]

---

11) 하야시 라잔(林羅山, 1583~1657): 에도시대 초기의 주자학파 유학자로 관학으로서의 성리학 발전에 기여하였다.

12) 이하라 사이카쿠(井原西鶴, 1642~1693): 일본 근세 소설 작가 중 문학사적으로 가장 비중 있는 작가로 오사카의 부유한 상인의 아들로 태어나 15세경부터 하이카이(俳諧)를 익혔다. 17세기 당대인들의 심적 세계를 사실적으로 그린 첫 소설 작품 『호색일대남』(1682)이 크게 호평을 받는다.

13) 에도시대에 재판을 하고 죄인을 문초하던 곳. 법정.

14) 일본 혼슈의 간토(関東), 도호쿠(東北), 홋카이도(北海道) 지역에 살면서 일본인(야마토 민족)에 의해 이민족시 되었던 민족집단을 일컫는 말이다. 시대에 따라 그

까지의 명소 안내기이고, 2, 3권은 에도에서 오사카까지의 도카이도(東海道)[17]를 다룬다. 이마기레 부근의 명소와 시설은 마이사카(舞坂), 이마기레 내해(今切入海), 고세키쇼(御関所),[18] 아라이(荒井), 센넨야마(千年山)산, 하마나노하시(浜名橋) 다리, 다카시야마(高師山)산, 시라스카(白須賀) 순으로 기록되었으며 이에 따르면 아라이슈쿠(新居宿)에서 시라스카 사이 도카이도 오른쪽에 호라가이가 튀어나온 흔적이라는 무너진 계곡이 있었던 셈이다.

한편, 1690년 오치코치 도인(遠近道印)[19] 작품·히시카와 모로노부(菱川師宣) 그림 『도카이도분켄에즈(東海道分間絵図)』의 제3첩도 '아라이'와 '시라스카' 사이에 '호라가이'가 나왔다고 하는 장소를 기록하고 있다(〈그림 4〉). 정확히 '오쿠라토(大くらと)'와 '아라이다시(あらいだし)' 사이의 위치로 '오쿠라토' 위쪽에 '도신지(とうしんじ)' 표시가 있고, 그 왼쪽 산에 "이 산에서 옛날에 / 호라가이가 나왔습니다"라고 기록되어

지칭 범위가 다른데 일반적으로 근세의 에조는 특히 아이누민족을 일컫는다. 에조는 일본 동부, 북부 지역뿐만 아니라 쿠릴 열도, 사할린, 심지어는 캄차카 지방까지 정착해 살았다.

15) 규슈(九州)와 쓰시마(対馬)섬 사이에 있는 섬이다. 나가사키현(長崎県)에 속하며 섬 전체가 이키시에 해당한다. 고대에는 이키국(壱岐国)으로 기술되었으며 잇슈(壱州)라고도 한다.

16) 일본 규슈 북쪽에 있는 나가사키현에 속하는 섬이다. 고대에는 쓰시마국(対馬国), 다이슈(対州)라고 기술되었으며 지리적으로는 일본 영토 가운데 한반도에 가장 가까우며 예로부터 유라시아 대륙과 일본열도의 문물이 오가는 창구이다.

17) 혼슈(本州) 태평양 측 중부의 행정 구분. 또한 그곳을 지나는 간선도로를 가리킨다.

18) 관문. 교통의 요지에 설치된 징세 및 검문을 위한 시설이다.

19) 오치코치 도인(遠近道印, 1628~?): 에도시대 전기의 그림 화가. 막부 하에서 에도 지도 작성에 관여하였다. 1690년에는 『도카이도 분켄에즈(東海道分間絵図)』를 히시카와 모로노부(菱川師宣, 1618~?)와 함께 저술하였다.

〈그림 4〉『도카이도분켄에즈』제3첩 '아라이'와 '시라스카' 사이
(국립국회도서관 소장, 부분·가필)

있다. '오쿠라토'는 고사이시(湖西市) 아라이초(新居町) 하마나(浜名)의
오쿠라토(大倉戸)로 '도신지'도 그곳의 도신지(東新寺) 절. 그 왼쪽이니
까 도신지 절 서쪽의 산이다. 더 왼쪽에 1707년의 지진·쓰나미로 이전
하기 전의 '시라스카' 역참(宿場)이 그려져 있으며 이전하기 전의 시라
스카, 즉 현재의 고사이시 시라스카의 모토마치(元町)와 아라이초 하마
나 오쿠라토 사이에서 구 도카이도 북쪽 산이 '옛날에 호라가이가 나왔
습니다'라는 산이다. 『도카이도분켄에즈』는 당시로서는 유달리 정확
한 지도이며 호라가이가 나왔다고 여겨지는 땅이 실제로 부근에 있었
을 것으로 생각된다.

　근대 민속학자들도 이런 전설을 기록하고 있다. 전국에 걸친 산촌
조사 보고서『산촌 생활 연구(山村生活の研究)』의「마을 대사건(村の大
事件)」장에 다음과 같은 이야기가 있다.[19]

　도쿄부(東京府) 히노하라무라(檜原村)는 이런 종류의 비참한 이야기

를 많이 전하고 있지만 그 지방 사람들은 호라가이가 산을 빠져나가면 산사태가 일어난다고 말하고 있다. 산사태의 원인을 이러한 괴이함으로 돌리는 것은 결코 히노하라무라뿐만 아니라, 제1장에 기술한 도야마현 가미타이라무라에서 옛날에 가쓰라(桂) 부락 전체가 산사태 때문에 거의 전멸했다는 전설에서도 그랬는데, 이곳에서는 요괴가 산천해에 각각 천 년을 살면서 그곳에서 나올 때 나쁜 짓을 하는 것이라고 한다. 사이타마현(埼玉県) 우라야마무라(浦山村)에서는 산사태의 전조로 오로치가 나타난 것을 말하며 아오모리현(青森県) 아카이시무라(赤石村)에는 자택 뒤의 큰 나무를 베었기 때문에 큰 산사태라는 재액을 초래했다고 말하고 있다.

도야마현 히가시도나미군(東礪波郡)의 가미타이라무라(上平村)(난토시[南砺市])에서 '산천해에 각각 천 년'을 살던 호라가이가 천변지이를 일으켰다는 전설이 있었던 셈이지만 괴이함을 일으키는 호라가이가 오래도록 산 것이라는 전승은 또 있다. 『히토메다마보코』가 적는 '센넨야마(千年山)'라는 지명은 이러한 관념에 기초한 것일 것이다.

지금도 남아있는 빠진 흔적

호라가이가 빠졌다는 흔적이 현재도 남아있는 예가 있다. 시즈오카현 누마즈시(沼津市)의 서부 아이타카야마(愛鷹山)산 남쪽 기슭의 다카하시가와(高橋川)강의 계곡에 야나기사와(柳沢)라고 하는 마을이 있고, 강변에 '하치조이시(八畳石)'

〈그림 5〉 하치조이시
(누마즈시 야나기사와)

또는 '이쓰이시(三つ石)'라고 불리는 바위가 있다(〈그림 5〉). 바위에는 소용돌이 모양의 구멍이 뚫려 있는데, 이 바위에 대해서 1820년의 『스루가키』「33권 슨토군 4권(卷三十三 駿東郡卷之四)」의 「야나기사와」 항에서 다음과 같이 기록되어 있다.[*20]

미쓰이시 (중략) 바위 중간에 고둥(螺)이 나온 구멍이 있다. 안을 들여다보면 고둥이 감긴 흔적이 있다. (중략) 높이 1간(약 1.8미터) 반 정도, 위의 너비 6에서 7간 정도. 고둥이 나온 구멍 약 1간 정도.

'螺'은 일반적으로 고둥(卷貝)을 말한다. 『스루가키』는 단지 고둥이 나왔다고 쓸 뿐이지만 1861년의 민속지 『스루가시료(駿河志料)』의 「65권 슨토군 5 야나기사와(卷ノ六十五 駿東郡 五 柳沢)」는 좀 더 자세하게 다음과 같이 적고 있다.[*21]

옛날에 이 바위가 갈라져 호라가이가 나왔다. (중략) 바위 중턱에 호라가이가 나간 흔적이 높이 6, 7척(약 2미터)쯤 되고 조개가 감긴 모양이 바위에 남아 그 빠져나간 시기는 알지 못하지만, 이 골짜기에서 하라역(原の駅)을 거쳐 바다로 들어갔다고 마을 사람들이 말한다.

'하라역'이란 다카하시가와(高橋川)강의 하류에서 스루가만(駿河湾)에 면한 하라마치(原町)(누마즈시[沼津市])로 근세에 도카이도의 역참이 있었다. 더욱이 1913년의 『다카네무라시(鷹根村誌)』에는 조개가 빠졌을 때의 진동이나 재해도 언급한다.[*22]

하치조이시 야나기사와 마마(부락)를 지나 북방산지 하치마치(八町)의 골짜기에 큰 돌이 있다. (중략) 마을 사람들이 하치조이시라고 한다. 돌 중간에 지름 몇 자의 구멍이 있다. 마을 사람들이 전하기를 호라가이가 탈출한 곳이다. 아마도 탄산석회가 녹아 나가서 생긴 것이겠지. 이 돌은 원래 동쪽 산 중턱에 자리 잡고 있었는데 간에이 해년(寬永亥年) 홍수 때 굴러떨어져 이 돌에 서식하던 큰 호라가이가 탈출하여 스루가만으로 들어갔다. 이때는 산이 크게 진동하여 무서웠다는 전설이 있다.

위 글의 '간에이 해년'은 1635년 을해(乙亥)의 해. 『시즈오카현사 별편2 자연재해지(静岡県史 別編二 自然災害誌)』 연표를 보면 장소가 떨어져 있는데, 7월에 덴류가와(天竜川)강에 홍수가 나서 신덴(新田)이 피해를 받았다. 다만 하치조이시를 다룬 민속지는 시대를 적지 않으며 『다카네무라시(鷹根村誌)』의 기재도 간에이에서 상당히 햇수가 지난 시기의 것이어서 그대로 인정하기 어렵다.

그런데 『다카네무라시』에 따르면 하치조이시는 침식된 석회암이라고 한다. 그러나 현지에 가서 보면 실제로는 화성암인 안산암이다. 어쩌다 이런 구멍이 생겼는지 의문이지만 부근을 둘러보면 벼랑이나 강바닥이 같은 안산암이고 그것이 박리되어 굴러간 바위도 볼 수 있다. 이런 상황으로 볼 때 하치조이시도 원래는 비슷한 돌이 떨어져 나와 전도되었을 것이다. 즉 원래는 위아래 반대의 형태로 강바닥이나 강변에 있던 바위로 소용돌이 모양의 구멍은 물줄기가 파낸 흔적으로 보인다. 그것이 홍수로 파헤쳐져 지금의 형태로 강가에 남은 것이다. 홍수라는 기술은 『다카네무라시』에서 볼 수 있는데 바위가 강변에 출현한 상황으로 볼 때 고둥이 빠졌다는 전승에는 연대는 차치하고 당초부터 홍수에 대한 언급이 있었다고 보는 것이 타당할 것이다.

또한『다카네무라시』와 같은 해『하라마치시코(原町誌稿)』에 의하면 사건은 '호라가이'라는 '괴물'의 소행이라고 기록되어 있다. 이 책의 「4 고지라이레키(8)(四 古事来歷(八)」의 「구비전설」에 「호라가이」 항목이 있으며 그 내용은 다음과 같다.[*23]

옛날에 야나기사와의 골짜기에 괴물이 살아 비바람이 치는 밤은 반드시 신음소리가 있었다. 어느 해 초가을의 황혼, 골짜기에 구름과 바람이 일어나고 천둥과 번개에 괴물은 괴성을 발하여 포효하였다. 그 소리가 사자의 포효와 같고 또 큰 파도가 몰아치는 것 같으며 뒤에 오래도록 울리는 처참함은 비할 길 없고 인간과 가축의 목숨을 앗아갔다. 처음에는 계곡에서 거칠어지기 시작해서 시시각각 남쪽으로 이동하여 날이 밝아 마을의 해안 송림에 도달할 무렵에는 굉음이 천지를 진동하였다. 잠시 후 괴물 소리가 사라지며 동시에 천둥소리와 비바람이 그치고 먹구름은 사방으로 흩날려 동쪽 하늘이 갑자기 밝아져 사람들이 비로소 안도의 숨을 내쉬었다. 날이 밝아 괴물의 흔적을 따라가니 야나기사와에서 다카하시가와강을 내려가 히가시다쓰가와(東縱川)강을 따라 큰 띠를 끌고 간 것과 같이 한 줄기의 흔적이 지상에 남았다. 사람들이 비로소 예부터 야나기사와에 살던 호라가이가 이미 천 년을 살아 비바람을 일으키고는 바다로 들어갔다고 알았다. 지금의 야나기사와의 하치조 바위(八丈岩) 아래 구멍은 이 호라가이가 나간 흔적이라고 한다.

표현에 과장은 있지만 비바람·땅울림·토석류 등의 경험이 전설에 반영되어 있음을 알 수 있다. 그러한 재해는 해묵은 호라가이가 일으킨 것이라는 것은 다른 전설에서도 잘 알려져 있다.

한편, 아이치현 오카자키시(岡崎市)의 진후쿠지(真福寺) 절의 경내에도 '호라가이 굴(ホラ貝の穴)'이 있다(〈그림 6〉). 이 구멍에 대해서『이와

〈그림 6〉 호라가이 굴(오카자키시 진후쿠지 절)

즈초시(岩津町誌)』가 다음과 같이 적고 있다.[24]

옛날 이세의 바다에서 지하를 파 내려간 호라가이가 진후쿠지 절 경내
에서 7일 밤낮을 명동한 후에 하늘로 올라갔다고 하는 그 빠져나간 구멍
이 현재에도 존재하고 있어 마을 사람들이 호라가이라고 말한다. 이 호라
가이의 크기가 3말 7되[20]나 된다고 한다.

진후쿠지 절은 야하기가와(矢作川)강 동쪽 산속의 천태종 사원으로
본당 아래에 솟아나는 영천(靈泉)을 '미즈타이야쿠시(水体薬師)'라 칭하
고 이를 본존으로 모시고 있어 물과 인연이 깊은 사찰이다. 경내는 산

20) 약 30kg.

속 분지 형태의 땅에 있으며 남쪽 작은 능선 중턱에 '호라가이 굴'이 있다. 약해 보이는 화강암 절벽에 뚫린 구멍으로 높이 약 2m, 폭이 약 3m, 깊이는 4~5m 정도이다. 구멍 앞에 홈 모양의 움푹 파인 구덩이가 아래로 이어져 있어 구멍으로 올라가는 길로 되어 있다. 구멍은 파내 거나 해서 손을 댄 듯 생겼을 때 그대로는 아닌 것 같다.

'호라누케(法螺抜け)'라는 현상

이상과 같이 호라가이가 빠진 괴상함을 '호라누케'라고 부른다. 그러 나 현재 이 말을 듣는 경우는 거의 없다. 『일본 국어 대사전』에도 '호라 누케' 항목은 없고 지명 사전에서 검색해도 찾을 수 없다. 하지만 근세 히라도 번주(平戸藩主) 마쓰라 세이잔(松浦静山)[21]이 1821년부터 1841년 에 쓴 수필 『갓시야와(甲子夜話)』에는 다음과 같이 기술되어 있다.[*25]

> 또 세상에 호라누케라 하여 곳곳의 산속이 갑자기 진동하고 뇌우로 몹 시 캄캄한데 뭔가 나오는 것이 있다. 이를 땅속에 있던 호라가이라고 말 할 만하나 누구도 제대로 본 자가 없다.

이 밖에 근세 잣파이(雜俳)[22]에 용례가 있으며 연구자의 주석으로 필

---

21) 마쓰라 세이잔(松浦静山, 1760~1841): 에도시대 중, 후기의 다이묘(大名). 히젠국 (肥前国,)히라도번(平戸藩,)의 9대 번주. 은거 후에 집필한 에도시대 후기를 대표 하는 수필집 『갑자 야화』로 유명하다.
22) 잡다한 형식과 내용을 가진 유희적 하이카이(俳諧)의 총칭. 에도 중기에 유행하였다.

자가 알게 된 예를 몇 가지 들겠다.*26

　　고타쓰(こたつ)23)를 나오면 호라누케 굴(法螺ぬけの穴)(『하이카이케(俳諧韆)』,24) 1768~1831년경 간행)

　　질주전자가 찢어져 주름이 잡히는 호라누케(상동)

　　이웃 마을까지 호라누케 진흙(상동)

　　불타 풀 없는 호라누케 흔적(상동)

　　호라가이 난폭해진 이후 여름 마른 풀(상동)

　　산도 무너져 나오는 호라가이(『산반쓰즈키(三番続)』25) 1705년)

　　호라가이 빠져나와 새로운 계곡 (『하이카이키노하카키(俳諧木の葉かき)』1767년)

　　사흘 지나 나온 호라가이(『하이카이케』, 1848년 재간)

　'호라누케'라고 하지 않는 예도 들었지만 이러한 이변에 따른 현상으로 홍수, 토사 유출, 굉음 등이 있으며 특히 그 흔적이 구멍이나 골짜기가 된다고 한다.

　민속학자들도 '호라누케'라는 말을 받아들이고 있다. 1939년 정월 사와다 시로사쿠(沢田四郎作)가 효고현(兵庫県)·돗토리현(鳥取県) 경계의 도쿠라도오게(戸倉峠) 고개를 넘었을 때 산기슭의 도쿠라무라(戸倉村)(효고현[兵庫県] 시소시[宍粟市])에서 풍속이나 방언을 조사해 그것이 채

---

23) 숯불이나 전기 등의 열원(熱源) 위에 틀을 놓고 그 위로 이불을 덮게 된 난방 기구.

24) 잣파이집, 에도 중기~후기에 간행되었다.

25) 작자 미상의 잣파이집, 에도 중기에 간행되었다. 헤이안시대(平安時代, 794~1185) 후기의 진언종 승려 료코(良弘, 1141~?)가 편집을 맡았다.

방록(採訪錄)「도쿠라도오게 고개」에 기록되어 있다.[*27] 그 안에 이런 설명이 있었다.

> 호라누케산에서 물이 돌출해 나오는 곳, 이것은 옛날에 호라가이가 살다가 그것이 빠져나왔기 때문에 그 구멍에서 물이 나오는 것이라고 노인들은 말한다. 돌과 나무를 거칠게 무너뜨리다

비슷한 토사 붕괴를 역시 호라가이가 빠진 것으로 이해하고 있었던 것이다.

4. 호라가이와 류자(竜蛇)

오로치가 된 호라가이

신기하게도 이런 호라가이는 오로치가 된다고도 한다. 1927년『무로코히슈(牟婁口碑集)』는 와카야마현(和歌山県) 니시무로군(西牟婁郡) 시라하마초(白浜町)의 다음과 같은 전설을 게재한다.[*28]

> 옛날에 니시돈다무라(西富田村)의 큰 연못에서 호라가이가 나왔다. 신(申)의 해였던가 홍수 때 7일이나 지난 무렵 넘쳐흐르는 큰 물속에 검은 큰 것이 떠다니는 것을 보았다. 그러자 나중에 연못에 동굴이 나 있었다. 호라가이는 바다에 천 년, 강에 천 년, 산에 천 년, 이렇게 삼천 년의 수명을 유지하여 신통력을 얻고 오로치가 되어 껍데기를 빠져나오는 것으로 그 홍수 때 삼천 년 묵은 호라가이가 나왔다고 한다.

마침 1841년의 도산진(桃山
人)·다케하라 슌센사이(竹原春
泉斎)의 요괴 그림집『에혼햐쿠
모노가타리(絵本百物語)』가「숫
세호라(出世ほら)」라고 하는 그
림을 싣고 있어 확인하니 폭풍
우 속에서 용과 같은 생물이 조
개껍데기에서 얼굴을 내밀어 물
을 뿜으며 탁류를 내려가고 있
다(〈그림 7〉).

〈그림 7〉「숫세호라」
桃山人·竹原春泉斎『絵本百物語』

비슷한 표현은 1871년 7월 20
일 도쿄의 도칸야마(道灌山)산에
서 일어난 호라누케를 보도하는 가와라반에도 있어 껍데기를 빠져나와
승천해 먹구름 속에서 몸을 구불구불하게 하는 용과 같은 생물이 그려
져 있다.*29

호라가이 껍질 속에는 류자(竜蛇)26)와 같은 생물이 있다. 혹은 그런
것들이 사는 세계에 조개껍데기 속이 연결되어 있다. 그렇게 생각되었
음을 알 수 있는 그림이다.

26) 용과 뱀. 또한 그렇게 구불구불 굽은 것의 비유이다.

오로치와 함께 나타나는 호라가이

한편 근세 교토의 견문기『게쓰도 견문집(月堂見聞集)』을 보면 1728
년 기사 중에 이런 이야기가 있었다.[30]

6월 중순 고슈(江州) 이부키야마(伊吹山)산에서 오로치가 나와 호수에
들어갔으며 이에 호라가이가 제법 튀어나와 이부키야마 산기슭의 두, 세
마을이 무너졌다. 그 후 연일 비바람이 그치지 않아 물의 높이가 석 자
남짓, 마을 사람들이 마루 위로 올라갔다. 오른쪽은 이부키야마 산기슭의
토인(土人) 이야기이다.

고슈(시가현[滋賀県])의 이부키야마산에서 오로치가 호수로 들어가고
호라가이도 튀어나와 산기슭의 '거처(마을)'가 무너지고 비바람이 계속
되면서 물이 넘쳐났다. 그것을 '토인(그 지방 사람)'에게서 들었다지만
오로치와 호라가이가 함께 출현한 이야기는 다른 지역에도 있다.
『시부카와시지 제4권 민속편(渋川市誌 第四巻 民俗編)』에 의하면 군
마현 시부카와시 가와시마(川島)의 작은 구역의 가로수 지명에 다음과
같은 이야기가 전해진다.[31]

앞집 위쪽에 뱀이 나간 구멍. 칠일 밤낮으로 비가 계속 내리면서 산이
으르렁거리고 물이 뿜어져 나왔다. 이때 호라가이가 으르렁거리며 먼저
날아갔고 오로치가 그 뒤를 빠져나갔다고 한다.

2006년 3월 21일 현지를 조사하였는데 그 땅은 '자아나(ジャアナ)'라
고도 불리며 같은 옥호를 가진 집도 있다. 산기슭 길을 내려가면 작은
골짜기가 있고 안쪽에 돌로 둘러싼 세로 20cm, 가로 50cm 정도의 네

모난 굴이 있어 물이 솟아나고 있다.

한편, 『시부카와시지 제4권 민속편』은 시부카와시 한다(半田)의 다음과 같은 전설도 싣는다.

임오년(午年)의 홍수. 1870년 여름 어느 날 맑은 날씨였는데 갑자기 미즈사와야마(水沢山)산에 먹구름이 피어올라 폭우가 쏟아졌다. 다키사와가와(滝沢川)강이 대홍수가 나 강 건너에서 파종을 하던 한다의 백성들은 이틀째 집에 가지 못했다. 이때 미즈사와에 커다란 바위틈이 있었다. 이는 이 바위에 사는 호라가이가 큰물을 타고 바다로 나온 것이라고 전해진다.

이 지방의 호라누케는 1786년 『야마부키 일기(山吹日記)』에도 기록되어 있다.[32] 국학자 나사 가쓰다카(奈佐勝皐)[27]가 그해 4월 16일 에도를 떠나 기타간토(北関東)를 돌아 다음 달 23일에 돌아올 때까지의 기행인데, 5월 1일 이카호(伊香保)(시부카와시)의 미즈사와야마산에서 들은 것으로 이런 소동을 기록한다. 그에 따르면 미즈사와야마산 밑에 골짜기가 있는데, 최근에 계곡 전체가 울리며 물도 다 끊겼다. 이 이변에 대해 "호라가이가 모여 숨어 있다가 빠져나갈 기회를 엿본다고 사람들이 몹시 떠들어댈" 때 그 말을 들은 신코지(真光寺) 절의 대사가 대반야경을 전독(転読)했다. 그 법력 덕분인지 오늘날 계곡을 보니 물도 조금 솟아나고 두려움도 없어진 것 같다고 한다.

---

27) 나사 가쓰다카(奈佐勝皐, 1745~1799): 에도시대 중, 후기의 국학자. 하나와 호키이치(塙保己一)의 문하에서 배우다가 1793년 호키이치의 건의로 막부의 국학 연구소(和学講談所)의 초대 회장이 된다.

〈그림 8〉 숫돌
(시부카와시 시부카와대석)

〈그림 9〉 암돌
(시부카와시 오노 구로사와다니)

신코지 절은 시부카와시 나키초(並木町)에 있는 천태종 사원이다. 구로사와(黑沢)는 미즈사와야마산에서 흐르는 히라사와가와(平沢川)강의 한 지류인데, 여기에는 다음과 같은 흥미로운 전설도 있었다(〈그림 8〉·〈그림 9〉). 역시 『시부카와시지 제4권 민속편』에 실린 것이다.

숫돌(雄石) 시부카와 시립 미나미 초등학교(渋川市立南小学校) 교정 서남쪽 구석에 큰 돌이 있다. 사람들은 큰 돌 또는 숫돌이라고 불렀다. 옛날 구로사와 깊은 곳에 부부의 돌이 있었다. 어느 해 대홍수로 숫돌은 현재 있는 곳까지 떠내려왔고 암돌이 나오기를 이곳에서 기다리고 있다고 한다.

당시 매일 밤 암돌을 부르는 소리가 이 돌에서 들렸다. 마을 사람은 "홍수가 나면 곤란하다"고 두려워해 큰 돌 위에 농신(田の神)과 수신(水神) 님을 합사한 사당을 지었다. 그러고 나서 이 이상한 소리가 멈췄다고 한다.

암돌(雌石) 히라사와가와강 상류 구로사와 깊은 곳에 암돌이라 불리는 큰 돌이 있다. 예로부터 종종 산사태로 거세지는 히라사와가와강을 잠재우고자 시부카와무라 사람들은 신코지 절 승정에게 부탁하여 이 큰 돌 위에 구리가라부동명왕(くりから不動様)을 모셨다. 어신체는 부동명왕의 칼에 용이 감겨 있다. 이 돌은 하류에 있는 숫돌과 같은 석질의 부부석이다.

구로사와다니(黒沢谷)(시부카와[渋川]) 깊은 곳에 오로치가 서식하고 있어 마을 사람들을 덮치므로 어신체에 사신(蛇身)을 같이 모셨다고 한다. 그 후로 홍수도 나지 않고 계곡의 풀을 가르는 뱀 길도 볼 수 없게 되어 오로치를 본 사람은 없다고 전해진다.

2006년 3월 21일 이 돌들을 조사하였는데 암돌에 모셔진 높이 약 70cm의 구리가라부동존 석상(〈그림 10〉)의 뒤에 다음과 같은 명문이 있었다.

1786년
구리가라다이류오(俱利伽羅大龍王)
원주(願主) 시부카와 무라나카(渋川邑中)
석공(石工) 오다이헤(織田伊兵衛)
4월 길상일(吉祥日)

암돌의 전설에 의하면 신코지 절의 승정이 이 부동을 모셨다고 하는데, 1786년 4월은 『야마부키 일기』에 기록된 구로사와다니 계곡의 호라누케 소동 시기이다. 이 소동도 신코지 절 대사의 법력으로 다스려졌다고 하며, 이들은 같은 사건을 전한 것이라고 봐도 무방하다. 그

렇다면 여기서도 류자와 호라가이
는 같은 종류라는 생각이 있었던 셈
이다.

　이런 괴물들이 다량의 물과 함께
빠져나오는 세계. 즉 류자나 호라가
이가 오래도록 동거하는 듯한 대지
아래 물로 가득 찬 다른 세계. 그곳
이 어떤 곳이라고 여겨져 왔는가. 곰
곰이 생각해 보고 싶은 문제다. 천변
지이는 그러한 세계의 움직임에 의
해서 생긴다고 옛날 사람들은 상상
했던 것이다.[*33]

〈그림 10〉 암돌에 모셔진 구리가라부동존

〈부기〉

본 장은 天理大学考古学·民俗学研究室編, 『モノと図像から探る怪異·妖怪の世界』(勉誠
出版, 2015)에 게재된 졸고「大蛇と法螺貝と天変地異」를 정리·가필한 것이다. 이 논문은
『国際シンポジウム報告書 第四五集 怪異·妖怪文化の伝統と創造—ウチとソトの視点から
—』에 수록된 졸고「蛇抜けと法螺抜け—天変地異を起こす怪物—」(http://doi.org/10.150
55/00002165)에서 발췌하여 자료를 추가한 것으로 논지와 출처에 대한 자세한 내용은
여기를 참조하기 바란다.

원저자 주

*1　桑原藤泰著·足立鍬太郎校訂,『駿河記』上, [出版人] 加藤弘造, 1932.

*2　西村白鳥,『煙霞綺談』, 日本随筆大成編輯部編,『日本随筆大成』〈第一期〉4, 吉川弘文館, 1975.

*3　近畿大学文芸学部編,『本川根町 桑野山·沢間の民俗』, 近畿大学文芸学部, 2001.

*4　本川根町史編さん委員会編,『本川根町史 資料編三 近世二』, 本川根町, 2000.

*5　笹本正治,『蛇抜·異人·木霊―歴史災害と伝承―』, 岩田書院, 1994.

*6　日本国語大辞典第二版編集委員会·小学館国語辞典編集部編,『日本国語大辞典』第2版 第6巻, 小学館, 2001.

*7　静岡県編,『静岡県史 別編二 自然災害誌』, 静岡県, 1996.

*8　都丸十九一,『地名のはなし』, 煥乎堂, 1987.

*9　春日克夫,「阿仁町の地名について(1)」,『秋田地名研究年報』2, 1986.

*10　國學院大學民俗学研究会編,『民俗採訪』1963年度号, 國學院大學民俗学研究会, 1965.

*11　博文館編輯局編,『武将感状記』, 博文館, 1941.

*12　阿部正信編,『駿国雑志』自巻24上至巻30, 吉見書店, 1910.

*13　『가도카와 일본 지명 대사전(角川日本地名大辞典)』은 1978~1990년 간행.『일본 역사 지명 대계(日本歴史地名大系)』는 1979~2004년 간행.

*14　内務省地理局編,『新編武蔵風土記稿』巻之47, 内務省地理局, 1884.

*15　梶川武,『改訂東浦地名考』, 愛知県知多郡東浦町教育委員会, 1988.

*16　柳田國男,「鹿の耳」,『定本 柳田國男集』5, 筑摩書房, 1968.

*17　林羅山,『丙辰紀行』, 幸田露伴編,『文芸叢書 紀行文編』, 博文館, 1914.

*18　井原西鶴,『一目玉鉾』, 穎原退蔵ほか編,『定本西鶴全集』9, 中央公論社, 1951.

*19　柳田國男編,『山村生活の研究』, 民間伝承の会, 1938.

*20　桑原藤泰著·足立鍬太郎校訂,『駿河記』下, [出版人] 加藤弘造, 1932.

*21　中村高平著·橋本博校訂,『駿河志料』2, 歴史図書社, 1969.

*22　沼津市史編さん委員会編,『旧村地誌 金岡村誌 鷹根村誌 鷹根村沿革誌』, 沼津市教育委員会, 1996.

*23　原小学校編,『原町誌稿』, 静岡県立図書館蔵.

*24　加藤錫太郎編,『岩津町誌』, 岩津町役場, 1936.

*25　松浦静山著·中村幸彦·中野三敏校訂,『甲子夜話』2, 平凡社, 1977.

*26　鈴木勝忠·岩田秀行·室山三柳·八木敬一·渡辺信一郎,「『俳諧木の葉かき』輪講 17」,『季刊古川柳』49, 1986. 同,「『俳諧木の葉かき』輪講 18」,『季刊古川柳』51, 1986. 同,「『俳諧木の葉かき』輪講 21」,『季刊古川柳』59, 1988. 多田光,「『法螺抜』余説他」,『季

刊古川柳』73, 1982.

*27　沢田四郎作,「戸倉峠」,『山でのことを忘れたか』, 創元社, 1969.

*28　雑賀貞次郎,『牟婁口碑集』, 郷土研究社, 1927.

*29　자세한 사항은 齊藤純,「道灌山の法螺抜け─瓦版の怪異譚とその背景─」(『世間話研究』13, 2003). 동,「法螺貝の妖怪」(『怪』vol.0041, KADOKAWA, 2014).

*30　本島知辰,『月堂見聞集』下, 森銑三・北川博邦監修,『続日本随筆大成』別巻4, 近世風俗見聞集4, 吉川弘文館, 1982.

*31　渋川市市誌編さん委員会編,『渋川市誌 第四巻 民俗編』(渋川市, 1984). 또한 都丸十九一,「ホラのつく地名」(『地名のはなし』, 煥乎堂, 1987)도 참조.

*32　奈佐勝皐,『山吹日記』, 榛東村誌編さん室編,『榛東村誌』, 榛東村 所収, 1988.

*33　齊藤純,「法螺の怪─地震鯰と災害の民俗のために─」(筑波大学民俗学研究室編,『心意と信仰の民俗』, 吉川弘文館, 2001). 同,「法螺抜け伝承の考察─法螺と呪宝─」(『口承文藝研究』25, 2002). 同,「東京湾のヌシ この海, あの山はどのようにしてできているのか─」(小長谷有紀編,『昔ばなしで親しむ環境倫理─エコロジーの心を育む読み聞かせ─』, くろしお出版, 2009). 同,「災害と法螺貝─水のヌシの知らせ─」(『土木技術』75巻10号, 2020)을 참조하기 바란다.

제7장

오카모토 기도(岡本綺堂)와 역병

병력(病歷)과 작품

요코야마 야스코(橫山泰子)

들어가며

병약했던 오카모토 기도

역병으로 생명을 잃을 위험에 처했을 때 과거의 사람들은 어떻게 느끼고 행동했을까? 이 큰 문제에 대해 일본 대중문학 작가가 남긴 자료부터 접근해 보고 싶다. 대중문학 작가라고 해도 그 수는 매우 많기 때문에 헤이본샤(平凡社)『현대 대중문학 전집(現代大衆文学全集)』전 60권과 고단샤(講談社)『대중문학관(大衆文学館)』백 권에서 거론된 작가 중 반복적으로 역병에 관한 작품을 쓴 인물로 오카모토 기도(岡本綺堂, 1872~1939)[1]를 꼽는다.

---

1) 오카모토 기도(岡本綺堂, 1872~1939): 일본 괴담 문예의 아버지로 불리는 소설가 겸 가부키 극작가이다. 대표 저서에는 괴기와 탐정, 추리 등이 혼합된『유신전후(維

오카모토 기도는 희곡 작가로 알려진 한편『한시치 체포록(半七捕物帳)』등 대중적인 읽을거리(読み物)와 수필을 많이 썼고 일기와 서한도 남겼다. 오카모토 기도의 양자·오카모토 교이치(岡本経一)[2]는 "기도는 선천적으로 허약한 태생이었다"며, "연보를 봐도 항상 지병 때문에 괴로워하는 기재(記載)가 많고 특히 중년 이후에는 거의 일 년간 건강하게 지낸 적이 없다"고 말한다.[*1] 뇌빈혈, 위장병, 두통, 불면증, 신장병, 심장병을 차례차례 앓아 병이 잦았던 기도가 68세까지 살 수 있었던 이유를 오카모토 교이치는 "천성과 조심스러움 때문일 것이다"라고 한다.『오카모토 기도 일기(岡本綺堂日記)』에는 확실히 자신이나 가족의 병에 관한 기록이 많아 세세한 건강 관찰 모습을 알 수 있다. 병에 대해 조심스러웠던 그가 때로는 환자로서 때로는 환자의 가족으로서 쓴 일기는 과거의 사람들이 병에 어떻게 대처했는지를 현대인에게 알려준다.

또한 에도기의 자료를 잘 알고 있던 기도는 근대 의학의 혜택을 받지 못한 전근대 사람들이 비합리적인 자세로 질병을 들여다봤음을 잘 알고 있었다. 그래서 역병에 시달리는 사람들의 모습을 시대소설의 틀 안에서 허구로 그리는 재주를 갖고 있었다. 또 괴담을 애호했기 때문에 질병과 기이한 현상을 연결하는 작품도 썼다.

이상의 점에 주목하여 대중문화의 역병이라는 주제에 다가가기 위

新前後)』(1908), 『한시치 체포록(半七捕物帳)』(1917) 시리즈 등이 있다.

2) 오카모토 교이치(岡本経一, 1909~2010): 일본의 출판인. 세아도쇼보(青蛙堂書房) 창업자. 『오카모토 기도 일기』(1987년) 등 양아버지 오카모토 기도에 관한 자료의 편찬이나 출판 등을 다루었으며 문고판 등에서 기도 작품의 해설도 많이 하고 있다.

한 한 방안으로 기도를 거론하기로 한다. 그의 글은 메이지시대부터 쇼와시대를 살았던 대중문학 작가들이 병을 어떻게 해석하고 표현했는지를 아는 데 귀중하며, 당시 사람들이 병에 어떻게 대처했는지를 알려주는 자료로도 읽을 수 있다. 본 장에서는 특히 인플루엔자(유행성 감기)와 콜레라를 다룬 것을 살펴보고자 한다.

1. 오카모토 기도와 인플루엔자

애칭으로 불린 인플루엔자

질병으로서 인플루엔자는 862년에 유행한 기록이 있지만, '인플루엔자'라는 말이 일반화된 것은 전후이다.[*2] 이 병이 유행하자 에도시대 사람들은 애칭으로 불렀다. 1784년에 유행한 인플루엔자는 스모 선수의 이름(다니카제[谷風]), 1832년에는 류큐카제(琉球風) 등이다. 기도의 수필 「오소메카제(お染風)」는 1890년에 전세계적으로 유행했던 인플루엔자를 되돌아보고 있다.

> 이번 봄에는 독감이 유행했다.
> 일본에서 처음으로 이 병이 유행하기 시작한 것은 1890년 겨울로 1891년 봄에 이르러 더욱 창궐하였다. 우리는 그때 비로소 인플루엔자라는 병명을 알게 되었고, 그것은 프랑스 배에서 요코하마(横浜)로 들어온 것이라는 소문을 들었다. 그러나 그 당시에는 인플루엔자라고 부르지 않고 보통은 오소메카제(お染風)라고 했다.[*3]

이 증언에 의하면 1890년에 서민들은 '인플루엔자'라는 병명을 처음
알았지만 당시에는 아직 이전 시대풍의 '오소메카제'가 더 일반적이었
다. 그러나 '오소메카제'가 쓰인 다이쇼기에는 병명에 애칭을 붙이는
풍습은 이미 과거의 일이 되었음을 알 수 있다. 의학적 지식의 보급을
호소하는 「유행성 감기 조심(はやり風用心)」이라는 그림이 있는데, "원
명은 인플루엔자 INPRUENZA라고 하며, 근원은 외국으로부터의 수입
품"이라고 설명한다. 글에서는 전염력이 강하다는 점을 지적하며 의사
와 약국이 번창하는 한편 공중목욕탕이나 이발소에 손님이 오지 않는
상황을 그린다. 이상과 같은 상황은 시간이 지나면서 잊혀졌기 때문에
다이쇼시대 독자들을 위해 기도는 옛 풍습에 대해 설명하고 있다.

오소메(お染)란 가부키나 조루리(浄瑠璃)[3]로 알려진 여성의 이름(에
도 전기, 히사마쓰[久松]라고 하는 남성과 동반자살 사건을 일으켰다고 한다)이지
만, 기도는 "옛날 사람들의 해석은 아마 연정이라는 의미로 오소메가
히사마쓰에게 반한 것처럼 곧바로 감염된다고 하는 수수께끼인 것처
럼 여겨졌다. ······ 맹렬한 유행성을 가지고 왕왕 사람을 죽이는 이 무
서운 병에 대해서 특히 오소메라는 귀여운 이름을 붙인 것은 매우 재미
있다"라고 에도 토박이다운 발상에 주목하고 있다. 게다가,

1891년 2월, 내가 삼촌과 함께 무카이시마(向島)[4]의 우메야시키(梅屋
敷)[5]에 갔다. 바람이 없는 따뜻한 날이었다. 미메구리(三囲)의 둑 아래를

---

3) 줄거리가 있는 이야기에 가락을 붙이고 반주에 맞추어 낭독하는 음곡·극장 음악이
   다. 단순한 노래가 아니라 극중 인물의 대사와 몸짓, 연기 묘사도 포함해 말투가
   서사적인 힘을 갖는다.
4) 도쿄도(東京都) 스미다구(墨田区)의 지명.

걷고 있는데, 한 농가 앞에 열일곱, 여덟의 젊은 처녀가 하얀 수건을 쓰고 지금 막 쓴 '히사마쓰 부재(久松るす)'라는 종이패를 처마에 붙이고 있는 것을 보았다. 처마 옆에는 하얀 매화가 피어 있었다. 그 운치는 지금도 눈에 남아있다.

라고 인플루엔자 유행 시의 풍속을 기록한다. 오소메가 사랑하는 히사마쓰는 부재중으로 오소메카제가 집안에 침입하지 않도록 하는 주술이다. 그 풍경을 기도는 에도시대적인 운치가 넘치는 것으로 회고적으로 묘사한 뒤,

그 후에도 인플루엔자는 여러 차례 유행을 거듭했지만 오소메카제라는 이름은 한 번으로 끊기고 말았다. 하이칼라(ハイカラ)[6]인 히사마쓰에게 매혹되기에는 역시 외래어 표기인 인플루엔자가 더 잘 어울리는 것 같다고 아버지는 웃고 계셨다. 그리고 그 아버지도 1902년에 역시 인플루엔자로 죽었다.

라고 문장을 맺고 있다. 인플루엔자의 유행을 에도 토박이다운 멋쟁이 정신으로 대처하던 기도의 아버지는 바로 그 병으로 목숨을 잃었다고 한다. 중간까지 에도 도쿄의 풍속을 회고조로 적은 이 수필에서는 마지막 짧은 한 문장으로 인플루엔자의 무서움과 생명의 덧없음을 표현하고 있다.

---

5) 도쿄도(東京都) 오타구(大田区) 가마타(蒲田) 부근. 우메야시키라는 지명은 감기 약 판매와 매화 꽃구경으로 유명한 상가가 존재한 데서 유래했다.
6) 서양풍의 옷차림이나 생활양식을 좇거나, 유행을 따라 멋 부림.

근친자의 병사

아버지 오카모토 준(岡本純)은 1902년 3월 말에 병에 걸려 폐렴을 일으킨 탓에 4월 7일 69세의 나이로 세상을 떠났다. 기도는 당시 서른한 살로 수필 「아버지의 무덤(父の墓)」*4에서는 "뜻밖에 지금 다시 아버지에게 버림받아 어두운 밤에 등불을 잃는 슬픔이 오다니"라며 아버지의 죽음을 슬퍼하고 탄식하는 글을 썼고, 그래서인지 두 달간 위장병에 시달렸다. 기도 본인의 병력을 「오카모토 기도 연보(岡本綺堂年譜)」*5에서 추적해 보면, '감기(感冒)'라는 문자가 1917년, 1919년, 1920년, 1921년, 1926년, 1928년, 1934년, 1936년, 1937년, 1938년 항목에 보인다. 다이쇼기 스페인 인플루엔자(스페인 독감)의 세계적 대유행기에는 1919년 1월 19일부터 40도 이상의 발열로 몸겨누웠다. 제국극장(帝国劇場)[7]의 촉탁을 받아 구미의 연극계 시찰에 나설 준비 중에 발병하여 "한때는 출발을 연기해야 할까봐 걱정스러웠지만 2월 18일부터 애써 일어나 제반 준비를 갖추고", 예정대로 2월 27일 출발했다.

「연보」에 따르면 1920년 1월에는 "유행성 감기가 계속되어 약 한 달간 몸겨누웠고", 10월 조카 에이치(英一)가 18세의 나이로 병사하였다. 일곱 살 때부터 기도의 손에서 자란 에이치는 도쿄미술학교(東京美術学校)[8] 입학을 위해 가와바타미술학교(川端画学校)[9]에 다니기 시작한 지

---

7) 도쿄도 지요다구(千代田区)에 있는 프로시니엄 형식의 극장이다. 1911년 3월 1일 개장하였고 도호(東宝)가 운영하고 있다.

8) 1887년 도쿄에 설립된 관립 미술 전문학교로 도쿄예술대학(東京藝術大学) 미술학부의 전신이 되었다.

9) 1909년 도쿄도 고이시카와(小石川)에 설립된 사립 미술 학교로 창설자는 화가 가와바타 교쿠쇼(川端玉章, 1842~1913). 태평양전쟁 중 폐교되기까지 저명한 화가 등

얼마 되지 않았다. 기도는 「삼촌과 조카와(叔父と甥と)」에서 그를 잃은 슬픔을 상세히 적는다.[*6] "사소한 감기가 큰 화근을 만들고 한여름에 3개월 남짓 앓아누웠다가 가을이 무르익을 무렵에 결국 헛되이 되었다"라고 쓰여 있어 에이치의 사인도 인플루엔자였을 가능성이 있다. 에이치는 6월 하순부터 늑막염(현재는 흉막염이라고 불린다. 폐의 표면을 덮는 흉막에 염증이 생긴다)을 일으켜 7월 말에 "폐에 고장이 있다"는 진단을 받고 10월 9일에 사망했다.

> 18일 에이치의 책상 책장을 정리했다. 그러다 만 밑그림 등을 발견하여 또다시 눈물을 자아낸다. 유품으로 그 둘 셋을 꺼내 들고 나머지는 찢어 마당으로 가져와서 눈물의 씨를 모조리 태운다.
> 　그러모아 피우자 베니에(紅絵)[10]의 흩어진 단풍
> 19일 정원의 나무에 매미가 멈춰서는 움직이지 않는 것을 보았다. 시험 삼아 손을 대자 바사삭 소리를 내며 땅에 떨어졌다. 이미 껍데기가 되었다고 생각하니 에이치의 죽음이 또다시 슬퍼진다.
> 　땅에 떨어져 껍데기가 된 가을 매미

더욱이 무엇을 해도 에이치의 죽음이 괴로워 "나는 오늘까지 불행에도 마주치지 않고 만사 순조롭게 지나가 일신의 행운을 자랑하였으나 뜻밖에 에이치의 죽음으로 무한한 고통을 겪게 되었다"고도 썼다.

을 많이 배출했다.
10) 우키요에(浮世絵, 17세기에서 20세기 초 일본 에도시대에 성립한 당대 사람들의 일상생활이나 풍경, 풍물 등 그린 풍속화) 판화의 일종으로 주홍, 초록, 노랑의 단순 색으로 박아낸 것.

기도의 제자도 에이치의 병을 걱정하고 있었다. 문하생 오무라 가요코(大村嘉代子, 극작가)[11]에게 보낸 편지[*7]에는 "에이치도 그 후 역시 순조롭지 못하고"(9월 4일), "에이치의 병에 대하여 여러모로 염려해 주어 매우 감사드립니다. 사촌 동생의 편지를 받아 일단 본인에게 몇 번이고 말해주려고 했으나 그는 다소 제멋대로여서 역시 그것을 장려하자조금 의문이 있는 터인데, 가능한 한 주의해서 시도하라고 말하겠습니다."(9월 17일)라고 적혀 있다. 오무라의 사촌동생 도쿠조(得三)가 에이치에게 육식요법을 권한 것 같은데 그 보람도 없이 에이치가 죽었고 걱정하던 도쿠조로부터 기도 앞으로 서면이 도착했다. 기도는 10월 22일 오무라에게 보낸 서한에서 에이치는 가르쳐준 대로 식이요법을 할수 없었다는 것과 에이치의 죽음과 육식요법과는 관계가 없으므로 걱정하지 말라고 거듭 말했다. 이 식이요법이 구체적으로 어떤 것이었는지는 알 수 없지만 육식이 약으로 여겨지던 시절을 방불케 한다.

「오카모토 기도 연보」의 1921년 3월 부분을 보면 "유행성 감기로 약 1개월간 몸져누움. 병이 나은 지 얼마 되지 않아 또 중이염을 유발해 4월부터 6주여 만에 서서히 낫는다"고 되어 있는데, 중이염은 코나 목에 묻은 세균이 이관(耳管)에서 중이강(中耳腔)으로 감염되면서 생기는 병으로 인플루엔자 감염도 발병 원인이 되기 쉽다. 인플루엔자와 중이염 때문에 1923년은 1개월, 1926년은 2개월, 1928년에 2개월 기도는거듭 시달린다.

---

11) 오무라 가요코(大村嘉代子, 1884~1953): 다이쇼, 쇼와시대의 극작가로 오카모토 기도에게 사사하여 1920년 「미다레 곤파루(みだれ金春)」로 평가를 받는다.

소설에서 다룬 인플루엔자

이처럼 인플루엔자는 기도 본인에게도 가족에게도 고통을 주는 병이었다. 읽을거리에서 인플루엔자가 취급된 예로 괴기담「옆방 목소리 (隣座敷の声)」가 있다.[*8] S군은 여관 옆방에서 '아빠', '엄마'라는 슬픈 목소리 때문에 잠을 이루지 못했다. 옆방에는 외교관 아내와 딸, 그리고 하녀가 묵고 있었다. 하녀에 따르면 그들 집의 막내딸은 유럽제 장난감 인형을 매우 소중히 여겼다. 인형에 장식되어 있던 소리를 내는 장치가 고장 나 버렸기 때문에 인형은 수리를 위해 유럽으로 보내졌다. 소녀는 유행성 감기에 걸려 일주일 정도로 죽었다. "인형은 아직 도착하지 않았냐"고 되풀이하고는 인형 흉내를 내며 '아빠', '엄마'를 외치다 목숨을 잃은 것이었다. 집에 도착한 인형은 딸의 유품으로 보존되었다. 우울해진 어머니를 위해 인형을 들고 큰딸, 하녀와 함께 하코네 (箱根)[12]로 요양을 떠나 S군 옆에 묵고 있었던 것이다.

S군이 '아빠', '엄마'라는 소리가 들렸다고 하자 하녀는,

갑자기 목소리를 높여 그것이 정말이냐고 몇 번이나 확인한 다음 실은 도쿄에 있을 때에도 사모님이 밤새 속삭이는 소리를 들었다고 말씀하셨습니다만, 그것은 신경 때문일 것이라고 해서 아무도 믿지 않았습니다. 그럼 역시 진실일까요 라고 말한다. 아무것도 모르는 내가 우연히 들었으니 아마 신경 때문만은 아닐 거라고 했더니, 하녀는 결국 시퍼렇게 변해 그 인형에 죽은 아가씨의 영혼이 남아있는 것일까요 라고 말한다. 그런 어려운 문제가 되면 나도 대답하기 곤란하지만 만약 이 인형이 자연스럽

---

12) 일본 가나가와현(神奈川県) 남서부 내륙에 위치한 온천으로 유명한 관광 휴양지이다.

게 목소리를 냈다면 꽤나 생각해야 할 일이다.

그 후 일행은 다른 곳으로 옮겨 목소리의 수수께끼는 모른 채 있었지만 그 어머니는 이후 병사했다고 한다. 병사한 소녀의 영혼이 인형에 남았는지 아닌지 진상은 밝혀지지 않았다. 수수께끼가 수수께끼로 남는 것은 기도가 좋아했던 괴담의 패턴이다. 기도는 인형을 좋아했고 인형을 다룬 작품을 그 외에도 썼는데, 그의 인형 취미와 괴담 취미가 이 작품에 고스란히 담겨 있는 것으로 보인다. 그리고 조카가 갑자기 세상을 떠난 이듬해 「옆방 목소리」가 쓰인 것으로 보아 당시 작자의 괴로운 심정이 이 작품에 반영되어 있다고도 생각된다.

또 하나 감기로 등장인물이 목숨을 잃는 예로 짤막한 글 「괴담 콩트(怪談コント) / 조선 아버지(朝鮮の父)」를 보자.[*9] 조선인 남성 S가 감기로 폐렴을 일으켜 임신한 아내(일본인 여성·오키요[お淸])에게 "남자아이가 태어나면 키워 줘. 여자아이라면 데리러 가겠소"라고 말하고 죽는다. 오키요가 출산한 여자아이는 열여섯 살 때 아버지와 같은 병에 걸려 귀신을 보고 죽는다. 이 작품에서도 딸의 죽음이 과거의 인연인지 우연인지는 밝혀지지 않는다. 화자 M과 청자는 쌍방 모두가 납득할 만한 설명을 하지 못하는 것이다.

부녀가 같은 병으로 죽은 것은 물론 우연의 일치라 하더라도 어머니 외에는 알지 못할 비밀을 딸이 어떻게 알고 있었는가. 그것도 모두 단지 우연의 일치인가. (중략)

M은 나를 향해 말했다.

"(중략) 당신이라면 그것이 우연의 일치가 아니라는 것을 알 수 있을 것입니다."

나도 확실한 대답은 하지 못했다.

기도는 "지금까지 우리나라 괴담은 너무 앞뒤가 맞지 않는다"며 "괴담이란 것은 이치를 알 수 없는 데에 굉장한 맛도 있고 흥미도 있지 않겠느냐"는 괴담론을 폈다.[*10] 「옆방 목소리」나 「조선 아버지」에서 이상한 현상을 그대로 둔 채 아무런 설명을 하지 않는 데서 기도스러움이 엿보인다.

그런데 1938년 오카모토 기도 본인은 감기 때문에 식욕 부진, 불면에 괴로워하다가 한때 차도가 있었지만 재발하여 기관지염을 병발해 심장 쇠약이 된다. 감기가 악화되어 열이 나고 기관지염을 일으켜 면회가 불가능하게 되고 이듬해에야 간신히 차도가 있었지만, 1939년 3월 1일 조용히 사망하였다. 죽음의 원인이 '만성이 된 감기'였다고 하니 자신의 아버지와 같은 사인이었을 가능성은 없는 것일까.

2. 오카모토 기도와 콜레라

제삼자의 시점에서 그리다

오카모토 기도의 작품 중 자주 소재가 되고 있는 것은 콜레라(맥없이 죽는다고하여 '고로리[コロリ]'라고도 함)이다. 갑작스러운 심한 설사와 탈수를 초래하는 치사율이 높은 질병으로 우려됐다. 콜레라는 유럽인이 인도에 진출한 뒤 세계로 퍼졌다. 일본에서도 유행했지만 서양의학의

도입, 치료법 개발, 방역체제 강화가 권장되면서 대유행으로 인한 참
사는 일어나지 않게 되었다. 자료를 보면 기도와 가족이 콜레라에 감
염된 흔적은 없다. 그래서인지 기도는 작품에 반복적으로 콜레라를 소
재로 하고 있지만 투병이나 간호의 고통과 같은 당사자적인 시점에서
쓰지는 않는다. 오히려 "에도 도쿄 사람들을 공포에 떨게 한 역사적
사건"으로 제삼자적으로 콜레라를 다루고 있다.

예를 들면 1918년의 「별저의 비밀(下屋敷の秘密)」*11을 보자. 이 작품
에서는 화자인 여성(나)이 1858년의 콜레라 유행 시의 추억을 이야기한
다. 1842년생의 여성으로 당시 17세, 고이시카와(小石川) 스가모초(巣
鴨町)의 "오쿠보 시키부 차관님(大久保式部少輔様)의 저택에 봉공"에 올
라있었다고 한다. 콜레라 유행을 두려워한 '사모님'은 조시가야(雑司ヶ
谷)13)의 별저로 옮겼다. '나'는 함께 별저로 이동했는데 어느 날 '사모
님'이 젊은 가부키 배우·이치카와 데루노스케(市川照之助)를 만나고
싶다고 상담해 온다. 데루노스케와 춤 동문이었던 '나'는 옛 스승 반도
쇼간(阪東小瓶)에게 부탁해 데루노스케를 저택으로 불러들인다. 비밀
은 드러나고 숨어든 데루노스케는 사무라이들에게 붙잡혀 큰 궤에 간
혀 광 깊숙이 가둬져 버렸다. 그 후 부모에게 돌아간 '나'는 자신의 죄
를 뉘우치고 연극 구경을 그만두었다.

그로부터 3년 정도 후에 나는 귀자모신(鬼子母神)14)을 참배하러 가는

13) 도쿄도 도시마구(豊島区)의 지역으로 이름의 유래가 되기도 하는 호묘지(法明寺)
절의 귀자모신당(鬼子母神堂)이 이곳에 있다.
14) 불교의 여신으로 순산, 유아 보호 등의 소원을 들어준다고 한다.

김에 별저 근처까지 살짝 가보니 저택은 전보다 더 황폐해진 것 같았으나, 두 채의 광은 옛날 그대로 크게 솟아 있고 낡은 기와 위에 까마귀가 추운 듯 나부끼고 있었습니다. 그 광의 궤 밑바닥에 아름다운 가부키 배우가 하얀 뼈가 되어 누워 있을 것을 생각하자 나는 소름이 끼쳐 도망쳤습니다.

라고 이야기는 끝납니다.

자숙이 욕망을 가속시키다

「별저의 비밀」에서는 병과 직접 싸우는 사람들의 모습은 그려지지 않는 대신 역병이 유행할 때 인간의 욕망이 분출되는 모습이 그려진다. '나'에 의하면 콜레라의 유행이 심했던 것은 주로 시타마치(下町)[15]이며, "야메노테(山の手) 쪽에는 상대적으로 환자도 적었기 때문에 저택 근무인 우리는 단지 그 무서운 소문을 들었을 뿐 그렇게 무서워할 만한 일도 없었습니다"라고 한다. 『부코 연표(武江年表)』[16]에는 당시의 모습을 "유행병이 시작되어 시바(芝)의 해변, 뎃포즈(鉄砲洲), 쓰쿠다지마(佃島), 레이간지마(霊巌島)[17] 부근에서 시작해 집집마다 이 병환에 걸

---

15) 건폐율이 높은 작은 가옥들이 밀집되어 서민적이고 투박한 기질을 지닌 주민들의 거주구 등을 가리킨다. 에도시대 초기 저지대에 마을이 형성되었기 때문에 지리적 고저차와 사회적 구분에 상관관계를 엿볼 수 있었다. 대의어는 도쿄의 야마노테(山の手)이다.

16) 사이토 겟신(斎藤月岑, 1804~1878)이 저술한 에도 도쿄의 지지(地誌).

17) 이들은 모두 도쿄의 지역이다.

렸다", "8월 초부터 점차 심해져 에도 전체는 물론 근처 시골에까지 퍼져서는 곧 멈추고 바로 끝났다"라고 쓰여 있다.[*12] 1858년 7월 에도 시타마치에서 시작된 콜레라의 유행이 점점 야마노테에도 퍼졌다는 사실을 반영해「별저의 비밀」에서도 8월 말에 '사모님'이 집을 옮긴 것으로 되어 있다.

화자는 본저(上屋敷)보다 별저가 더 쓸쓸한 반면 일은 마음이 편해서 "콜레라 소문을 듣지 않는 것만으로도 마음이 좋습니다"라고 말하고 있다. 그러나 동시에 "지금 와서 생각하면 이 별저로 옮기게 된 것도 콜레라 때문만은 아니었을지도 모릅니다"라고 말한다. 원래 남편과의 관계에 불만을 갖고 있던, 연극을 좋아하는 '사모님'에게는 배우와 밀회하고 싶은 욕망이 있어 우연히 병이 유행한 것을 표면적인 이유로 남의 눈에 잘 띄지 않는 곳으로 옮기려 했음을 암시한다. 쇼간도 무가의 부인이 내놓은 거금을 보고 욕심을 냈고, 데루노스케도 금전욕 때문에 저택으로 숨어든 것이다. 콜레라의 유행 때문에 "그 대단한 에도도 한때는 불이 꺼진 듯 쓸쓸해"져 있었다는, 악화된 도시의 경제 상황 하에 오락에 종사하는 사람들의 금전욕이 이 사건의 배경에 있다. 즉, 역병이라는 비상사태가 억압받던 사람들의 욕심을 자극하고 인간관계를 격변시켜 버린다는 점을「별저의 비밀」은 표현한 것이다.

이 작품은 구 막부시대 이야기이지만 작품이 발표될 당시에는 안세이(安政)[18]의 콜레라를 경험한 노인들은 아직 건재했다. 기도의 어머니 기노(幾野)(시바노초[芝の町] 가문에서 태어나 무가 저택에서 일한 경험이 있다)

---

18) 일본의 연호 중 하나도 고메이 천황(孝明天皇)의 재위 시기인 1854~1859년을 의미한다.

가 77세에 사망한 것은 4년 후인 1922년이다. 「별저의 비밀」의 '나'와 기노는 거의 동세대로, 실증은 어렵지만 어머니의 젊은 시절 경험이 「별저」에 반영되었을 가능성은 있을 것이다. 작자 자신이 「별저의 비밀」에 애착이 있었던 듯하고 간토 대진재(関東大震災)[19] 후의 단편 연작집 『미우라 노인 옛이야기(三浦老人昔話)』에 「별저의 비밀」을 「별저」라는 제목으로 가필, 수정하였다. 초출 때는 등장인물이 '고이시카와 스가모초'에서 '조시가야'로 옮긴다고 했는데, '메구로(目黑)'로 옮겨간 것으로 되었다. 뭔가 차질이 있었는지 배우가 궤 속에서 살해당한 장소, 즉 '살인 현장'이 변경되었다. 수정 후의 「별저」에서는 "옛 다이묘(大名)[20]나 하타모토(旗本)[21]의 별저에는 여러 가지 비밀이 있었어요"라고 하는 대사가 더해져 작품이 회고조로 정리되어 있다.

인간 동정을 그리는 「노란 종이(黄い紙)」

다음으로 메이지시대의 콜레라에 대해 다룬 「노란 종이」[*13]를 다루고자 한다. 이 작품은 1868년생 여성이 화자가 되어

---

19) 1923년 9월 1일 일본 도쿄도 등을 포함한 미나미간토 지역을 중심으로 일어난 해구형 지진으로 인한 지진 피해(대진재)를 가리킨다.

20) 10세기에서 19세기에 걸쳐 일본 각 지방의 영토를 다스리며 권력을 누렸던 영주를 말한다. 다양한 계급의 변천사가 있었으나 대체적으로 쇼군 바로 아래의 높은 지위를 가지고 있었다.

21) 원래는 전장에서 쇼군을 호위하는 무사단을 가리킨다. 일반적으로는 에도시대 도쿠가와 쇼군가 직속 가신 중 녹봉 1만 석 미만이면서 의식 등에서 쇼군이 출석하였을 때 참석하여 알현이 가능한 무사의 신분을 가리킨다.

　최근에 콜레라 같은 것이 좀처럼 유행하지 않게 된 것은 정말 다행입니다. 비록 유행했다고 해도 예방도 소독도 빈틈이 없기 때문에 한 번의 유행 기간에 100명, 200명의 환자가 나오는 것이 고작입니다. 하지만 예전에는 그리 간단히 말할 수 없었습니다. 안세이시대의 대콜레라(大コレラ)라는 것은 어땠습니까. 남의 이야기로 듣기만 해서 잘 모릅니다만 메이지시대에 와서는 1886년 콜레라가 가장 심했다고 합니다. 나는 1868년생으로 마침 19살의 여름이었기에 그 무렵의 일은 잘 알고 있습니다만, 그때의 유행은 심해서 도쿄 시내에서만 하루에 150명이나 200명이나 되는 환자가 속속 나오는 상황이어서 매우 무서운 일이었습니다.

라고 말하기 시작한다. 도쿄 중앙부에서 신주쿠(新宿) 반슈초(番衆町)로 이사했다고 하는 화자의 설정은 1872년생으로 간토 대지진 이후에 오쿠보(大久保)로 이사한 기도와 비슷하고 풍경 묘사 등은 작자의 생활 실감이 반영되어 있다고 생각된다.

　신주쿠 반슈초는 '완전한 시골'로 '정말이지 쓸쓸한 곳'이었다. 하녀인 오토미(お冨)가 근처의 이다(飯田) 씨 부인이 콜레라에 걸리고 싶어 한다고 한다. 당시 튀김이나 회 등을 먹으면 콜레라에 걸린다고 알려져 있었는데, 그녀는 위험하다고 하는 음식을 일부러 먹고 있는 것 같다. 며칠 뒤 우연히 만난 그녀는 '잠깐 사이 눈에 띄게 야위어' 있었다. 콜레라 유행이 계속되는 가운데 부인은 오소리를 낫으로 죽이는 등 불온한 행위를 하여 주위를 걱정시켰는데, 결국 정말 콜레라에 걸려 그날 죽었다. 당시에는 노란 종이에 콜레라라고 적어 환자 집 대문에 붙이도록 되어 있었는데 환자는 종이를 두 장 준비해 한 장은 자기 집에, 다른 한 장은 야나기바시(柳橋)[22] 기생집에 붙여 달라고 경찰에 부탁했

다. 경찰 조사 결과 해당 야나기바시의 게이샤(芸者)[23] 역시 이날 콜레라에 걸려 숨진 것으로 알려졌다. 부인은 원래 야나기바시 기생으로 어느 관원의 첩이 되었다. 관원들이 자기 여동생뻘 되는 사람에게 마음을 움직인 데에 질투가 나서 "차라리 콜레라라도 걸려 죽고 싶다"는 생각을 하고 있었던 것이다. 이후 이다의 집에는 유령이 나온다는 수상한 소문이 퍼졌고 그 후 이사 온 사람들은 차례로 죽음을 맞는다.

이 작품에서도 환자가 있는 집 인근 주민들의 이야기라는 스타일로 콜레라 유행 시 사람들의 동정이 표현된다. 부인이 이야기의 주인공이긴 하지만, 병을 두려워하는 일반 시민들의 일상이 그려져 있는 점도 흥미롭다. 화자는 걱정하며 콜레라에 걸려 죽으려는 여성의 심리를 이러쿵저러쿵 추측하고 어머니는 "저 집에서 콜레라 따위가 시작되면 동네에 민폐다"라고 말하며 전직 의사였던 아버지는 냉철한 반응을 보인다.

9월이 되어도 콜레라는 좀처럼 끝나지 않았기 때문에 대부분의 학교는 9월 1일부터의 수업 시작을 당분간 연기해야 하는 형편이었습니다. 게다가 지금까지는 야마노테 방면에는 비교적 적었던 콜레라 환자가 점점 늘어나 요쓰야(四谷)에서 신주쿠 쪽에도 노란 종이를 붙인 집이 눈에 띄기 시작했습니다. 그 당시에는 콜레라 환자가 나온 집에는 마치 셋집임을 표

<hr>

22) 도쿄도 다이토구(台東区) 지역. 명칭은 간다가와(神田川)강과 스미다가와(隅田川)강의 합류점 근처에 '야나기바시'라고 하는 다리가 있었던 데서 연유하였다.
23) 전통음악 연주, 무용 공연, 시 짓기 같은 예능에 종사하는 일본의 기생이다. 원래 게이샤는 남성 예능인을 가리키는 말이었지만, 메이지시대 이후로는 남녀를 가리지 않고 사용되기 시작했다.

시하는 패와 같은 형태로 노란 종이를 붙이기로 되어 있었기 때문에 길을 걷다가 노란 종이가 붙어 있는 집 앞을 지나는 것은 참으로 꺼림칙한 기분이었습니다. 그런 이유로 무서운 콜레라가 점점 눈과 코 사이로 몰려들었기 때문에 마음이 약한 우리는 정말이지 겁이 나서 빨리 추워졌으면 좋겠다고, 그저 그것만을 바라고 있었습니다.

자신의 주변에서 콜레라 환자가 조금씩 증가하는 것을 알고 불안한 나날을 보내는 화자와 주위 여자들의 모습이 그려진다. 이다의 부인이 콜레라에 걸리자 어떤 일이 일어났는가. "좁은 골목 입구에는 많은 사람들이 모여 떠들고 있었으며 석탄산(필자주: 소독약) 냄새가 눈에 사무치는 것 같습니다. 환자는 격리 병원에 보내지는 듯 노란 종이 깃발을 꽂은 이송 침대도 와 있었습니다.", "교통 차단이니 소독이니 해서 이웃에 큰 폐를 끼쳤습니다." "이웃으로부터 심한 원망과 미움을 받기도 했습니다."

제삼자가 말하는 기묘한 현실미

「별저의 비밀」과 「노란 종이」는 생활에 어려움을 겪지 않는 고독한 여성을 중심으로 한다는 점에서 공통적이다. 남편과 사이가 먼 '사모님'도 관원이 자기 곁에 오지 않게 된 것을 원망하는 '부인'도 콜레라 유행이라는 비상상황에 처해져, 전자는 배우와 밀회를 꾸미고 후자는 스스로 콜레라에 감염되는 일탈행위로 치닫는다. 일탈한 여성의 행위가 또 다른 여성의 시각에서 회자되고 있기 때문에 독자는 어디까지나 화자의 추억담에서 과거 콜레라 유행 시의 모습을 추측할 수밖에 없다.

그러나 그렇기 때문에 과거의 에도 도쿄에서 일어난 아무도 모르는 비화를 관계자로부터 직접 듣고 있다고 하는, 기묘한 현실미가 독자에게 주어지는 것이다.

현실성이라고 하면 오카모토 기도가 「노란 종이」를 집필하고 있던 바로 그때, 도쿄에서 콜레라 환자가 나왔다는 점을 언급하고 싶다. 『오카모토 기도 일기』*14 1925년 9월 7일자에 "신문을 보니 도쿄에도 2명의 콜레라 환자가 발생했다고 한다"라고 쓰여 있다. 다음 날인 9월 8일에는 "신문을 보니 콜레라가 점점 더 유행하는 것 같다", 9월 10일에는 "신문을 보니 시내 콜레라 환자는 점점 증가하는 것 같다"고 되어 있다. 실제로 같은 해 『도쿄니치니치신문(東京日日新聞)』[24]의 9월 7일(도쿄 조간[東京朝刊])에는 "시바구(芝区) 환자에게 콜레라 의심 위협받는 수도 각지에 속출" 등의 기사가 있다. 요코하마에서는 이미 환자가 나와 사망자도 9명에 이른 것으로 알려졌으며 콜레라를 두려워한 사람들이 생선을 사지 않자 생선가게 주인이 비관해 자살한 기사도 있다.

9월 8일 신문(〈그림 1〉)에서는 "시내의 모든 초등학생에게 예방주사를 각 가정에도 대경계 선전", "소년 소녀 머릿속에 비친 콜레라의 모습" 등 콜레라 관련 기사가 있었고, 9월 9일(도쿄 조간)에는 "환자 한 명에 천 엔 콜레라 퇴치 비용", "각지의 환자", "콜레라에 걸려 살아난 사람 이야기", 9월 10일(도쿄 조간)에는 "상과대(商大) 요리장 부인 콜레라 의심", "시바에 진성 환자 또 한 명 발생", "전차에서 발병", "시타야(下谷)에도 의심 환자" 등 지면에 콜레라 관련 기사가 증가하고 있다. 이러한

---

24) 메이지 유신(明治維新) 후 도쿄에서 발행하기 시작한 최초의 근대신문이자 도쿄에서 현존하는 가장 오래된 일간신문의 원류이다. 1872~1943년 동안 발행.

〈그림 1〉『도쿄니치니치신문』1925년 9월 8일 도쿄 조간

보도를 접하고 기도는 일기에 "점점 유행", "점점 증가"라고 쓴 것이다.

『기도 일기』의 9월 12일에 "「고락(苦樂)」 원고를 쓰기 시작한다"라고 기록되어 이날부터 「노란 종이」의 집필을 시작해 9월 13일에 "고락 원고를 계속 쓴다. 오후 2시쯤까지 13장, 총 22장. 제목은 「노란 종이」라고 한다"고 하여 이틀 만에 완성했음을 알 수 있다. 『일기』9월 13일에는 또한 "고지마치 초등학교(麴町 小学校)에서 콜레라 예방주사를 시행한다고 하니 모리베(森部, 필자주·서생, 후에 기도의 양자, 오카모토 교이치가 된다)는 그 주사를 맞고 왔다. 하녀들은 겁에 질려 가지 않았다. 해가 저물어도 바람이 없다. 이렇게 늦더위가 심하니 콜레라도 자연스레 유행하는 것이다. 시내 환자는 점점 증가할 것이다"라고 쓰여 있다. 즉 메이지시대의 콜레라를 다룬 「노란 종이」는 1925년에 실제로 콜레라 환자가 발생하던 중에 쓰인 것이다. 이를 염두에 두고 「노란 종이」를 읽으면 화자의 "최근에는 콜레라가 유행해도 예방도 소독도 가능하다"는 말은 사람들의 실제 생활 그 자체임을 알 수 있다.

시대 설정의 궁리

1925년의 『도쿄니치니치신문』지면을 보면 콜레라 대책으로서 위장약 광고(9월 7일 도쿄 조간)나 잡지 『고락』의 광고(〈그림 2〉·「노란 종이」라는 글자가 보인다)가 콜레라 뉴스와 함께 게재되고 있었다. 기도는 원래 도쿄니치니치신문의 기자였다. 그의 저널리스틱한 감각이 작품 집필 때도 작용해 콜레라가 발생하고 있을 때 콜레라를 소재로 한 역사적인 읽을거리를 쓰겠다는 생각이 들었을 것이다. 현실적인 위협을 소재로 한 읽을거리는 독자의 흥미를 끌기 쉽지만 그만큼 강한 불안감도 줄 수 있다. 그래서 설정을 과거의 메이지시대로 하여 이야기 전체의 인상을 누그러뜨리고 있다. 화제의 콜레라를 소재로 하면서 적당히 자극적인 읽을거리로 만들고 있는 점이 흥미롭다.

〈그림 2〉『도쿄니치니치신문』 1925년 11월 6일 도쿄 조간

1922년 기도는 콜레라 예방접종을 받았다. 10월 10일의 오무라 가요 코에게 보낸 서한에서 "콜레라에는 손을 들어 소생도 어제 아침 주사

를 맞았습니다. 아무리 음식에 주의하려고 해도 먹을 수 없어 참으로 곤란합니다", "주사를 맞으면 죽지 않는다는 것뿐이지 역시 콜레라에 걸리지 않는다고는 할 수 없다고 말씀하셨으니 반드시 방심하지 않도록 기원합니다"라고 쓰고 있다. 콜레라 대유행 때의 기억을 가진 세대는 죽을병이 아니라는 것을 알면서도 질려 있었다. 그는 "후에 젊은 사람들에게, 서른이 넘어 폐병에 걸렸다고 해서 갑자기 쓰러지는 것은 아니다. 그보다 티푸스나 이질과 같은 급병을 조심하라고 했다"*15고 한다. '콜레라'는 언급되지 않았지만 장관(腸管) 세균감염증을 주의해야 한다고 했다. 지병이 많았던 기도는 자신의 건강관리에 매우 열심이었다. 그것이 다행이었는지 평생 그는 콜레라나 이질, 티푸스 등에 시달리지 않았다.

3. 질병 문학에서 얻을 수 있는 오락과 교훈

미신과 망상

기도의 작품에는 질병의 유행으로 민심이 불안정해지고 기묘한 소문과 미신이 퍼지는 모습이 종종 그려진다. 에도를 무대로 한 탐정물 『한시치 체포록(半七捕物帳)』*16의 「가무로 뱀(かむろ蛇)」이나 「지장은 춤춘다(地蔵は踊る)」는 안세이의 콜레라 유행 시 기묘한 소문을 둘러싼 미스터리이다. 「복어 북(河豚太鼓)」은 유괴범의 수수께끼 풀이인데 미신을 맹신하는 유모가 "종두에 걸리면 아이가 죽는다"고 악인으로부터 세뇌되어 주인집 아이를 숨겨버리는 이야기이다. 또한 「아마자케 장수

(あま酒売)」는 땅거미 질 때 아마자케를 팔러 오는 노파 근처에 다가가면 병에 걸린다는 소문이 전해지면서 한시치(半七)가 탐색한다.

이것들은 모두 에도시대 사건의 회상록이라고 하는 스타일로, 화자인 한시치는 청자인 젊은이들에게 "오늘날의 당신들이 논의를 하시면 곤란합니다만 옛날 사람은 정직하게 그것을 믿고 있었습니다(「가무로 뱀」)", "웃으면 안 돼. 그 부분이 옛날과 지금의 인정(人情)의 차이입니다. 지장이 춤춘다고 하면 당신은 금방 웃지만 옛날 사람들은 진지하게 신기해하곤 했어요(「지장은 춤춘다」)", "옛날에는 어느 나라에나 이런 신기한 전설이 많았는데 오늘날에는 그런 소문도 완전히 끊어져 버렸어요(「아마자케 장수」)" 등 옛날에는 이상한 전설이 있어 사람들이 진지하게 믿었던 것을 반복하고 있다.

기도는 작품 속의 소문을 모두 처음부터 자기 머리로 생각해 낸 것이 아니라 사료를 참조하고 있었다. 『한시치 체포록 사전(半七捕物帳事典)』*[17]에 따르면 「가무로 뱀」 전설의 출처는 짓포안(十方庵)[25]의 『유레키잡기(遊歴雜記)』이며, 「아마자케 장수」 소문도 『부코 연표』에 기록되어 있다. 기도의 작품은 근대적 관점에서 볼 때 비합리적이라고 여겨지는 미신에 과거 사람들이 현혹되었던 모습을 읽을거리 형태로 전하고 있다.

지금 그는 "근대적 관점에서 비합리적이라고 생각하는 미신"이라고 말했다. 그러나 인간이 불안 심리에서 합리적이라고 생각되는 행동을 취하지 못할 수 있다는 것은 기도 자신도 잘 알고 있었던 것이다. 「복

---

25) 짓포안 케이준(十方庵敬順, 1762~1832): 정토진종 혼포지(本法寺) 절의 말사 가쿠넨지(廓然寺) 절의 주지이다.

어 북」에서는 종두로 아이가 죽는다는 예언을 진정으로 믿은 여성이 그려졌지만 『오카모토 기도 일기』에는 다이쇼시대에도 그의 집 여인 들이 무서워하여 콜레라 예방접종을 하지 않았다고 적혀 있다. 집안 여자들만이 아니다. 기도 자신은 국외에서 병에 걸려 불안한 나머지 망상을 품었던 경험을 가지고 있었던 것이다.

기도 본인의 실제 체험

러일전쟁[26] 때 도쿄니치니치신문사에 근무하던 기도는 종군기자로 파견된 만주의 전쟁터에서 몸이 상한다. 고열이 나서 움직일 수 없게 되어 하층 노동자 고슈테(高秀庭)와 함께 집단에서 잠시 떠나있을 때 해가 지자 갑자기 불안감을 느끼기 시작했다. 자신이 병자임을 요행으 로 여겨 일행의 짐을 맡은 고(高)가 야반도주라도 하면 큰일이라고 생 각했던 것이다.

　9도 이상의 열이 나든 괴롭든 오늘 밤은 섣불리 잠들지 못할 것이라고 나는 생각했다.
　그렇게 생각하면서도 고가 끓여준 죽을 먹고 준비된 약을 먹으니 왠지 꾸벅꾸벅 졸기 시작했다. 문득 정신을 차려보니 머리맡의 촛불이 꺼져 있 다. 성냥을 켜고 시계를 보니 밤은 벌써 9시 반이 넘었고 고의 모습은 보

---

26) 1904년 2월 8일에 발발하여 1905년 가을까지 계속된 전쟁으로 러시아 제국과 일본 제국이 대한제국에서 주도권을 쟁취하려는 무력 충돌이었다. 러일전쟁의 주요 무대 는 만주 남부, 특히 요동 반도와 한반도 근해였다.

이지 않는다. 문득 나는 벌떡 일어났다.

하지만 짐 꾸러미는 그대로다. 찾아보니까 물건에는 이상이 없는 것 같다. 그래서 다소 안심했지만 그렇다 하더라도 그는 어디로 갔을까.[*18]

자신을 두고 간 것은 아닐까 생각하고 있는데 담요를 안고 고가 돌아왔다. 병든 자신 때문에 고가 빗속에서 힘들게 담요 한 장을 마련해 왔다는 것을 알았을 때 기도는 "감사를 넘어 왠지 슬픈 기분이 들었다"고 한다. 사람이 질병 등으로 불안해할 때 평소의 이성이 상실되고 의심이 들며 부정적인 감정이 분출된다. "공연히 겉만 보고 그 사람을 모멸한다 —— 내가 그런 천박하고 얄팍한 마음의 소유자인가 생각하니 눈물이 핑 돌았다. 그 눈물은 감격의 눈물이 아니라 일종의 자책의 눈물이었다." 기도의 작품에서 인간의 천박함이나 어리석음이 자주 그려지는 것은 병약했던 작가의 실제 체험에 근거하고 있는 것으로 생각된다.

기도가 그려낸 것

기도의 읽을거리가 그려내는 것은 인간이 용감하게 병에 맞서는 숭고한 자세가 아니다. 오히려 병에 질린 인간의 현실적이고 생생한 모습인 것이다. 그는 대중문학 작가로 오락으로서의 작품을 썼다. 오락작품이니 재미를 위해 읽히는 것은 당연하지만, 과거의 사람들이 병을 어떻게 겪었는지 독자는 작품을 통해 알 수 있다. 의료의 발전 덕분에 기도가 작품에서 다룬 질병의 대부분은 현대인들에게는 그리 무서운 것이 아니게 되었다. 그러나 미지의 역병 앞에서는 현대인도 에도 사람들과 크게 다르지 않다. 치료법이 확립되지 않은 질병에 대해서는 현대인도 강한 불안감이나 공포를 느끼고 옛날 사람과 비슷한 심리상태에 빠져 비슷한 행동을 한다. COVID-19에 얽힌 비과학적인 정보에 놀아나는 우리는 작중에서 그려지는 과거의 사람들을 웃어넘길 수 없다.

기도의 질병 문학은 감염에 대한 불안을 안고 하루하루를 보내는 COVID-19 사태 속에 있는 현대인에게도 오락과 교훈을 줄 것이다.

원저자 주

*1 岡本経一, 『綺堂年代記』, 青蛙房, 2006, p.424.

*2 酒井シヅ, 『病が語る日本史』, 講談社学術文庫, 2008, pp.147~153.

*3 「오소메카제」의 인용은 岡本綺堂, 『江戸っ子の身の上』(河出文庫, 2003)에 의한다.

*4 「아버지의 무덤」의 인용은 『岡本綺堂随筆集』(岩波文庫, 2007)에 의한다.

*5 「오카모토 기도 연보」는 岡本綺堂, 『江戸のことば』(河出文庫, 2003)를 사용했다.

*6 「삼촌과 조카와」의 인용은 원저자 주 4 『岡本綺堂随筆集』에 의한다.

*7 오카모토 기도가 오무라 가요코에게 보내는 서한의 내용은 『弟子への手紙』(青蛙房, 1958)에 의한다.

*8 岡本綺堂「隣座敷の声」(『婦人公論』1921年7月号)는 「納涼珍話 夏なほ寒き物語」(1)에 다른 작가의 작품과 함께 게재된 작품으로 후에 「강 사슴(河鹿)」이라고 제목을 바꿔 첫머리에 문장을 더하여 『近代異妖篇』에 수록되어 있다. 인용은 中公文庫(2013)에 의한다.

*9 「조선 아버지」의 인용은 『岡本綺堂読物集六 異妖新篇』(中公文庫, 2018)에 의한다.

*10 岡本綺堂, 「随筆 怪談劇」, 『岡本綺堂妖術伝奇集』, 学研M文庫, 2002, p.781.

*11 岡本綺堂, 「下屋敷の秘密」, 『講談倶楽部』1918年10月号.

*12 斎藤月岑, 『増訂 武江年表2』, 平凡社, 1968, p.166.

*13 「노란 종이」의 인용은 『岡本綺堂読物集二 青蛙堂鬼談』(中公文庫, 2012)에 의한다.

*14 岡本綺堂, 『岡本綺堂日記』, 青蛙房, 1987, p.400.

*15 원저자 주 1, p.425.

*16 인용은 『半七捕物帳』(筑摩書房, 1998)를 사용했다.

*17 今内孜, 『半七捕物帳事典』, 国書刊行会, 2010.

*18 원저자 주 3, 『江戸っ子の身の上』, p.279.

제8장

근대, 주사위의 눈, 역병 경험

메이지기의 위생 스고로쿠(衛生双六)[1]로 보는 일상과 전염병

고자이 도요코(香西豊子)

들어가며 —— 역병의 근대

'전염병'의 탄생

막부 말기(幕末)부터 메이지에 걸쳐 역병은 하나의 전환기를 맞았다. 역병이 어떻게 발생하는지 이해하는 방법이 이 시기에 갱신된 것이다.

집단을 습격하는 병으로서의 역병은 예로부터 다양한 원인과 얽혀 이해되어 왔다.[*1] 어떤 때는 신이 내리는 벌, 부처가 내리는 벌로 또

---

1) 위생을 테마로 한 스고로쿠(双六), 쌍륙 놀이이다. 스고로쿠란 두 사람이 각각 15개의 말을 가지고 두 개의 주사위를 굴려 나온 숫자대로 말을 움직여 누가 먼저 자신의 말을 모두 말판에서 내보내는가를 겨루는 놀이로 한국에서는 백제시대에 유행했다는 기록으로 보아 매우 오래된 놀이임을 알 수 있다.

어떤 때는 국정 부진의 결과나 비명횡사한 귀인의 원한(영혼)의 짓으로
이야기되어 왔다. 메이지시대까지 많은 아이들을 사지로 내본 포창(나
중에 말하는 천연두)의 경우 포창신이라는 특이한 형상과 얽혔다. 포창에
걸리는 것은 포창신의 내방으로 여겨져 사람들은 환자가 가볍고 편안
하게 회복할 수 있도록 포창신을 대접하였다. 역병은 신체에 발생하는
현상으로 여겨지지 않고 외계의 사건에 호응하여 신체에 생기는 현상
으로 파악되었던 것이다.

그러한 역병에 대한 이해가 단기간 내에 갱신된 것이 지금 말하고
있는 막부 말기부터 메이지에 걸친 수십 년의 시기이다. 일본 열도에
서는 19세기 초부터 지금까지 경험하지 못한 역병이 유행하게 되었다.
1817년 나가사키(長崎)[2]에 등장한 '신경병(장티푸스)'과 서일본을 중심으
로 1822년에 유행한 '콜레라' 등이다. 그 가혹한 병세를 보고 일부 의사
들은 병의 원인을 규명하고 치료법을 찾기 위해 서양의학서 번역에 힘
썼다. 그리고 신체를 안팎에서 해치는 '독'이라는 병인론(病因論)을 대
신하여 물리적인 병원(病原) 물질이 병을 '전염'시킨다는 병인론에 착
안하게 된 것이다.

역병을 외계 괴한에 의한 신체의 집합적 침습으로 볼 것인지, 병원
물질 전파로 인한 병의 집단 발병으로 볼 것인지는 매우 큰 전환이다.
막부 말기에는 먼저 서양 근대의학을 연구하는 의사가, 이어서 위정자
가 후자로 역병의 이해를 바꾸어 갔다. 병이 병원 물질의 '전염'에 의해

---

2) 일본 규슈(九州) 북서쪽 나가사키현(長崎県) 남서부에 있는 도시로 쇄국정책을 펼
   치던 에도시대에는 일본 유일의 에도 막부 공인 국제 무역항(네덜란드, 중국, 조선
   과 무역)인 데지마(出島)를 가진 항구도시였다.

발병한다면 그 경로를 차단하고 발병을 미연에 방지하는 조치를 취해야 한다. 서양식 환경개선책과 해항 검역이 일본에도 소개되면서 종두(천연두 예방접종)를 적극 권장하게 되었다.

이리하여 옴(肥前瘡) 등 일부 피부병의 설명에 쓰이던 '전염(옮기다)'이라는 개념은 유신(維新)[3] 전후에 급격히 변용된다. 콜레라를 필두로 병원 물질의 물리적 확산에 의해 집단적으로 위독한 증상을 일으키게 하는 병이 '전염병'으로 국가적으로 기록되면서 그 예방을 내세우는 법 제도가 점차 구축된다. 역병은 근대에 이르러 일상에서 철저히 배제해야 하고 또, 배제 가능한 병의 집합으로 변모한 것이다.

'위생 스고로쿠'로 보는 메이지시대의 역병

그렇다면 메이지시대에 역병, 즉 '전염병'은 일상 세계에 어떻게 나타나며, 어떻게 배제해야 한다고 설파되었는가. 본 장에서는 '위생'을 테마로 메이지기에 제작된 세 점의 그림 스고로쿠(絵双六)[*2]에서 그 양상을 살펴보고 싶다.

'그림 스고로쿠'라는 것은 일본에 15세기 후반에 나타난 탁상경기이다.[*3] 역사적으로 선행하는 '판 스고로쿠(盤双六)'와 마찬가지로 경기자가 순서대로 주사위를 흔들어 얼마나 빨리 말을 '출발(振出)'에서 '도착(上り)'까지 진행할 수 있는지를 겨룬다. 당초에 극락정토를 '도착'으로

---

3) 메이지 유신(明治維新, 1868~1889)을 의미. 이는 막번 체제를 해체하고 왕정복고를 통한 중앙 통일 권력의 확립에 이르는 광범위한 변혁 과정을 총칭한다.

하는 '정토 스고로쿠(浄土双六)'로 등장한 것이 시대에 따라 종류를 늘려갔다.

근세에는 발달된 목판 인쇄 기술 아래 화려한 그림 스고로쿠도 만들어지게 되었다. 또, 말의 진행 방법에도 궁리가 보였다. 기존 형태인 '정토 스고로쿠'나 '여행 스고로쿠(道中双六)('출발'에서 '도착'까지 도카이도[東海道]나 이세[伊勢] 참배의 길을 찾아간다)'와 같이 정해진 순서를 주사위의 눈 수만큼 진행해 가는 '순회 스고로쿠(廻り双六)'와는 별개로 지정된 주사위의 눈에 따라서 특정 칸으로 건너 뛰어가는 '뜀 스고로쿠(飛び双六)'도 편성된 것이다.

본 장 이하에서 보는 '위생'이 테마인 그림 스고로쿠(이하 위생 스고로쿠)는 모두 '출발'부터 몇 번이나 질병을 경험하면서 '도착'에 이르는 뜀 스고로쿠이다. 뜀 스고로쿠의 재미는 한 장의 종이 위에 다양한 이야기가 전개된다는 점에 있을 것이다. 위생 스고로쿠 또한 예외 없이 주사위를 던짐에 따라 '도착'까지의 루트가 조금씩 변화한다. 역병에 '전염'된 뒤 '전염병 병원'으로 날아가 수용될지, '미신'에 치우칠지, '판매약'에 의지할지에 따라 건강·장수를 얻을지, '사망'으로 이끌릴지 명운이 엇갈리는 것이다.

경기자는 아마 그 유흥 속에서 전개의 묘함을 즐기면서 '위생'에 관한 '올바른' 지식 습득을 기대했을 것이다. 다만 다른 주제의 그림 스고로쿠와 마찬가지로 위생 스고로쿠가 실제로 얼마나 시중에 나돌았고, 어떤 경우에 경기되었는지 그 향유자 측의 구체적인 상황은 분명하지 않다. 따라서 본 장에서는 오로지 작성자 측의 의도나 시대배경과의 호응관계에 주목하여 경기 칸 각각의 소재나 경기 칸 상호 이동법에 담긴 의미를 읽어내기로 한다. '전염병'으로서의 역병은 과연 메이지시대의 유흥매체에 어떻게 그려졌을까? 순서대로 살펴보자.

1. 『위생 스고로쿠(衛生寿護禄)』 1884년

『위생 스고로쿠』의 시대 배경

제일 먼저 거론할 것은 1884년 11월 17일에 출판신고가 된 『위생 스고로쿠』이다.[*4] 5단·6열 조합의 합계 26칸의 뜀 스고로쿠로, 상부 중앙에 '대일본 사립 위생회(大日本私立衛生会)'[4)]라고 쓰여 있다. 편집인 아오키 한에몬(青木半右衛門)과 출판인 이시카와 쓰네카즈(石川恒和)는 모두 경력 미상이지만 지면의 구성으로 볼 때 이 스고로쿠에는 출판 전년에 설립된 대일본 사립 위생회의 활동 취지가 짙게 반영되어 있는 것 같다.

이 대일본 사립 위생회는 메이지기의 '위생'을 이야기하는 데 있어서 매우 중요한 위치를 차지하고 있다. 일본에서는 미지의 역병에 잇따라 조우한 막부 말기부터 서양식 '위생(독일어 Hygiene)'을 일본에 소개해 정착시키려는 분위기가 높아졌다. 메이지 신정부도 그 흐름을 답습해 메이지 초년부터 종두를 국민의 의무로 하는 동시에 위생에 관한 지식과 실천을 일본에 뿌리내리게 하는 제도를 구축해 나갔다. 1872년 제

---

4) 일본 공중위생 협회(日本公衆衛生協会)의 전신인 대일본 사립 위생회(大日本私立衛生会)는 1898년 2월 18일에 그 창립을 신문에 공고하고 5월 27일에 제1회 총회를 열었다.

정된 '학제(学制)[5]'는 건강한 신체는 학력의 초석이라는 인식에서 '양생법(養生法)'을 하등 초등학교(下等小学)[6]의 필수 교과로 삼았다. 또 1874년 제정된 '의제(医制)[7]'도 영양학에서 '호건법(護健法)'을 의학사 칭호 취득에 필수 교과로 삼았다. 덧붙여 1875년에는 국가의 위생을 담당하는 기관으로서 내무성 위생국을 설치했다.

그러나 중앙정부가 구상한 새로운 의료제도·의학교육·학교교육도 현재 유행하는 전염병을 즉각 통제하지는 못했다. 특히 세이난전쟁(西南戦争)[8]이 일어난 1877년 각지에서 유행한 콜레라는 2년 뒤인 1879년 다시 크게 유행해 10만 명이 넘는 사망자를 냈다. 정부는 1880년 '전염병 예방 규칙(伝染病予防規則)'을 제정해 콜레라·장티푸스·이질·디프테리아·발진티푸스·두창 등 6가지를 '법정 전염병'으로 하여 중점 대책을 세우기로 했지만, 국가 주도의 전염병 대책에는 한계가 있었다.

그래서 1883년에 국민에게 위생에 관한 지식을 보급하고 국가의 위생 시책을 지원하기 위해 설립된 것이 대일본 사립 위생회이다. 동회는 회원 간의 활동으로서 기관지를 발행해 회합을 거듭했을 뿐만 아니라 일반 국민을 대상으로 위생 담화회나 위생 환등회 등을 개최함으로써 사람들의 위생 관념의 향상을 도모했다. 즉, 대일본 사립 위생회는

---

5) 1872년 9월 4일 다조칸(太政官, 지금의 내각)에서 발표한 일본 최초의 근대적 학교 제도를 규정한 교육법령이다.

6) 1872년 '학제'에 따른 초등학교이다. 수업연한은 4년으로 다음 단계에 상급 초등학교(上等小学)가 설치되었다.

7) 1874년 8월 18일 근대적인 의사 위생 제도를 도입하기 위해 제정된 일본 법령이다.

8) 1877년 메이지 유신(明治維新)에 반대한 사이고 다카모리(西郷隆盛, 1828~1877)가 일으킨 반란. 정부군의 승리로 사이고는 자결하였다.

국민이 스스로 '위생'적으로 행동하도록 계몽함으로써 국가 시책을 보완하고자 했던 것이다.

『위생 스고로쿠』의 개요

그럼 대일본 사립 위생회의 이름이 붙는 『위생 스고로쿠』를 자세하게 살펴보자(〈그림 1〉·〈그림 2〉).

'출발'은 '출생'이고, '도착'은 '복(福)'·'록(祿)'·'수(壽)'라는 족자를 등에 업고 부부가 대가족과 함께 축하상(祝いの膳)[9]을 둘러싼 장면이다. '도착'을 제외하고 25칸에는 각각 31글자의 단카(短歌)[10] 형식을 취한 단평·경구(〈표 1〉)와 다음으로 도약할 칸의 지시가 붙어 있다. 예를 들어 '네 세대 영원하리 부르짖는 두루미 새끼의 첫소리를 들으니 기쁘도다'라고 축복받는 '출생' 칸은 주사위의 눈이 '1은 종두, 2는 유치원, 3은 학교, 4는 유모, 5는 허약, 6은 우유'로 뛴다는 식이다.

최종적으로 '도착'에 이르기 위해서는 '건강'·'미수연'·'사립 위생회' 중 하나를 경유해야 한다. 최단 코스는 '출생' 후 '유치원'·'학교'·'허약'·'우유' 중 하나를 거쳐 '운동'·'유영'·'음료수' 중 하나로 진행해 '건강'으로 끝나는 것으로 도합 주사위 4번을 던지는 것이다. 그러나 실제로는 중간에 몇 번의 우회와 한 번의 휴식('온천'과 '병원')이 있어 쉽게 도착할 수 없다.

---

9) 경사에 차려 내는 상으로 흔히 6각형으로 접은 색종이, 다시마, 황밤을 곁들인다.
10) 와카(和歌)의 한 형식으로 5-7-5-7-7의 5구 31음을 기준으로 삼는다.

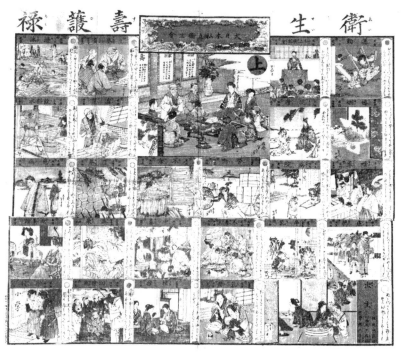

〈그림 1〉『위생 스고로쿠』 전체도(필자 소장)

유영 (遊泳)	미수연 (米賀)	도착 (上り)		사립 위생회 (私立衛生会)	운동 (運動)
음료수 (飲料水)	청결 (清潔)			건강 (健康)	혼인 (婚姻)
악병 (悪病)	정년 (丁年)	불결 (不潔)	노동 (労働)	병원 (病院)	목도리 (襟巻)
자양물 (滋養物)	온천 (温泉)	중독 (中毒)	불섭생 (不養生)	우유 (牛乳)	허약 (虚弱)
학교 (学校)	유치원 (幼稚園)	종두 (種痘)	유모 (乳母)	출생 (出生)	

〈그림 2〉『위생 스고로쿠』 칸 배치

그리고 경기자들은 그동안 주사위의 눈에 따라 유사한 삶을 살게 되는데 통과하는 칸에는 크게 4종의 위생적 가치가 부여되어 있다.

첫째는 '위생'의 관점에서 절대적으로 나쁜 것이다. 예를 들어 대부분의 병의 원인으로 꼽히는 '불결'이고 다음으로는 '허약'이나 '악병', '중독'으로만 진행된다. 매독을 가리키는 '악병' 또한 '불결'이나 '병원', '온천'으로 보내진다.

둘째는 반대로 '위생'의 관점에서 절대적으로 좋은 것이다. 예를 들어 종두가 이에 해당되며 출생 후 종두를 맞으면 포창 걱정 없이 '유치원'·'학교'로 갈 수 있다. 모두 모여 '위생'의 이해를 깊게 하는 '사립위생회' 또한 늙지 않고, 죽지 않는 '건강'·'미수연'·'도착' 중 하나로 나아갈 수 있다. '청결' 역시 반드시 '건강'이나 '위생회'로 귀결된다.

셋째는 '위생'이라는 점에서 좋은 것으로도 나쁜 것으로도 되는 양의적인 것이다. 예를 들어 독도 되고 약도 되는 '음료수' 칸은 다음으로 '건강'으로도 '악병'·(더러운 물 탓으로) 불섭생'으로도 연결된다. 혈기 왕성한 '정년'도 '혼인'·'노동'으로도 진행되는가 하면 '불섭생'으로도 굴러간다. 또, '노동'도 지나치면 독이 되어 '자양물'이나 '불섭생'·'병원'으로 인도된다. '혼인' 또한 소홀히 할 수 없어 '위생회'·'자양물'로도 이어진다.

넷째는 '위생' 면의 가치를 나쁜 것에서 좋은 것으로 전환시키는 것으로 한 번 쉬는 '병원'과 '온천'이 이에 해당된다. 이들 칸이 있음으로써 중간에 바람직하지 않은 칸에 빠져도 마지막에는 모두 '도착'으로 이어지게 되어 있다. 즉, '병원'이나 '온천'에서 충분히 요양하면 '병원'에서는 '온천'·'목도리'·'운동'으로, '온천'에서는 '위생회'나 '자양물'로 이어지게 되어 있는 것이다.

그리하여 『위생 스고로쿠』는 '위생'상의 선악을 제시하는 동시에 일
상에 숨어 있는 함정과 거기에서 복귀하기 위한 절차와 지식을 한정된
지면 속에 구현하고 있었던 것이다.

〈표 1〉 『위생 스고로쿠』의 각 칸에 부여된 단카 (우측 하단부터)

출생	네 세대 영원하리 부르짖는 두루미 새끼의 첫소리를 들으니 기쁘도다
유모	젖도 좋고 마음도 착하고 좋은 사람을 골라야 알맞도다
종두	해신의 부푼 은혜에 해사의 구루묵은 두창은 녹초가 되었네
유치원	이곳에 모종은 자라지 않고 백성의 꽃놀이 좋은 모습을 보고 싶네
학교	위생을 바탕으로 여러 가지 배울 길은 갈 길이 멀도다
허약	날 때부터 허약함은 있어도 마음에서 몸을 약하게 하지 말지어다 슬프도다
우유	얼마나 효과가 있는지 몰라도 우유는 밥으로도 좋고 약으로도 좋네
불섭생	품행이 나쁜 것은 강인함에 의지하는 사람이야말로 그러하니 약한 사람에게는 적도다
중독	백 년이라는 목숨을 단축시킬 것을 택하는 자 허망하기 짝이 없네
온천	약 먹지 않는 자도 온천에는 들어가 몸을 보양하세
자양물	기다리는 것도 멈추는 것도 정말이지 좋은 기운을 골라 몸을 빨리 움직이게 하소서
목도리	젊은이보다 늙은이에게 보여지네 안경 목도리 감쌌는가
병원	행복하고 안 하고는 인간 세상 의사가 길을 열어주네
노동	일하는 것도 힘을 다하여 거문고 가락으로 보내는 것은 용서할 일이네
불결	웬만한 병의 씨앗은 나 자신과 몸에 두른 것 때문이니 조심하여라
정년	천황의 나라 지키는 것 하나를 고르는 것은 기쁜 일이네
악병	나 세상의 꽃에 이끌려 향기로운 몸에 사무치는 쓸쓸함
혼인	항상 세상 사는 것과 부부 연을 맺는 것은 아련하네
건강	젊어서부터 명심하면 늙어도 몸의 즐거움은 변함없네

청결	대접하기에 낡은 옷도 주인의 마음으로 깨끗히 하라
음료수	약도 독도 될 수 있는 물은 수원을 조심해서 퍼올려라
운동	게으른 몸을 쓰자 아케오로스 곤충에게 벌레가 잡히지 않는 것을 차마 볼 수 없네
사립 위생회	둘러앉아 위생에 대해 얘기하면 늙어도 죽어도 약이되네
미수연	풍성한 벼이삭에 싱싱한 벼이삭 돋보이네 국민은 여든 해를 먹었네 기쁘도다
유영	바다에서 강에서 헤엄치는 것은 들로 산으로 찾아가는 것과 하나 되리라

『위생 스고로쿠』로 보는 메이지 전기 '위생'의 모습

이 『위생 스고로쿠』에서는 1877~87년경 당시의 '위생' 양상을 몇 가지 읽을 수 있다.

하나는 '전염병'(특히 급성 법정 전염병)에 대한 경계다. 병독(病毒)이 다가오지 못하게 철저히 배제할 것이 권장되고 있다. '종두'는 1876년 이후 전 국민에게 강제됐는데, 여기에서도 영유아기에 당연히 맞는 것으로 되어 있다. 생활면에서는 병독의 온상인 '불결'을 경계하고 신체와 생활환경을 청결하게 유지할 것을 요구하고 있다. 음식을 먹을 때는 '중독'이 되지 않도록 음식을 선택하고 '음료수'에도 신경 쓰도록 주의를 환기한다. 그리고 유곽은 '악병'의 원흉이었다.

또 하나는 섭생을 중시하는 것이다. 몸을 돌보고 강건하게 유지하면 병독에 침습되지 않는다. '운동'·'유영'이 권장되고 과도한 '노동'이나 '불섭생'은 꺼려야 한다. '허약'하다면 적극적으로 '우유'나 '자양물'을 섭취하고 '목도리'를 착용하고 '온천'에 다닐 필요가 있다. 경우에 따라서는 '병원'에서 의학의 도움을 받는다. '건강'하게 늙으려면 국가 시책과는 별개로 우선 각자가 몸을 유지하도록 노력해야만 하는 것이었다.

또 하나 지적하자면 교육·계몽 영역과의 상호 연관이다. 메이지시대에 권장받게 된 '위생'은 영양학·육아법에서 주거의 설계까지, 사람들의 종래 생활양식에 깊게 관련되어 있었다. 그것을 전면적으로 개편하기 위해서는 사람들에게 '위생' 지식을 교수해 실천을 촉구할 자리가 필요하다. 『위생 스고로쿠』에 성인이 모이는 '사립 위생회'(위생 담화회)뿐만 아니라 '유치원'이나 '학교'가 경기 칸으로 편성되어 있는 것은 이 시기의 '위생'이 사회적으로 진행되고 있었다는 증거이기도 하다. '유치원'이나 '학교'는 원래 문부성(文部省)[11]에 의한 배움의 장소로서 구상되었지만 배움의 전제가 되는 신체 건전성의 증진이라는 과제가 국민의 체위 향상이라는 '위생'의 목표와도 일치하고 있던 것이다.

2. 『위생 스고로쿠(衛生寿互録)』 1892년

『위생 스고로쿠』의 시대 배경

다음으로 다룰 것은 1892년에 제작된 『위생 스고로쿠』이다.[*5] 6단 8열 조합의 총 40칸의 뜀 스고로쿠로, 앞의 『위생 스고로쿠』가 '위생'적인 인생을 축으로 전개되고 있었던 데 반해 이 스고로쿠는 칸칸마다 연관이 없고 그때그때 걸리는 질병과 약이 꼬리를 물고 있다. 상부에

---

11) 1871년 9월 2일 메이지 정부에 의해 교육, 학술 등을 담당하는 행정 관청으로서 설치되었다. 오키 다카토(大木喬任, 1832~1899)가 초대 문부경(文部卿)을 맡아 근대적인 교육제도, 학제, 사범학교를 도입하였다.

는 '특약품 중 본 표에 빠진 것은 호를 거듭하여 제공'이라고 인쇄되어 당시 유통되고 있던 판매약 일람을 스고로쿠로 만든 형태이다.

그 판매약과 관련해서 간단히 일본의 약학사를 되돌아보면 메이지 기는 의약품의 제조·판매에 있어서도 변혁의 시기였다.[*6] 일본에서 의약품은 오랫동안 의사가 진단에 근거해 스스로 제조하는 것이 통례였지만 근세기부터 행상이나 매장에서의 판매가 활발해져 판매약은 일대 융성기를 맞이한다. 막부 말기에는 서양약(화합품)도 나돌기 시작해 사람들이 손쉽게 의약품을 살 수 있었다.

그러나 유신 이후 새 정부는 이들 약품의 효능과 진위에 의문을 품게 된다. 1870년에 '판매약 단속 규칙(売薬取締規則)'을 정해 신불(神仏)이나 가전(家伝)·비법 등을 관철하는 품명을 금지하고 약제의 조합·판매를 면허제로 하며 처방·효능·용법·정가 등을 신고하도록 했다. 또 1874년부터는 각지에 약품 검사를 실시하는 사약장(司薬場)을 설치해 수입약의 단속을 시작했다. 1877년에는 다시 '판매약 규칙(売薬規則)'을 제정해 판매약 업자에게 영업세를 부과하게 된다.

하지만 일반 의약품이 1886년 공포된 약품 규격 '니혼약쿄쿠호(日本薬局方)'[12]나 1889년 공포된 '약품 영업과 약품 취급 규칙(薬品営業並薬品取扱規則)'('약률[薬律]')에 의해 엄격히 통제된 반면 판매약은 1909년 '매약 면허 시 주의 건(売薬免許ノ際注意方ノ件)' 통지까지 비교적 자유롭게 판매되었다. 설사 눈에 보이는 약효가 없더라도 신체에 해를 끼치지만 않는다면 판매가 허가된 것이다. 지금 보는 『위생 스고로쿠』가

---

12) 국내 약품을 통일하고 올바른 의료를 하도록 하기 위한 법령. 일본 국내에서 사용되고 있는 약품의 품질, 순도, 강도 등의 기준을 정하고 있다.

작성된 것은 판매약이 아직 근세기의 풍요로움을 간직하고 있던 마지
막 한 시기였다.

『위생 스고로쿠』의 개요

그렇다면 실제로 『위생 스고로쿠』에서 사람들 앞에 진열된 판매약
이 어떤 것이었는지, 또 그것들이 어떤 작용을 주창하고 있었는지 살
펴보자(〈그림 3〉).

특약품 중 본 표에 빠진 것은 호를 거듭하여 제공

[모리타] 호탄 ([守田]宝丹)	[야스카와] 동상 근절약 ([安川]しもや け根切薬)	[마쓰모토] 이수산 ([松本] 利水散)	교쿠소산 (玉霜散)	이노우에 안약 (井上目薬)	데키추액 (的中液)	귀녀의 물 (貴女の水)	[교토] 간료엔 ([京]肝凉円)
주하치환 (十八丸)	도착 (上り)		다이아몬드 (ダイヤモンド)	[오타)위산 ([太田]胃散)	[야스카와・ 가미노베] 반킨고 ([安川・ 紙のべ] 万金膏)	[후쿠이] 센킨단 ([福井]千金丹)	미노 샤본 (三能しやぼん)
두통환 (頭痛丸)			갸쿠조환 (逆上丸)	철분 사탕 (鉄飴)	기고산 (蟻牛散)	[히라오] 오마치스이 ([平尾] 小町水)	소아 도쿠토리환 (小児ドクト リ丸)
잠자리 소변약 (寝小便薬)	신류산 (真龍散)	토혈약 (吐血薬)	[기시다] 세이키수 ([岸田] 精錡水)	도쿠토리환 (ドクトリ丸)	우바가와리 (うばがわり)	쓰치야 모생약 (土や毛生薬)	쓰야부킨 (つやぶきん)
비세이산 (美声散)	소간스이 (壮眼水)	기나엔환 (キナヱン丸)	세이신단 (清心丹)	비진가즈라 (美人かづら)	출발 (振出し)		
초세이환 (超世丸)	면구 (綿球)	리모나데산 (リモナーデ散)	통치환 (通治丸)	우고노쓰키 (雨後の月)			

〈그림 3〉 『위생 스고로쿠』 칸 배치

『위생 스고로쿠』는 오사카 요쓰바시(四ッ橋)에 있던 판매약 제조·판매소의 출자에 의해 작성되어 '비매품'으로 배포되었을 것이다. 표제 아래에는 '도쿠토리환 발행소 혼바야시 조지도 본점(ドクトリ丸発行所 本林丁子堂本店)' 또는 '유효 개량 판매약 거대 판매소 혼바야시 조지도 상점(有効改良売薬大販売所 本林丁子堂商店)'이라고 그 이름이 인쇄된다. '출발(振出し)'의 도안도 판매약 간판을 두른 조지도 상점의 점포 구조로 되어 있다.

이 '출발'에서 주사위의 눈에 따라 '① 도쿠토리환(ドクトリ丸) ② 간료엔(肝凉円) ③ 쓰치야 모생약(土や毛生薬) ④ 쓰야부킨(つやぶきん) ⑤ 면구(綿球) ⑥ 반킨고(万金膏)'로 진행된다(이하 원숫자는 주사위의 눈을 나타낸다). 그리고 최종적으로 '[모리타]호탄([守田]宝丹)'·'철분 사탕(鉄飴)'·'신류산(真龍散)' 중 하나를 경유하여 '도착(上り)'에 이른다(이하 본문·그림 모두 인용의 [ ]안은 관칭을 나타낸다). '도착'에는 국기가 휘날리고 홍백의 막이 둘러진다.

이『위생 스고로쿠』의 특징은 앞서 지적한 대로 진행 방식에 필연성이 없거나 극히 약하다는 것이다. 경기자는 오직 주사위에 의해서만 다음 칸으로 인도된다. 예를 들어 '출발'에서 1의 눈이 나와 진행되는 '도쿠토리환'은 칸의 설명에 따르면 '매독·창독'에 잘 듣는다. 왜 갑자기 매독·창독에 걸리는지는 문제 삼지 않는다. 거기에서 다시 주사위의 눈에 따라 '① 고마치스이(小町水) ③ 철분 사탕 ⑤ 미노 샤본(三能しゃぼん)'으로 진행된다. '[히라오]오마치스이([平尾]小町水)'는 스킨, '철분 사탕'의 효능은 '자양 강장', '미노 샤본'의 효능은 '하얗게 된다'이다. 피부 관련인 듯 아닌 듯한 뜀 방식이다.

또한 이 밖의 판매약에 쓰여진 설명(효용·효능)은 상단 왼쪽부터 다음

과 같다. 1단째 '[마쓰모토]이수산([松本]利水散)'은 '각기·수종', '교쿠소산(玉霜散)'은 '액취·습진', '데키추액(的中液)'은 '종기 제거 약', '귀녀의 물(貴女の水)'은 '피부약', '[교토]간료엔([京]肝凉円)'은 '어린이 약'. 2단째 '주하치환(十八丸)'은 '담·기침', '다이아몬드(ダイヤモンド)'는 '치약'. 3단째 '두통환(頭痛丸)'은 '열감 억제', '갸쿠조환(逆上丸)'도 '열감 억제', '기고산(蟻牛散)'은 '귀머거리 약', '소아 도쿠토리환(小児ドクトリ丸)'은 '태독 내림'. 4단의 '신류산'은 '치통·구중약', '토혈약(吐血薬)'은 '하혈·객혈', '[기시다]세이키수([岸田]精錡水)'는 '안약', '우바가와리(うばがわり)'는 '육아에 필요 소젖 우유', '쓰치야 모생약'은 '한방약', '쓰야부킨(つやぶきん)'은 '광택 천'. 5단째 '비세이산(美声散)'은 '목소리가 나오는 약', '소간스이(壮眼水)'는 '안약', '기나엔환(キナヱン丸)'은 '학질·해열 감기 열병 티푸스 심열', '세이신단(清心丹)'은 '휴대 상비약', '비진가즈라(美人かづら)'는 '탈모 향 기름'. 최하단인 6단의 '초세이환(超世丸)'은 '이질 묘약 콜레라 이질 장염', '면구(綿球)'는 '자궁병 완쾌의 새로운 방법', '리모나데산(リモナーデ散)'은 '청량 가미', '통치환(通治丸)'은 '위 강장', '우고노쓰키(雨後の月)'는 '하얗게 된다'이다.

설명이 특필되지 않은 판매약은 아마도 당시 그럴 필요가 없을 정도로 이름이 알려졌을 것이다. 예를 들어 1단 왼쪽 끝의 '[모리타]호탄'은 '도착' 수법 중 하나로 되어 있는데 1870년 제정된 '판매약 단속 규칙' 하에서 관허를 얻은 판매약 제1호이다. 에도막부 말기부터 메이지에 걸쳐 일본에서 서양 근대의학의 지견을 넓힌 네덜란드인 의사 보드윈[13]의 처방으로 만든 만능약으로서 도쿄의 약국에서 판매되었고 1877년 콜레라 유행 시에는 세이난전쟁에 출정한 관군에게 콜레라 응급약으로 휴대되었다고 한다.

『위생 스고로쿠』로 보는 메이지 중기의 병과 판매약

이『위생 스고로쿠』는 관점에 따라 단지 오사카의 한 약종상이 가게 앞에 늘어놓은 판매약을 고객에게 주지하기 위해 작성시킨 선전 광고의 일종이라고도 볼 수 있다. 그러나 한편으로 그것은 사람들의 병을 내다보고 주도면밀하게 짜여진 판매약의 포진도라 할 수 있으므로 메이지 중기의 질병 경험을 비추는 것으로 볼 수 있다.

예를 들어 병의 발생에 대한 인식을 들 수 있다.『위생 스고로쿠』에 구현되고 있는 것은 병은 예고도 없이 갑자기 닥친다는 인식이다. 살림살이가 어떻든 병에 걸릴 때는 걸린다. 이는 '위생'의 인과를 설파하는 앞선『위생 스고로쿠』에는 없던 질병관이다. 출발 초기부터 ③에서 털이 빠지고(쓰치야 모생약), ①에서 콜레라에 걸리며(모리타 호탄), ②로 피부를 치유해도(귀녀의 물), ⑥에서 야뇨증이 되고(잠자리 소변약[寢小便藥]), 게다가 ⑤에서 객혈을 하는데다가(토혈약), ②에서 치통으로 신음한 끝에(신류산), ⑥ '도착'으로 들어간다. 구원은 반드시 효능 있는 판매약이 매장에 진열되어 있다는 것이었다.

또 하나『위생 스고로쿠』에는 병의 실태와 약효에 대한 대범한 태도를 읽을 수 있다. 근세 이래 병인론·치료론이 규제를 벗어나 판매약 속에서 살아남았던 것이다. 구매자의 질병을 분류하여 증상에 따라 판매약을 처방하거나(물집·수종에 [마쓰모토]이수산, 액취·습진에 교쿠소산 등), 매독·창독이나 모종의 소아병을 일괄적으로 '독'의 소행으로 간주하여

---

13) 안토니우스 보드윈(Anthonius Franciscus Bauduin, 1820~1885): 네덜란드 출신의 의사로 1862년 먼저 일본 데지마에 체재하고 있던 동생의 주장에 에도 막부의 초대를 받아 나가사키 양생소(長崎養生所)의 교감이 된다.

그 제거를 치료 방법으로(도쿠토리환·소아도쿠토리환) 하고 있다. 신흥 '전염병'이라는 개념도 여기서는 알맹이가 빠졌다. 매독도 습진도, 법정 전염병인 콜레라도 이질도 티푸스도 모두 판매약의 선전 문구에 사로잡혀 있었던 것이다.

3. 『위생 스고로쿠(衛生寿語録)』 1903년

『위생 스고로쿠』의 시대 배경

마지막으로 다룰 것은 1903년 제작된 『위생 스고로쿠』이다.[7] 1900년경은 국가 전염병 대책의 이행기에 해당한다. 급성 전염병에 중점을 둔 대책에서 전염병 범위를 더 넓게 잡는 대책으로 위생정책 방침이 전환되는 것이다.

1880년 '전염병 예방 규칙' 제정 이래 국가는 6종의 법정 전염병 유행을 상시 감시하는 체제를 취해 이른 단계에서 유행을 억제하려 했다. 1897년에는 법정 전염병에 성홍열과 흑사병을 더해 총 8종의 급성 전염병을 중점적으로 제어하는 체제를 구축한다. 그 성과인지 법정 전염병에 의한 사망자 수의 비율은 1890년경 이후 매우 낮은 수준으로 억제되어 전체 사망자 수의 불과 몇 퍼센트로 변해갔다.

한편 1900년경부터 국가의 관심을 끌게 되는 것이 결핵이나 한센병 등 만성 전염병이다. 특히 결핵은 1899년 조사에서 사망자 총수에서 사망자 수가 차지하는 비율이 10%에 육박하는 것으로 판명된 후 단계적으로 대책을 강구하게 되었다. 법제도의 정비도 권유되어 1904년

'폐결핵 예방에 관한 건(肺結核予防ニ関スル件)' 제정, 1970년 '한센병 예방에 관한 건(癩予防ニ関スル件)' 제정으로 이어진다.

그런 의미에서 이『위생 스고로쿠』는 메이지 후기의 급성 전염병 대책이 고도로 발달한 시기의 제작물이라고 할 수 있다. 그렇다면 앞의 2편의 위생 스고로쿠와 비교해 어떠한 특징이 나타나는가.

『위생 스고로쿠』의 개요

『위생 스고로쿠』는 6단 5열의 30칸으로 구성된 뜀 스고로쿠이다(〈그림 4〉). 표제의 설명에는 '전염병 예방 안내서'라는 글자가 붙는다. 저자 겸 발행자가 어떤 인물이었는지는 알 수 없지만 '전염병 예방' 계발을 위해 작성되었음을 알 수 있다.

사망 (死亡)	운동 (運動)	도착 (上り)	자양물 (滋養物)	빈궁 (貧窮)
허약 (虚弱)	파리 구제 (蠅の駆除)	청결 (清潔)	끓인 물 (煮沸水)	완쾌 (全治)
중증 (重症)	우물 준설 (井戸浚渫)	위생 담화회 (衛生談話会)	하수 준설 (下水浚渫)	경증 (軽症)
전염 병원 (伝染病院)	판매약 (売薬)	처분 (処分)	미신 (迷信)	전염 (伝染)
검역 (検疫)	적리 (赤痢)	문안 (見舞)	콜레라 (虎列刺)	교통 차단 (交通遮断)
네비에 (寝冷)	불결 (不潔)	은폐 (隠蔽)	폭음 폭식 (暴飲暴食)	출발 (振出し)

〈그림 4〉『위생 스고로쿠』칸 배치

재난의 대중문화

실제로 『위생 스고로쿠』는 칸의 뜀 방식도 매우 현실적이다. 예를 들어 '도착(上り)' 방법은 여섯 가지가 있지만 모든 것이 행복하게 끝나는 것은 아니다. '사망(死亡)[죽어 버리다]'(이하, [ ]안은 할주를 나타낸다)·'운동(運動)[몸을 움직이다]'·'자양물(滋養物)[자양분이 되는 것]'·'빈궁(貧窮)[가난하다]'·'청결(清潔)[깨끗하게 하다]'·'완쾌(全治)[병이 완쾌되다]'라고 하여 있을 수 있는 전염병 체험의 귀결이 줄을 잇는다.

『위생 스고로쿠』의 이러한 현실 지향성은 각 칸의 주사위 눈이 경사 배분(傾斜配分)[14)되어 있는 점에서도 드러난다. '출발(振出し)'만은 '① 위생 담화회(衛生談話会) ② 불결(不潔) ③ 청결 ④ 폭음 폭식(暴飲暴食) ⑤ 운동 ⑥ 네비에(寝冷)[15)'로 균등하게 뛰는데, 이하 예를 들어 '네비에[차게 자서 배탈이나 감기에 걸린다]'는 '①②③ 적리(赤痢) ④⑤ 콜레라(虎列刺) ⑥ 허약(虛弱)'으로 6분의 5의 확률로, 또 '폭음 폭식[무턱대고 먹고 마신다]'에 이르러서는 '①③ 콜레라 ②④⑤⑥ 적리'로 확실하게 '적리[설사하는 병]'나 '콜레라[토하고 설사하는 병]'에 걸린다. 반대로 『위생 스고로쿠』에서는 절대적으로 선의 위생적 가치를 부여받았던 '청결'이나 '자양물'도 6분의 1의 확률로 '불결'이나 '폭음 폭식'에 빠지는 것이다.

따라서 『위생 스고로쿠(衛生寿語録)』(1903)의 지면 위에서는 『위생 스고로쿠(衛生寿護禄)』(1884)보다 각별히 현실적이고 구체적인 역병 체험이 전개된다. 단, 그 복잡하고 예측하기 어려운 판의 구성 속에서

---

14) 균등하게 배분하는 것이 아니라 실적이나 현황 등을 고려해 각각 할당할 수 있는 양을 결정하는 것.

15) 수면 중 몸이 차갑게 식어 배탈이나 감기에 걸리는 일을 말하며 어른에게도 일어나지만, 체온 조절이 잘 되지 않는 영유아에게서 많이 볼 수 있다. 주로 병이나 증후군 등의 영향에 의해 발현되는 증상으로 언급된다.

하나 명료하게 제시되고 있는 것은 국가의 '위생' 정책 또는 그에 상응하는 행위와 인습적이고 비 '위생'적인 행위와의 대비이다.

전자에 속하는 것은 예를 들어 '처분(処分)[벌금을 내게 하다]'이나 '검역(検疫)[조사를 받다]', '교통 차단(交通遮断)[출입을 정지시키다]', '끓인 물(煮沸水)[끓인 물]', '우물 준설(井戸浚渫)[우물을 청소하다]', '하수 준설(下水浚渫)[도랑 청소를 하다]' 등이다. 이 중 '교통 차단'은 ①②③④에서 '3회 휴식'이라는 대단한 강권 방어이다.

한편 후자로서는 앞의 '네비에'·'폭음 폭식' 외에 『위생 스고로쿠』의 주역이었던 '판매약(売薬)[판매약을 먹다]'이 희생의 대상이 된다. '①②③ 중증(重症) ④ 경증(軽症) ⑤⑥ 은폐(隠蔽)'로 2분의 1 확률로 중증에 빠진다는 폄훼이다. 전염을 확산시킬 수 있는 '은폐[병을 숨기다]' '①②③④ 처분 ⑤ 중증 ⑥ 검역(検疫)'이나, '문안(見舞)[병문안을 가다]' '①③⑤ 전염(伝染) ② 검역 ④ 처분 ⑥ 휴식', '미신(迷信)[신불에 현혹되다]' '①③ 전염 ② 문안 ④ 판매약 ⑤ 위생 담화회 ⑥ 폭음 폭식'도 눈에 띈다. 국가나 대일본 사립 위생회의 방침에 어긋나는 행위는 검역·처분이나 위생 담화회에서의 강화를 통해 수정되어야 했던 것이다.

『위생 스고로쿠』로 보는 메이지 후기 역병을 둘러싼 공방

메이지 후기는 급성 전염병에 대한 대처법이 대체로 정비된 시기이다. 아마도 그 때문일 것이다. 접종 의무가 정착된 '종두'나 초등 교육 기관은 『위생 스고로쿠』의 칸에 실리지 않았다. 대신 『위생 스고로쿠』보다 한층 세분화되어 배치되는 것은 전염병을 얼씬 못하게 하기 위한 위생 행동과 위생 환경·위생 정책과 관련된 소재이다.

　단, '위생'은 일상생활 전반에 관련된 행위이기 때문에 명령 하달로 갑자기 개선되지는 않는다. 그런 점에서 시사적인 것은 『위생 스고로쿠』에 실리는 '전염[병에 옮다]' 칸이다. 거기에서 주사위의 눈은 '①② 전염 병원(伝染病院) ③ 미신 ④⑤ 판매약 ⑥ 검역으로 배분된다. ①②의 '전염 병원[전염이나 마비를 치유하는 곳]'이란 '격리 병원(避病院)'이라고도 불리며 메이지 전기부터 법정 전염병 환자를 격리해 치료하기 위해 각지에 건설되었다. 그러나 수용자 상당수가 사망한 데다 장례식도 정상적으로 치르지 못해 가족이 법정 전염병에 걸려도 '은폐'하거나 '판매약'이나 가지(加持)[16]·기도에 의존하는 사례가 끊이지 않았다. 이 '전염' 칸에는 '전염'을 '검역'하고 환자를 '전염 병원'에 수용하려는 관헌과 환자를 옆에 두려는 사람들의 옥신각신이 정확히 반반으로 주사위 눈에 나타난다.

맺으며 —— 위생 스고로쿠라는 역병 경험

　본 장에서는 메이지기 세 점의 위생 스고로쿠를 사례로 거기에서 '전염병'으로서의 역병이 어떻게 그려져 있었는지를 살펴보았다. 위생 스고로쿠는 각각 칸의 소재·구성부터 칸의 뜀 방식까지 가지각색이었다. 그중 '전염병'도 병독을 지닌 비위생적인 생활환경이나 불섭생과 연관되거나 판매약이 효과가 있는 하나의 병태로 정리되거나 국가에

---

16) 주문을 외며 부처의 도움이나 보호를 빌어 병이나 재앙을 면함.

관리되어야 할 전염성 질환으로 분류되는 등 한결같지 않은 모습을 보였다.

이 적은 사례에서 총론을 끌어내기는 어렵다. 하지만 같은 '위생 스고로쿠(衛生すごろく)'라는 제목의 그림 스고로쿠에 이러한 변주가 있었다는 사실은 적어도 경기자인 메이지시대의 사람들 주위에서 '위생'이나 '전염병'을 둘러싼 다양한 말이 난무했음을 전하는 것이다. 그런 의미에서 위생 스고로쿠라는 것은 매우 교묘한 미디어였다. 유희성을 띠고 사람들의 일상에 들어가 주사위의 눈으로 유도하여 역병을 유사 경험하게 한다. 그러면서 동시에 '위생'적인 행동양식이나 판매약의 효능을 사람들에게 설명하고 있었던 것이다.

참고문헌

厚生省医務局編, 『医制百年史』 資料編, ぎょうせい, 1976.

원저자 주

*1 香西豊子, 「二一世紀の疫因論」, 『現代思想』 48-7, 2020.

*2 '위생'을 테마로 하는 스고로쿠에서 현존하는 것은 제가 아는 한 본 장에서 다루는 세 종류뿐이다. 이것들은 山本正勝, 「絵双六一覧」(『絵すごろく――生いたちと魅力』所収)에서는 「문명개화 스고로쿠(文明開化双六)」라는 장르에 속한다.

*3 본 장의 스고로쿠(双六[雙六])의 역사나 분류에 관한 기술은 주로 増川宏一, 『すごろく』 I·Ⅱ(法政大学出版局, 1995)와 山本正勝, 『絵すごろく――生いたちと魅力』(芸艸堂, 2004)에 의한다.

*4 青木半右衛門編, 『衛生寿護禄』, 石川恒和, 1884. 필자 소장.

*5 太田源太郎, 『衛生寿互録』, 太田源太郎, 早稲田大学図書館蔵(請求記号 : 文庫10 8483).

1892. 또한 이『위생 스고로쿠』의 제작 연도는 야마모토 마사카쓰(山本正勝)의「그림 스고로쿠 일람(絵双六一覧)」에는 1879년으로 실린다. 그의 소장판과 본 장에서 참고한 와세다대학 도서관 소장판에서는 작화자·발행자가 같기 때문에 동일한 판이 이전보다 증쇄되어 시장에 나돌았을 가능성도 있다.

*6 이하, 본 장의 약학사에 관한 기술은 주로 日本薬史学会編, 『薬学史事典』(薬事日報社, 2016)에 의한다.

*7 濱野鐘太郎, 『衛生寿語録』, 濱野鐘太郎, 江戸東京博物館蔵(資料番号 : 99200291), 1903.

제9장

변모하는 재해 기념물

재해를 둘러싼 기억의 동태

가와무라 기요시(川村清志)

1. 기념물이 표상하는 역사와 기억

사람들은 거대한 재해의 경험을 어떻게 기억해 왔을까. 그곳에서 일어난 무수한 죽음과 이별과 갖가지 아픔, 슬픔을 공유하는 회로를 어떻게 만들어 냈을까. 애초에 사람은 다른 사람의 아픔과 슬픔을 이해하는 것이 정말 가능할까. 거대 재해를 기념하는 기념행사나 그곳에서 벌어지는 대규모 행사를 마주했을 때 그런 의문이 뇌리를 스칠 수 있다.

이하에서는 그러한 의문을 제기하며 현대 일본의 자연재해 기념물이 드러내는 표상이나 메시지의 몇 가지 측면에 주목한다. 이러한 기념물 대부분이 국가적인 제도나 시스템에 도입되어 가는 과정을 밝히는 동시에, 그들과 비슷해 보이나 다른 개별 조직화를 촉진하는 운동의 소재를 검증하고자 한다.

여기에서 소개하는 여러 가지 것들은 역사성의 유무나 규모의 크고 작은 구분 없이 모두 기념물이라고 부른다. 원래 영어의 모뉴먼트 (monument)란 '생각나게 하다, 상기시키다'를 뜻하는 라틴어 동사에서 파생된 monumentum에서 유래하였다. 일반적으로 '기념비, 기념물'로 번역되는 경우가 많다. 어떠한 역사적 사건이나 사건을 기념하고, 그러한 기억을 환기시키기 위해 남겨진 유물이나 새로운 제작물을 가리킨다.[*1] 본론이 검증하는 현대의 자연재해에도 다양한 기념물을 볼 수 있다. 등신대 비석도 있고 거대한 건축물 유구(遺構)도 있다. 해일석과 같은 자연물도 있는가 하면 개별 아티스트에 의한 작품도 있다. 언뜻 보면 다양한 기념물들도 현대 사회 상황이나 이코노미의 제약을 받는 경우가 많다.

근대 이후 국민국가에서 기념물의 대부분은 국가에 내속하는 상상력을 사람들에게 부여해 왔다. 사람들은 종종 기념물을 통해 일원화되어 제도적인 배치 속에 익숙해져 간다. 그것이 반드시 정치적, 경제적 강제력을 수반하는 것은 아니다. 오히려 사람들이 적극적으로 유대를 요구하여 국가나 시스템에 내속하도록 하는 장치이기도 하다.[*2] 기념물을 대면하고 거기에 새겨진 사건의 기억을 공유함으로써 사람들은 국민의 일원임을 내면화하게 된다.

이러한 시좌는 프랑스 국가의 국민 성립에 대해 광범위한 논의를 실시한 피에르 노라(Pierre Nora)[1]들의 연구에서도 나타나고 있다.[*3] 그들의 연구는 국민 창성의 현장을 부감적으로 재조명하는 시점으로서 일련의 '기억의 장소'나 공동기억의 논의로 전개되어 갔다.[*4] 국민의 창

---

1) 피에르 노라(Pierre Nora, 1931~): 프랑스의 역사학자. 프랑스의 정체성과 기억에 관한 연구로 유명하다.

성을 논하면서도 거기에서 제시된 다양한 논고에는 일원적인 역사=정사(正史)의 표상을 목표로 하는 국민 규모의 기념물에서 공동체 수준, 혹은 좀 더 개별 주체에 의한 표상까지 다양한 단계를 집합적인 기억으로서 다시 파악하려는 시점이 제시되어 있다. 일본에서도 한신·아와지 대진재(阪神·淡路大震災)[2] 이후에 만들어진 기념물을 중심으로 많은 논의가 오갔다.[*5]

본 장은 이러한 논의의 연장선상에서 동일본 대진재(東日本大震災)[3] 이후 전개된 자연재해 기념물의 양상을 다시 파악하고자 한다. 무엇보다 현대 일본에서 국민으로 일원화되는 듯한 기념물의 창출은 사라진 것으로 보인다. 야스쿠니 신사(靖国神社)와 같은 존재가 거론되는 것을 제외하고는 국민은 보다 중립적이고 나아가 통계적인 존재로 자리매김하는 경우가 많다. 혹은 국보나 주요문화재로 대표되는 문화재의 위상에 있어서 그 가치를 담보하는 존재로서 국민이라는 범주가 사용된다. 그러나 그것은 어떻게 보면 보다 교묘하고 주도면밀하게 개별 주체를 일원적인 가치관에 순응시키는 제도라고 할 수 있다. 누구도 부정할 수 없는 가치관의 상하 질서를 만들어내며 대문자 역사와 문화가 로컬 기억과 개인의 추억으로 덧씌워지고 있는 것은 아닐까.

그러나 공동기억 논의가 보여주었듯이 종종 기념비의 표상에는 전

---

2) 1995년 효고현(兵庫県) 남부 지진으로 발생한 재해를 말한다. 사망자는 6,434명으로 제2차 세계 대전 이후 발생한 지진재해로는 2011년 발생한 동일본 대진재에 이어 두 번째로 큰 규모이다.

3) 2011년 3월 11일 도호쿠(東北) 지방 태평양 해역 지진(동일본 대지진)으로 인한 피해 및 이에 따른 후쿠시마 제1 원자력 발전소 사고 재해를 말한다. 일본에서는 대규모 지진재해 피해로 대진재(大震災)라 이름 붙였다.

체화에 항거하는 해석과 갈등이 내포되어 있다. 이러한 시좌 너머에는 일원화에 항거하는 기억의 형태, 정치적·경제적 권력구조와 대항적 역사나 기억의 형태를 모색하는 시좌를 엿볼 수 있다. 대중이라는 융통성 없는 존재가 스스로의 궤적으로 그려내는 기억의 형상은 이러한 복수성과 다양성에 대한 공극이 될 것이다.

본 장 또한 여기에서 재해의 기념물 속에 전체화와는 다른 가능성을 모색하게 된다. 다만, 20세기 말 이후 일본의 지진재해 기념물 전개 속에서 매우 주도면밀하게 전체적인 제도화가 촉진되어 온 점도 확인해야 한다. 예를 들어 역사적·문화적으로 의의가 있다고 인정된 문화재의 보존·활용을 비판하는 것은 어렵다. 또한 평소 재해의 매커니즘에 대해 알고 방재·감재를 위한 지식을 배우는 것을 부정하는 것도 불가능하다. 그러나 그러한 '정사'에 뒷받침되는 가치관이나 합리적인 생활양식으로는 결코 환원할 수 없는 개개의 경험이나 기억도 어김없이 존재한다.

이하에서는 제도화나 전체화에 정면으로 저항하는 것이 아니라 공적인 권력적 배치가 가져온 제도나 환경 또한 도입하면서 개별적인 실천과 기억을 담보할 수 있는 기념물의 가능성에 대해 검증하고자 한다. 그 구체적인 사례로서 동일본 대지진 후의 기념물의 생성 과정을 미야기현(宮城県) 게센누마시(気仙沼市)의 사례에서 소개한다.

2. 동일본 대지진의 기념물 ── 게센누마를 사례로

게센누마시는 미야기현 북동 끝 태평양 연안에 위치한다.[*6](〈그림 1〉)
산리쿠(三陸)[4] 특유의 리아스(rias)식 해안[5] 지형을 살리면서 어업과 상
업을 중심으로 번성해 왔다. 연안부 어업은 물론 근세 후기에 시작된
김 양식을 비롯하여 굴, 멍게, 가리비, 곰부, 미역 등의 양식 어업도
활발하다. 세계적으로도 손꼽히는 산리쿠 앞바다에서 꽁치, 가다랑어,
참치, 청새치 등 근해 어업, 원양 어업의 기지로도 기능해 왔다. 그러
나 이 복잡하게 얽힌 지형이 동일본 대지진의 쓰나미 피해를 증폭시키
는 요인이 되기도 했다. 시내 사망·실종자는 1,432명, 피해를 입은 주
택은 15,815동에 이른다. 유조선에서 유출된 기름에 인화해 연안부의
집이나 숲으로 옮겨 붙은 모습을 TV 중계로 보신 분들도 많을 것이다.

게센누마를 포함한 산리쿠 연안은 해일 상습 지대로 여겨져 반복적
으로 해일의 피해를 받아 온 지역이기도 하다. 동일본 대지진 이전에
이 땅을 강타한 지진이나 쓰나미의 기억을 전하는 기념물이 많이 존재
했다. 여기에서는 우선 과거의 '쓰나미 기념비'에 대해 소개한 뒤 대지
진 이후 기념비의 제반 모습을 살펴보도록 하겠다.

---

4) 산리쿠(三陸)는 아오모리현(青森県), 이와테현(岩手県), 미야기현(宮城県)에 걸친
   산리쿠 해안(三陸海岸)과 그 내륙부인 기타카미 산지(北上山地)를 가리키는 지역
   명이다.
5) 톱니처럼 극히 복잡한 해안선을 이루고 있는 해안.

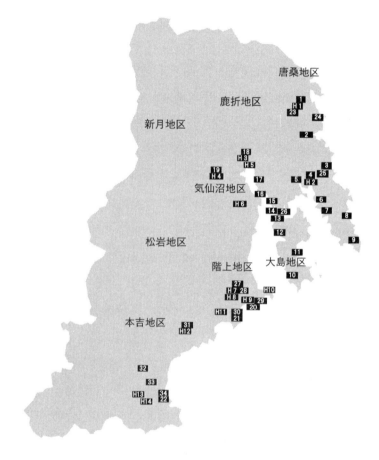

〈그림 1〉 게센누마시의 재해기념비 분포

쓰나미 기념비(위령)비

게센누마 시내에는 메이지와 쇼와의 쓰나미(津波[海嘯]) 기념비 34곳
이 확인됐다. 내역은 〈표 1〉에 기술한 바와 같이 메이지가 13곳, 쇼와
21곳이다.[*7] 메이지·쇼와의 기념비 중 22곳에는 동일본 대지진의 쓰나

미가 도달해 있었다. 그중 절반 이상인 13곳이 유실 또는 붕괴되었다. 기념비로는 낮은 땅에 집을 짓는 것을 금지한 이와테현(岩手県) 미야코시(宮古市) 아네요시 지구(姉吉地区)의 쇼와 산리쿠 거대 쓰나미(昭和三陸大津波)[6] 기념비가 유명하다. 그러나 게센누마에서는 기념비를 해안가 근처에 설치하는 경우가 많았다.[*8] 이 기념비들이 해변에서 생활할수밖에 없는 사람들에게 보내는 메시지였기 때문이다. 그 유실은 기념비가 고하는 경고가 현실을 추인하는 것이며 그런 의미에서 기념비는 그 역할을 했다고 봐야 할지도 모른다.

〈표 1〉 게센누마 메이지·쇼와 쓰나미 기념(위령)비

	소재지	현황	비명	재해
1	오사와 (大沢): 가모신사(賀茂神社)	반파, 이동	거대 쓰나미 재해 기념 (大震嘯災記念)	쇼와 산리쿠 쓰나미 (昭和三陸津波)
2	다다코시(只越)	이동	거대 쓰나미 재해 기념 (大震嘯災記念)	쇼와 산리쿠 쓰나미 (昭和三陸津波)
3	이시하마(石浜)	건재	거대 쓰나미 재해 기념 (大震嘯災記念)	쇼와 산리쿠 쓰나미 (昭和三陸津波)
4	슈쿠(宿): 하야마신사(早馬神社)	건재	거대 쓰나미 재해 기념 (大震嘯災記念)	쇼와 산리쿠 쓰나미 (昭和三陸津波)
5	모우네(舞根)	건재	거대 쓰나미 재해 기념 (大震嘯災記念)	쇼와 산리쿠 쓰나미 (昭和三陸津波)
6	시비타치(鮪立): 하치만신사(八幡神社)	반괴, 복원	거대 쓰나미 재해 기념 (大震嘯災記念)	쇼와 산리쿠 쓰나미 (昭和三陸津波)

---

6) 1933년 3월 3일 일본 이와테현 가미헤이군(上閉伊郡) 가마이시초(釜石町, 현재의 가마이시시[釜石市]) 동쪽 200km 산리쿠 해역에서 일어난 산리쿠 해역 지진으로 인한 해일이다. 2011년 동일본 대지진 전까지 일본 관측 사상 최대 규모의 지진이었다. 최대 28.7m의 쓰나미가 덮쳤으며 직후 규모 M6.8의 여진이 닥쳤다.

7	고사바(小鯖): 고등어 어항(鯖漁港)	건재	거대 쓰나미 재해 기념 (大震嘯災記念)	쇼와 산리쿠 쓰나미 (昭和三陸津波)
8	다키바마(滝浜): 다키바마 어항(滝浜漁港)	이동	거대 쓰나미 재해 기념 (大震嘯災記念)	쇼와 산리쿠 쓰나미 (昭和三陸津波)
9	오사키(御崎): 쓰나미 체험관(津波体験館)	건재	거대 쓰나미 재해 기념 (大震嘯災記念)	쇼와 산리쿠 쓰나미 (昭和三陸津波)
10	오시마(大島): 요코누마(横沼)	건재	쓰나미 기념 (震嘯記念)	쇼와 산리쿠 쓰나미 (昭和三陸津波)
11	오시마(大島): 나가사키(長崎)	건재	MEMORIAL OF THE GREAT EARTHQUAKE AND TIDAL WAVE	쇼와 산리쿠 쓰나미 (昭和三陸津波)
12	오시마(大島): 이소쿠사(磯草)	건재	쓰나미 기념 (震嘯記念)	쇼와 산리쿠 쓰나미 (昭和三陸津波)
13	시시오리(鹿折): 산노하마(三ノ浜) (쓰루가우라[鶴ヶ浦])	건재	거대 쓰나미 재해 기념 (大震嘯災記念)	쇼와 산리쿠 쓰나미 (昭和三陸津波)
14	시시오리(鹿折): 니노하마(二ノ浜) (가지가우라[梶ヶ浦])	도로공사에 따른 이동	거대 쓰나미 재해 기념 (大震嘯災記念)	쇼와 산리쿠 쓰나미 (昭和三陸津波)
15	시시오리(鹿折): 고고시오(小々汐)	무너짐, 복원, 이동	거대 쓰나미 재해 기념 (大震嘯災記念)	쇼와 산리쿠 쓰나미 (昭和三陸津波)
16	시시오리(鹿折): 오우라(大浦)	이동	거대 쓰나미 재해 기념 (大震嘯災記念)	쇼와 산리쿠 쓰나미 (昭和三陸津波)
17	시시오리(鹿折): 나미이타(浪板)	반파, 이동	거대 쓰나미 재해 기념 (大震嘯災記念)	쇼와 산리쿠 쓰나미 (昭和三陸津波)
18	시시오리(鹿折): 히가시미나토초(東みなと町)	무너짐, 복원, 이동	거대 쓰나미 재해 기념 (大震嘯災記念)	쇼와 산리쿠 쓰나미 (昭和三陸津波)
19	모토마치(本町): 간논지 절(観音寺)	이동, 무너짐	산리쿠 재해 참사 정령 (三陸災害惨死精霊)	쇼와 산리쿠 쓰나미 (昭和三陸津波) 메이지 산리쿠 쓰나미 (明治三陸津波)
20	하시카미(階上): 아케도(明戸)	유실, 행방불명	대진재 기념 (大震災記念)	쇼와 산리쿠 쓰나미 (昭和三陸津波)
21	오야(大谷): 오야 어항(大谷漁港)	유실, 행방불명	쓰나미 기념 (震嘯記念)	쇼와 산리쿠 쓰나미 (昭和三陸津波)

22	고이즈미(小泉): 게사이소(今朝磯)	건재	대진재 기념비 (大震災記念碑)	쇼와 산리쿠 쓰나미 (昭和三陸津波)
23	오사와(大沢): 다이노시타 묘지 (台の下墓地)	건재	쓰나미 익사 삼계만령 공양비 (海嘯溺死 三界萬霊供養碑)	메이지 산리쿠 쓰나미 (明治三陸津波)
24	다테(舘): 고류지 절(洪龍寺)	건재	쓰나미 익사 정령 공양 (海嘯溺死精霊供養)	메이지 산리쿠 쓰나미 (明治三陸津波)
25	슈쿠(宿): 지후쿠지 절(地福寺)	유실, 행방불명	쓰나미 기념비 (海嘯記念碑)	메이지 산리쿠 쓰나미 (明治三陸津波)
26	시시오리(鹿折): 산노하마(三ノ浜)	건재	거대 쓰나미 익사자 심령비 (大海嘯溺死者心霊碑)	메이지 산리쿠 쓰나미 (明治三陸津波)
27	하시카미(階上): 지후쿠지 절(地福寺)	유실, 행방불명	쓰나미 기념비 (海嘯記念碑)	메이지 산리쿠 쓰나미 (明治三陸津波)
28	하시카미(階上): 지후쿠지 절(地福寺)	유실, 재발견, 이동	산리쿠 거대 쓰나미 희생자 백년기 공양 기념비 (三陸大海嘯物故者百 年忌供養記念碑)	메이지 산리쿠 쓰나미 (明治三陸津波)
29	하시카미(階上): 아케도(明戸)	유실, 행방불명	아케도 묘지 유래비 (明戸霊園由来の碑)	메이지 산리쿠 쓰나미 (明治三陸津波)
30	오야(大谷): 오야 어항(大谷漁港)	유실, 행방불명	쓰나미 기념비 (震嘯記念碑)	메이지 산리쿠 쓰나미 (明治三陸津波)
31	오모리(大森): 세료인 절(清涼院)	건재	쓰나미 기념비 (海嘯祈念碑)	메이지 산리쿠 쓰나미 (明治三陸津波)
32	하타노사와(圃の沢): 조후쿠지 절(浄福寺)	건재	쓰나미비 (海嘯碑)	메이지 산리쿠 쓰나미 (明治三陸津波)
33	고이즈미(小泉): 고이즈미 대교(小泉大橋)	유실, 행방불명	유연 무연 삼계만령탑 (有縁無縁三界萬霊塔)	메이지 산리쿠 쓰나미 (明治三陸津波)
34	고이즈미(小泉): 게사이소(今朝磯)	건재	쓰나미 익사자 정령의 탑 (海嘯溺死者精霊之塔)	메이지 산리쿠 쓰나미 (明治三陸津波)

또한 유실되어 소재 불명이 된 기념비를 제외하고는 모두 이후 복구 활동 중에 보수되어 재설치 되었다. 이들 설치 상황은 기념비의 의미

〈그림 2〉 시시오리강 쓰나미기념비 (2012년 촬영)

를 되새기는 데 흥미롭다. 예를 들면 시시오리지구(鹿折地区) 히가시미나토초(東みなと町)의 쓰나미 기념비는 시시오리가와(鹿折川)강의 만교사와바시(万行沢橋) 다리 약간 하류에 위치하여 세 동네의 경계가 되는 십자로 쪽에 위치하고 있었다. 지진재해 시 강을 역류해 범람한 쓰나미에 의해서 토대부터 붕괴해 뒤집혔다(〈그림 2〉). 2013년 봄까지 이 상태가 지속되었으나 이후 하천 보수공사에 따라 상류에 위치한 사찰 근처에 임시로 두었다가 2019년 주변 정비가 끝나자 옛 장소 부근에 다시 설치되었다.

마찬가지로 시시오리지구의 고고시오지구(小々汐地区) 쓰나미 기념비는 마을의 배 정박지 출입구 부근 방파제 옆에 세워져 있었다. 현지 어부들에게는 매일 보이는 것이었는지도 모른다. 쓰나미로 인해 비석은 아래부터 부러져 뒤집힌 상태로 받침대 위에 세워져 있었다. 기념비에서 도로를 사이에 두고 몇 미터 거리에 곤피라다이곤겐(金比羅大権現)과 긴카잔(金花山[金華山])산의 비석이 있다. 비석 뒷면에 기록된 문

〈그림 3〉 고고시오 기념비와 곤피라 비석 (2018년 촬영)

구를 통해 전자는 메이지 20년대, 후자는 막부 말기에 건립되었음을 알 수 있다. 특히 곤피라 비석에는 제삿날도 설정되어 지역 사람들에게 신앙되어 왔다. 이 비석들도 이번 쓰나미로 무너졌지만 고고시오 사람들에 의해 2011년 초여름에 재건됐다. 오랫동안 받침대 위에 놓여 있던 쓰나미 기념비도 2018년 곤피라 비석 옆에 새로 받침대를 설치하고 다시 세웠다(〈그림 3〉).

이들 쇼와 쓰나미 기념비는 동일본 대지진이라는 새로운 지진의 기억을 덮어쓰는 형태로 지구(地区) 내에 재건되었다. 지구의 징표가 되는 비석류를 재정비하는 과정에서 집합적인 기억을 담당하는 매체로서 재해 기념물도 활용되고 있다. 이러한 경향은 후술하는 기념물의 생성의 문제와 관련지어 검증해야 할 것이다.

다만 그 전에 쇼와와 메이지의 쓰나미 기념비에 대해 몇 가지 특징을 지적해 두고 싶다. 우선 쇼와 쓰나미에서는 기념물 제작을 촉구한 대중매체의 존재를 들 수 있다. 도쿄와 오사카 아사히신문(朝日新聞)은 쓰나미 발생 다음 날부터 지면을 통해 성금을 모금했다. 그러자 5월 말까지 21만 2,997엔 남짓이 신문사에 접수되었다. 아사히신문은 마찬가지로 성금을 모금한 다른 신문사와는 다르게 배분했다. 21만 엔 남짓의 성금 중 5만 엔 남짓을 '재해기념비' 건립 자금으로 지정하여 피해를 입은 산리쿠 3현에 배분한 것이다.

기념비의 크기는 '높이 5척, 폭 2척 5촌 이상(토대돌 포함)'으로 지정되었으며 '피해 상황 및 쓰나미의 내습 지역 등 후세의 참고가 될 기록을 표시할 것'이라는 규격도 통일되었다. '지진이 나면 쓰나미 조심'이라는 표어도 붙었고 비석 뒷면에는 아사히신문 성금 잔액으로 건립된 사실을 명기하는 것이 조건이었다. 표어에서 알 수 있듯이 이들 기념물은 명확하게 교훈과 경종을 목적으로 한 것이었다.

매스미디어의 선도와 지역 간에 공통성을 갖는 규격화로 인해 쇼와 쓰나미비는 건립된 셈이다. 이어 비문에는 '경외롭게도 두 분 폐하로부터 구휼금을, 더욱이 황후 폐하로부터 중상자에게 옷감과 바느질삯을 받아 그 인자함에 감격을 금할 길 없다'고 기록되어 황실에 의한 '구휼금'의 '하사'도 명기되어 있다. 재해를 통한 국민(신민)의 재표상, 재통합을 거기에서 볼 수도 있을 것이다.

이는 지역에 남아있는 메이지 산리쿠 거대 쓰나미(明治三陸大津波) 기념비와 비교하면 더욱 선명해진다. 사망자 수 등 피해 수준에서는 쇼와 거대 쓰나미를 웃도는 메이지 거대 쓰나미 이후에도 많은 기념물이 각지에서 건립되었다. 다만 이들 중 상당수는 신사나 사찰에 건립된 위령비와 진혼비가 대부분을 차지하고 있다. 게센누마의 사례에서도 메이지 거대 쓰나미의 비석 대부분은 사찰의 경내나 묘지 내에 설치되어 있다(〈표 1〉 참조). 비석 표면에는 위령이나 진혼의 글씨가 각인되어 있거나 일반인들에게는 생소한 한문으로 된 비문이 기록되어 있다. 그 문구들은 지진 이후 남겨진 사람들보다는 지진 피해의 희생자인 피안의 존재를 향한 메시지로도 해석된다.

나이완 지구(內湾地区) 등록 유형문화재군 복원 및 보존

게센누마(気仙沼湾) 만의 가장 안쪽 구 페리 승강장 주위는 나이완 지구라고 불리며 전쟁 전부터 게센누마의 중심부 중 하나이다. 그러나 바다에 접한 지역은 해발고도 낮고 쓰나미 피해도 컸다. 피해를 입은 건물 중에는 쇼와 초년경에 지어졌으며 국가 등록 유형문화재로 지정된 건축물이 여럿 있었다. 지진재해 후에 시작된 것이 나이완 지구의 등록문화재의 재건 정비 계획이다. 미나미마치(南町)의 오노켄 상점(小野健商店)의 광, 지다케 주택(千田家住宅[지진재해 후에 등록]), 사카나마치(魚町)의 가쿠보시 점포(角星店舗), 오토코야마 본점 점포(男山本店店舗), 다케야마 고메점 점포(武山米店店舗)가 대상이 되었다. 재건을 위해「게센누마 때를 기다리는 부흥 검토회(気仙沼風待ち復興検討会)」가 결성되어 시와 문화재를 담당하는 교육위원회가 중심이 되어 계획을 진행시켰다.[9](〈그림 4〉)

이들 등록문화재 건물은 개인 소유이지만 공공성이 높은 '문화재'로서 부흥의 상징으로 자리매김했다. 소유자들도 이를 이해하고 있으며 이러한 건축물을 활용한 여러 행사와 시설을 이용한 전시 활동 등도 진행되고 있다. 〈그림 5〉는 오노켄 상점에서 광에 사용한 회반죽을 현지의 아이들에게 실제로 사용해 보게 하는 기획의 모습이다. 오노켄 상점은 게센누마항에서 어획하는 생선 도매상이었다. 부흥된 광 안은

〈그림 4〉 임시 설치되어 있던 가쿠보시 점포 (2015년 촬영)

〈그림 5〉 오노켄 상점 광 앞에서 회반죽 체험 모습 (2014년 촬영)

게센누마 어업에 대한 자료를 보여주는 전시실로 정비되고 있다.

이와 같이 나이완 지구에서는 재해를 입은 건축물을 중심으로 한 기념물화가 진행되고 있다. 그러한 건축물들은 주점이나 쌀가게, 생선 도매상과 같은 게센누마의 경제와 문화를 지탱해 온 상가들이 중심을 이루고 있다. 그러한 입장에 있던 집이나 점포는 지진재해 이전부터 일정한 공공성을 담당하고 있어 사회적으로나 경관적으로나 시민에게 친숙한 존재였다. 국가의 지원을 받으면서도 시내 건축물을 부흥의 상징으로 복원하거나 재건하는 것이 지역 측의 요청으로 전개되어 왔다고 할 수 있다.

새로운 기념물 —— 커뮤니티·종교시설·예술작품

대지진 후 게센누마의 각 지역에서 새로운 기념물이 만들어졌다. 이 기념물들은 사찰 등 종교시설이나 학교, 공원 등 공공장소에 건립된 것이 많다. 현재까지 확인할 수 있었던 새로운 기념물은 〈표 2〉에 정리한 바와 같다. 예를 들어 게센누마시 오야(大谷)에는 바다를 바라보는 고지대에 지장존과 기념비가 세워져 있다. 혹은 같은 시의 모토마치(本町) 간논지(観音寺) 절에는 2011년에 관음상을 중심으로 하는 '동일본대지진 위령비(東日本大震災慰霊碑)'가 건립되어 있다. 이들 커뮤니티나 사찰에서 만들어진 기념물은 위령이나 진혼을 기리는 것이 많다.

〈표 2〉 동일본대지진 기념(위령)비

	소재지	설치년	비명
H1	오사와(大沢)	2018	동일본대지진희생자위령비 (東日本大震災犠牲者慰霊碑)
H2	슈쿠(宿): 하야마 신사(早馬神社)	2012	거대 쓰나미 도달점 자자손손 구전하라 (大津波到達点子々孫々語り継げ)
H3	시시오리(鹿折): 니시키초(綿町)	2017	시시오리 쓰나미 기억석~미래에의 전언 (鹿折津波記憶石~未来への伝言)
H4	모토마치(本町): 간논지 절(観音寺)	2013	동일본대지진위령비 (東日本大震災慰霊碑)
H5	시시오리(鹿折): 연명 지장(延命地蔵)	2019	진혼비 (鎮魂碑)

H6	마쓰이와(松岩): 고야다테하치만 신사 (古谷館八幡神社)	2014	동일본대지진위령비 네가 잠든 이 바다와 함께 (東日本大震災慰霊碑 汝がねむる この海とともに)
H7	하시카미(階上): 지후쿠지 절(地福寺)	2012~	기원의 광장 외 (いのりの広場, 他)
H8	하시카미(階上): 생명의 숲(いのちの森)	2012	나한 하수아비 동일본대지진 거대 쓰나미 '진혼의 숲' (羅漢かかし東日本大震災 大津波「鎮魂の森」)
H9	하시카미(階上): 스기노시타(杉の下)	2012	인연 당신을 잊지 않을게요 (絆 あなたを忘れない)
H10	하시카미(階上): 이와이사키(岩井崎) 고토히라 신사(琴平神社)	2015	동일본대지진기록 (東日本大震災記録)
H11	오야(大谷): 부흥의 언덕(復興の丘)	2012	벚나무 지장·진혼 (さくら地蔵·鎮魂)
H12	오모리(大森): 세료인 절(清涼院)	2013	위령관음 (慰霊観音)
H13	고이즈미(小泉)	2012	동일본대지진 거대 쓰나미 (東日本大震災大津波)
H14	고이즈미(小泉): 고이즈미 초등학교(小泉小学校)	2012	쓰나미의 가르침(津波の教え)

아티스트에 의한 설치나 오브제도 볼 수 있다. 하시카미 지구(階上地区)의 지후쿠지(地福寺) 절 주변에는 지진재해 후에 복구·부흥을 테마로 한 복수의 작품이 설치되었다. 하시카미 지구는 게센누마시의 약간 남쪽에 위치하며 앞의 나이완 지구에서는 차로 15분 정도의 거리이다. 일례로 절에서 남쪽으로 조금만 걸으면 일체의 석상 조각이 세워져 있다. 나가노현에 거주하는 조각가 오바 도시히로(大場敏弘)가 2011년에 2과전(二科展)[7]에서 입선한 「나한 허수아비(羅漢かかし)」라는 작품이다

〈그림 6〉 나한 허수아비 (2017년 촬영)

(〈그림 6〉). 부설 비문에는 " … 공허한 마음에 떠오른 것은 쓸모없는 황
야에 서 있는 고고한 허수아비입니다. 돌을 마주 보고 한 번 쪼개고
한 번 부수고 사람을 치유하는 힘이 무엇인가를 생각해 그 마음을 나한
의 화신으로서 이 석상에 상징했습니다"라고 기록되어 있다.

지진재해 유구(遺構)와 박물관 전시

　보다 규모가 큰 기념물에 대해서도 소개해 두고 싶다. 동일본 대지
진 때에는 지진재해 후 얼마 지나지 않아 「지진재해 유구」라고 하는
말이 사람들에게 회자되게 되었다.[*10] 지진재해 유구의 대부분은 지진
과 쓰나미의 조흔을 여실히 말해주는 거대한 건축물·건조물을 중심으

---

7)　일본의 미술가 단체 닛카카이(二科会)가 회화부, 조각부, 디자인부, 사진부로 구성
　된 이과전(二科展)을 매년 개최하고 있다.

로 구성되어 있다. 지진재해 후의 이른 시기부터 주목받은 대표적인
유구로서 이와테현(岩手県) 오쓰치초(大槌町)의 오쓰치 초등학교(大槌
小学校) 터, 미야기현(宮城県) 미나미산리쿠초(南三陸町) 구 방재 대책
청사, 동현의 기센누마시 제18 교토쿠마루(第十八共徳丸) 등을 들 수
있다. 그중에는 국가나 행정단체에 의해 정비되어 다크 투어리즘——
재해나 전쟁 등 인류의 슬픔이나 아픔의 경험과 기억을 더듬는 관광
—— 의 거점이 된 곳도 있는가 하면, 현지의 반대로 해체된 것도 있다.

현재 지진재해 유구는 '지진 전승시설(震災伝承施設)'로서 그 정비상
태에 따라 규격화가 진행되고 있다. 국토교통성(国土交通省) 홈페이지
에서는 지진재해 전승시설을 3단계로 등급을 매겨 지도상에 망라하고
있다. 그 기준은 기본적으로 방문 편의에 따른 것이다. 첫 번째 분류는
광의로 지진재해의 교훈·경종에 연결되는 기념물이다. 두 번째는 이
들 중 '대중교통 등의 편리성이 높고 인근에 유료 또는 무료 주차장이
있는 등 내방자가 방문하기 쉬운 시설'로 여겨진다. 그리고 세 번째는
'안내원의 배치나 해설 활동 등 내방자가 쉽게 이해하도록 배려하고
있는 시설'로 여겨진다.[11] 세 번째 분류는 관광지로서 편리성과 서비
스가 가장 잘된 곳이며 규모도 크고 보존·유지에 많은 예산이 투입된
시설이다. 또, 그것들이 지도로 제작되어 있다는 점도 유의해 두고 싶
다. 이러한 지도를 참조함으로써 망라된 전승시설을 순회할 수 있게
되는 셈이다.

게센누마에서는 세 번째 분류로 지정된 전승시설로 시의 동쪽 끝에
위치한 가라쿠와지구(唐桑地区)의 '가라쿠와 반도 방문자 센터·쓰나미
체험관(唐桑半島ビジターセンター·津波体験館)', 시의 중심부에서 약간
내륙으로 들어간 아카이와마키사와(赤岩牧沢)의 '리아스 아크 미술관

(リアス·アーク美術館)', 그리고 앞의 지후쿠지 절과 가까운 구 현립 고
요 고등학교 교사(向洋高校校舎)가 소개되어 있다. 처음 두 곳은 동일
본 대지진 이전부터 개설되어 있었으나 지진 후 동일본 대지진 기록과
전시에 대해 리뉴얼을 실시한 시설이다. 반면 구 현립 고요 고교 교사
는 주변 정비 작업이나 교사 보강 공사가 이루어져 2019년 3월에 '게센
누마시 동일본 대지진 유구·전승관(気仙沼市東日本大震災遺構·伝承館)'
으로 오픈했다(〈그림 7〉).

〈그림 7〉 게센누마시 동일본 대지진 유구·전승관 (2019년 촬영)

이미 말했듯이 지진재해 유구의 대부분은 지진재해의 조흔을 구현
하는 거대한 건축물·건조물이 선출되는 경향이 있다. 고요 고등학교
는 쓰나미의 직격탄을 맞아 교사의 3층 부분까지 침수됐다. 하지만 학
생들은 재빨리 옥상으로 대피해 어려움을 모면했다. 당초 유구 후보였
던 제18 교토쿠마루의 보존이 지역과 선주의 반대로 좌절된 반면, 고
요 고교는 학생과 교원 중 희생자가 나오지 않아 주목받은 바 있다.
시설을 남기는 것에 반대 의견은 적고 현지에서도 이 건물을 남겨 두고
싶다는 의견이 나오고 있었다.

개장한 전승관에서는 가장 먼저 십여 분 분량의 영상으로 게센누마를 덮친 쓰나미의 모습이 소개된다. 이후 피해를 입은 학교 건물의 각 층을 둘러보며 학생들이 대피한 옥상에서 사방을 내다보게 되어있다. 흩어진 교재나 교사의 3층으로 날아든 자동차 등이 지진재해 시 그대로 보존되어 있다. 교사를 한 바퀴 돌아본 후에는 게센누마 각지에서 재해 당시의 모습을 찍은 영상이 이어지고 마지막 공간에서는 게센누마 시내 이재민들의 그 후를 소개하는 다큐멘터리 영상이 방영되고 있다.*12

복합화하는 기념물

이미 소개한 사례와 겹치기는 하지만 마지막으로 기념물이 복합화되는 사례를 소개해 두고 싶다. 복합화되는 기념물이란 유래나 시대 혹은 건립한 주체가 다른 기념물이 한 공간 안에 공재하고 있는 상태를 나타낸다.

예를 들어 재건된 시시오리지구의 연명지장(延命地藏) 사당이다. 원래 시시오리가와(鹿折川)강 나미이타바시(浪板橋) 다리 쪽에는 지장당이 있었고 근세 후기작으로 여겨지는 지장존과 경신탑이 모셔져 있었다. 히가시미나토초의 쓰나미기념비와 마찬가지로 시시오리가와강을 거슬러 올라간 쓰나미에 의해 사당은 떠내려가고 만다. 그러나 지진재해 후의 이른 시기부터 원래의 장소에 지장과 경신탑은 재설치되어 서서히 주위도 정비되어 갔다. 이후 호안공사를 위해 석물은 상류에 위치한 시시오리지구 히가시나카사이(東中才) 조넨지(浄念寺) 절에 일단 설치되었다. 공사가 끝나자 원래 설치 장소에서 가까운 도로변에 사당이 들어서고 지장과 경신탑이 안치되었다. 게다가 그때 새롭게 동일본

<그림 8> 시시오리 연명지장 (2019년 촬영)

<그림 9> 오사와지구의 동일본 대지진 위령비
(2019년 촬영)

<그림 10> 지후쿠지 절의 기도 광장
(2015년 촬영)

<그림 11> 바다 생물 공양비 (2017년 촬영)

대지진의 진혼비도 설치되었다(<그림 8>).

또 시 동부에 위치한 가라쿠와 오사와지구(唐桑大沢地区)에는 지진재해 위령비 주위에 몇 개의 피해물이 배치되어 있었다. 중심에는 동일본 대지진으로 희생된 지구 사람들의 이름을 새긴 위령비가 있다. 그 배후에는 인근 가모신사(賀茂神社) 경내에 설치되어 이번 쓰나미로 파손된 쇼와 쓰나미 기념비가 이축돼 있었다. 또한 상류에서 흘러왔다는 지장존이 모셔져 쓰나미로 피해를 입은 배의 종도 '안정의 종(和ごみの鐘)'이라고 이름 붙여 설치되어 있다(<그림 9>).

또한 하시카미지구의 지후쿠지 절에는 다양한 기념물이 정비되어

있다. 여기에는 침수 높이에 맞추어 설치된 지장존을 중심으로 기도
광장이 지진재해 후의 이른 시기에 조영되었다(〈그림 10〉). 이후 쓰나미
로 숨진 지역 사람들의 진혼비와 쓰나미로 유실됐다가 재발견된 메이
지 쓰나미 위령비도 설치되었다. 이 밖에도 '바다 생물 공양비(海の生き
もの供養の碑)'와 피해 상황을 나타내는 지도 등도 놓여 있다(〈그림 11〉).
지후쿠지 절 주위에는 이미 기록한 '나한 허수아비' 등도 세워져 있어
광범위한 기념물군을 형성하고 있다.

3. 이야기와 기념물

게센누마시의 기념물의 제상을 소개했다. 가장 먼저 주목한 것은 동
일본 대지진 이전의 재해에 관한 기념물의 존재이다. 특히 메이지와
쇼와의 쓰나미에는 많은 석조 기념비가 건립되었다. 여기에서 확인해
야 할 것은 이들 기념비에 담긴 메시지의 위상이다. 이미 보았듯이 메
이지의 거대 쓰나미에서는 기념비의 대부분이 '진혼·위령'을 주된 메
시지로 하고 있었다. 반면 쇼와시대의 거대 쓰나미는 쓰나미에 대한
평소의 대비가 표어가 되어 명확하게 '교훈·경종'을 주된 메시지로 하
고 있다.[13] 공동체 차원의 의식을 볼 수 있었던 메이지 기념비는 얼굴
이 보이는 사망자들에 대한 진혼이 중심을 이루고 있었지만, 쇼와 기
념비는 대중매체나 국가적인 프로젝트로서 재해 후를 살아가는 사람
들에 대한 교훈·경종의 메시지가 일반화되어 있었다고 할 수 있다. 이
흐름은 1995년 한신·아와지 대지진 이후의 기념물 전개 속에서 조직

화되고 표준화되어 동일본의 기념물에 피드백되고 있다.

물론 죽은 자에게 보내는 메시지가 사라진 것은 아니다. 한신·아와지에서는 공적인 시설에 대해 커뮤니티나 종교 단체의 대부분은 진혼·위령을 취지로 한 기념물을 건립하고 있었다. 이러한 경향은 게센누마의 새로운 기념물에서도 답습되고 있다.

다음으로 주목한 것은 문화재로서의 기념물 보존이다. 게센누마에서는 등록 유형문화재였던 점에 비추어 여러 건축물의 복구가 시도되었다. 이는 문화재로서의 보존과 활용 실천을 통한 기념물의 창조로 파악된다. 참고로 미야기현 나토리시(名取市)의 유리아게지구(閖上地区)와 이와테현의 리쿠젠다카타시(陸前高田市)에서는 피해를 입은 쓰나미비와 금석비(金石碑)를 시 문화재로 지정하려는 움직임도 나타나고 있다. 문화재로서의 기념물 창출은 한신·아와지 대지진 이후에 나타난 현상이다. 효고현 아와지시(淡路市)의 '노지마 단층 보존관(野島断層保存館)'에는 지진을 일으킨 노지마 단층의 표층부가 보존되어 있다. 이 단층은 시설 개설(1998년)에 앞서 국가 천연기념물로 지정되어 있다. 문화재보호법에 따라 지정된 문화재가 보존 대상으로 기념비화 된 셈이다.

셋째, 지진재해 유구나 지진재해 전승시설의 존재가 있다. 앞선 단층의 표층부도 어떻게 보면 지진재해 유구로 파악된다. '노지마 단층 보존관'의 일련의 시설로서 지진재해 당시의 모습을 전하는 가옥이나 지진재해 시의 화재로 재해를 입은 고베시 나가타구(長田区)의 방화벽을 이축해 전시하고 있다. 이 밖에 지진재해 시를 말해주는 유구로는 고베항(神戸港)의 메리켄 부두(メリケン波止場)를 들 수 있으며, 이곳에는 피해를 입은 벼랑의 일부가 당시 상태로 보존되어 지진재해와 관련

된 전시가 이루어지고 있다. 이러한 유구 보존 시도는 같은 시기에 진행된 나가사키현 운젠후겐다케(雲仙普賢岳)의 화쇄류(火砕流[1991년])로 피해를 입은 구 오노코바 초등학교(大野木場小学校) 교사의 보존이나 후의 니가타현 주에쓰 지진(中越地震[2004년])에서의 구 야마코시무라(山古志村)의 탁류에 묻힌 민가의 '현상 보존'에 의한 기념물화와 같은 수법이라 할 수 있다.[14] 게센누마의 구 고요 고등학교는 이러한 배경을 거쳐 탄생한 셈이다.

이들 시설에서는 앞서 기술한 교훈·경종의 메시지가 보다 조직적이고 체계적으로 소개된다. 지진이나 쓰나미 혹은 화산 폭발 등의 재해 매커니즘이 해설되어 역사적·지리적 배경을 보여주고 있다. 그 목적은 현대적인 방재·감재에 관한 과학적 지견을 보급하는 것이다.

넷째, 이러한 시설이나 기념물을 둘러싼 '순례'라는 실천에 대해서도 유의해 두고 싶다.[15] 이미 기술한 바와 같이 동일본 대지진에서는 국가 주도하에 이러한 전승시설을 방문함으로써 지진재해의 경험을 체계적으로 배우는 경로를 권장하고 있다. 또, 인터넷상에서는 유식자나 종교 단체가 동일본 대지진의 순례 코스를 소개하는 페이지도 존재한다.[16]

원래 한신·아와지 대지진 후에 실시된 기념물을 둘러싼 운영은 NPO 등 민간의 조직이 주체적으로 기획한 것이었다. 여러 개의 기념물을 둘러봄으로써 진혼·위령과 교훈·경종이라는 취지를 달리하는 메시지가 횡단적으로 체험되어 왔다. 매년 고베시 주오구(中央区)의 히가시 유원지(東遊園地)에 설치된 기념물 '1·17 희망의 등불(一・一七 希望の灯り)'로의 순례도 각각 자발적인 운영으로 계승되고 있다(〈그림 12〉). 매년 지진재해가 있었던 1월 17일에는 여러 학교와 지역에서 등

불 분유 신청이 있다. 사람들은 희
망의 등불을 랜턴 등으로 옮겨 가져
간다. 기념물로 향하는 운영 자체가
지진재해의 기억을 갱신하고 있다.

니가타현 주에쓰 지진에서는 피
해를 입은 여러 지자체의 기념물군
을 연결하는 형태로 '주에쓰 메모리
얼 회랑(中越メモリアル回廊)'이라는
순회 코스가 정비된다. 이들은 지자
체와 사단법인 등 공적인 조직에 의
해 운영되며 기념물과 자료관을 둘
러싼 다크 투어리즘이 규격화되어

〈그림 12〉 고베시 히가시 유원지의
1·17 희망의 등불 (2013년 촬영)

있다. 동일본 대지진에서는 개별 지역에서의 순례뿐만 아니라 국가 주
도하에 광범위한 관광 대상으로 기념비가 배치되고 있다. 재해 3현에
걸친 순례지의 지도 제작은 각각의 재해의 기억을 관광의 맥락으로 환
원하는 측면도 가지고 있다.

이상과 같이 동일본 대지진의 기념물은 20세기 말 이후에 발생한 재
해의 기념물 표상의 많은 측면을 계승하고 확대하면서 전개되어 왔다
고 할 수 있다. 그것들을 창출하는 측의 다층성으로부터 수용하는 측
의 다양성, 혹은 발신되는 메시지의 다양성이 다방면에 걸쳐 불특정
다수의 대중이라는 요람 속에서 양성되어 구축되고 있다.

4. 제도화의 틈새와 다양성으로의 우회로

기념물과 그것들을 조작하는 부드러운 제도적 장치는 점점 교묘하
게 그리고 교활해지고 있다. 이재민의 시선으로 길러진 순례라는 실천
도 조직화되어 제도적인 후치로 통합되고 있다. 문화재 제도를 통한
공동체 규격화도 추진되고 있다. 표준 순례 코스에 의한 다크 투어리
즘으로의 유인이나 문화재 제도에서의 기념물 보호는 공적인 조직이
지진재해 후의 사회를 평준화하고 제어하기 위해 편성한 권력적인 후
치라고 봐도 무방하다. 물론 거기에서 행사되는 권력이란 이미 말했듯
이 이재민을 포함한 대중이 들여다보고 탐냈다는 측면도 잊지 말아야
한다. 본론에서는 자세히 설명하지 않았지만 이러한 기념물의 규격화
와 통합화에 있어서는 매스미디어가 완수한 역할도 크다. 신문이나 TV
에서 반복적으로 소개된 지진재해 유구는 지식인들의 제언보다 비주
얼의 반복을 통해 대중에게 수용되고 인지되어 갔다.

이러한 규격화나 제도화에 항거하는 것은 정말 가능한 것일까? 게센
누마의 사례에서 주목하고 싶은 것은 기념물군의 횡단적인 자기 조직
화의 힘이다. 게센누마에서는 지진재해의 기억을 돌리는 과정에서 복
수의 기념물이 이끌리는 사례를 소개했다. 하시카미의 경우에서 현저
한 것처럼 지진 재해지 이외의 제삼자에 의한 작품도 거기에 이끌리기
까지 한다.

기념물군에는 시대를 달리하는 물건이나 개별 기억을 가진 물건이
완만한 연결 속에서 공재하고 있다. 한편, 이러한 기념물은 공간을 공
유함으로써 '군(群)'으로서 동일본 대지진에 대한 기억을 계속 환기시
킨다. 다른 시대나 지역에서의 개별 기억은 대지진의 기억으로 일원화

되는 것은 아니다. 중층적인 기억을 담보하면서 한층 더 새로운 기억과 링크할 가능성을 내포하고 있다. 그 자기 조직화의 힘은 제도에 의해 길들여져 가는 기념물과는 다른 힘을 가지고 있다. 혹은 그 힘은 지진재해의 기억에서 벗어나려는 사람들의 운영 궤적 그 자체일지도 모른다.

물론 기념물이 무리로 전개되는 사례는 동일본 대지진에서 비롯된 것은 아니다. 한신·아와지 대지진의 노지마 단층 보존관에서는 인근의 재해 주택이나 다른 장소의 방화벽의 일부가 이축되어 소개되고 있었다. 또 고베시 스마구(須磨区)에 있는 스마데라(須磨寺) 절에는 피해 지역에서 모인 지장존이 경내에 안치돼 있다. 공적 시설이나 종교시설에서의 기념물군은 결코 드문 것이 아니다. 이러한 사례는 하시카미의 지후쿠지 절 사례와도 연결될 것이다.

게센누마의 경우는 그러한 과거 사례를 답습한 것은 아니다. 계획적인 의도나 지침이 있어 진행된 것도 아니다. 오히려 거기에서 상기되는 것은 〈그림 13〉과 같은 일견 혼돈스러운 제단의 모습이다. 이는 철거된 제18 교토쿠마루 옆에 놓여 있었다. 2012년 여름에는 기독교, 불교, 신도, 주물 등 그곳에는 참으로 다양한 물건들이 가득 쌓여 있었다. 이는 물론 교훈·경종을 의도한 것은 아니다. 그러나 진혼·위령과도 이질적인 생각이 든다. 질서정연하지 않은 감정이나 생각, 소리가 나지 않는 통곡이 이들에게서 메아리치고 있다. 이질적인 생각과 기도의 혼효(混淆) 또한 불특정 다수의 대중에 의해 발생한 것이다.

이들의 목소리가 이 기념물 미만 제단에는 충일했다. 기념물이 무리를 지어가는 힘에는 이런 부정적인 생각의 편린을 볼 수 있지 않을까? 배경이나 의도를 다른 존재가 증식해 교차하는 실천으로서 이들 기념

〈그림 13〉 제18 교토쿠마루의 제단 (2013년 촬영)

물군은 전개하고 있다. 기념물과 상대하는 사람에게 필요한 것은 그
배후에 결코 정지(整地)되지 않고 치유되지 않는 생각이 소용돌이치며
맥박치고 있음을 읽어내는 능력이 아닐까.

원저자 주

*1 기념물이 '상기시키는 것'인 이상 사회적 상징이나 집단의 기억을 주제로 하는 다양한
    연구 분야가 대상이 되어 왔다. 선사시대의 환상열석(環狀列石)과 고대의 봉분부터
    근대의 거대 건축과 전쟁 유물, 현대 예술가들의 오브제와 설치에 이르기까지 실로
    다양한 존재가 기념물이라는 범주에서 논의된다.

*2 アンダーソン・B.,『想像の共同体─ナショナリズムの起源と流行』(白石隆・白石さや訳,
    リブロポート, 1987), ホブズボウム・E. &レンジャー・T. 編,『創られた伝統』(前川啓
    治・梶原景昭他訳, 紀伊國屋書店, 1992) 참조.

*3 ピエール・ノラ編,『記憶の場─フランス国民意識の文化＝社会史』第一巻〈対立〉・第二
    巻〈統合〉・第三巻〈模索〉(谷川稔監訳, 岩波書店, 2002・2003・2003) 참조.

*4 阿部安成他編, 『記憶のかたち—コメモレイションの文化史』, 柏書房, 1999. 森村敏己, 「記憶とコメモレイション—その表象機能をめぐって—」, 『歴史学研究』742, 2000.

*5 한신·아와지 대지진의 기념물에 대해서는 震災モニュメントマップ作成委員会, 毎日新聞震災取材班, 『震災モニュメントめぐり—忘れない1.17』(葉文館出版, 2000), 今井信雄, 「死と近代と記念行為—阪神·淡路大震災の「モニュメント」にみるリアリティ」(『社会学評論』51-4, 2001). 同, 「阪神大震災の「記憶」に関する社会学的考察—被災地につくられたモニュメントを事例として」(『ソシオロジ』47-2, 2002) 등을 참조.

*6 게센누마시(気仙沼市)는 전후인 1953년 게센누마마치(気仙沼町)와 시시오리마치(鹿折町), 마쓰이와무라(松岩村)가 합병해 시정(市政)이 시행되었다. 2년 뒤인 1955년에는 하시카미무라(階上村), 니쓰키무라(新月村), 오시마무라(大島村)의 세 곳이 더해졌다. 또한 헤이세이(平成)의 대합병을 계기로 2006년에 가라쿠와초(唐桑町)와 2009년에는 모토요시초(本吉町)와 합병하여 현재의 시역(市域)이 확립되었다.

*7 白幡勝美·佐藤健一, 『気仙沼市における明治·昭和三陸津波関係碑(供養碑·記念碑·境標柱他)』(白幡勝美, 2014) 참조.

*8 이와테현(岩手県) 미야코시(宮古市) 아네요시 지구(姉吉地区)의 기념비에는 "높은 주거는 자손의 화락 생각해봐 참화의 거대 쓰나미 여기부터 아래에 집을 짓지 말라"고 적혀 있었다. 아네요시 지구는 메이지와 쇼와의 두 번의 쓰나미로 큰 손해를 입어 온 마을이 고지대로 이전했다. 비석의 가르침을 지켜 해변 근처에 집을 짓지 않아 이번 쓰나미 피해를 면할 수 있었다고 한다. 과거 지진의 기억이 미래에 대한 교훈으로 활용된 사례로 소개되는 경우가 많다. 이런 경우는 실제로 소수일 뿐 모든 기념비의 기억이 교훈이나 경종으로 활용 가능한 것은 아니다. 참고로 아네요시의 '기념비'도 신문사 보조금으로 건립된 것으로, 보다 구체적인 경종으로 해안가 가옥의 건조를 금지하고 있는 것이다.

*9 2017년에 오노켄 상점(小野健商店)의 광이 복원되었고 이어서 다케야마 고메점(武山米店)이 재건을 완료하였다. 가쿠보시 점포(角星店舗)는 여러 단계의 보수 작업을 거쳐 2016년 지진 이전의 장소에 재건되었다. 더욱이 2020년 7월에는 오토코야마 본점(男山本店) 점포가 원래의 3층짜리 모습으로 게센누마만(気仙沼湾)을 내려다보게 되었다. 이 오토코야마 본점 점포는 1, 2층 부분이 쓰나미에 휩쓸려 3층 부분만 간신히 소재지에 임시로 놓여 있었다. 대략 9년의 세월을 거쳐 1, 2층부를 포함한 재건이 완성된 셈이다.

*10 小川伸彦, 「モノと記憶の保存」(荻野昌弘編, 『文化遺産の社会学—ルーヴル美術館から原爆ドームまで』新曜社, 2002) 참조.

*11 震災伝承ネットワーク協議会事務局, 「震災伝承施設」(http://www.thr.mlit.go.jp/sin saidensyou/sisetsu/index.html) 참조.

*12 이 전승시설의 제3 분류로 일괄되어 있기는 하지만 게센누마시의 '리아스 아크 미술관(リアス·アーク美術館)'의 상설전시는 다른 지진전시와는 차별화된 전시방법을 취하

고 있다. 기념물의 전체화를 둘러싼 논의에서는 이 지진재해 전시를 검증해야 하지만 지면 사정으로 생략할 수밖에 없었다. 다른 원고에서 다시 검토하고 싶다.

*13 물론 진혼·위령과 교훈·경종을 단순히 분별하는 것은 불가능하고 기념물을 마주하는 사람들의 시각에 따라서도 해석은 달라진다. 이러한 수용자 측의 착종에 대해서는 川島秀一, 『津波のまちに生きて』(冨山房インターナショナル, 2012), 川村淸志, 「警鐘と鎭魂—「記念碑」に込められた「知恵」の所在」(国立歴史民俗博物館編, 『東日本大震災と気仙沼の生活文化 図録と活動報告』, 歴史民俗博物館振興会, 2013) 등을 참조.

*14 현상보존이란 유적이나 유형의 문화자원을 초기 상태를 유지한 채 보존하는 것을 말한다. '현상'을 악화시키지 않기 위해서는 외기를 차단하거나 열화의 진행을 늦추는 조치가 취해질 수 있다. 지진재해 유구의 경우 일정 이상 파손을 막기 위해 내진 보강을 하기도 한다. 그러면서도 상태의 경년 열화(経年劣化) 또한 유구의 자연스러운 추이라고 생각하여 굳이 손을 대지 않는다는 견해도 있다.

*15 순례는 본래 어떤 종교적 성지나 성역으로의 물리적 이동 경험과 그 자리에 도달함으로써 속된 존재에서 성스러운 존재로 재생하는 것을 의도한 운영이다. 그러나 최근에는 서브컬처의 영역에서도 이 단어가 사용되게 되어 개별적인 배려가 수반되는 서사성을 가진 장소로의 이동을 순례라고 부르게 되었다. 다크 투어리즘에서도 이 말이 사용되고 있음에 따라 표면상으로는 종교적 함의가 없는 이동에 대해서도 순례라는 말을 사용하기로 한다.

*16 예를 들어 '도호쿠 순례지 프로젝트[東北お遍路プロジェクト]'(https://touhoku-ohenro.jp/index.html)는 2011년 출범한 사단법인에 의해 운영되고 있다. '후쿠시마현(福島県)에서 아오모리현(青森県)까지의 연안 지역에 위령·진혼을 위한 순례지를 선정하고 천년 앞까지 이어오고 싶은 이야기를 찾아내 "마음의 길 이야기"로 발신'하는 것을 목적으로 하고 있다. '도호쿠 순례지 맵(東北お遍路巡礼地マップ)'의 제작과 표주 건립, 지역 간 교류를 촉진하는 이벤트 등을 실시하고 있다. 2021년 3월 단계에서 93개소(아오모리 2, 이와테 28, 미야기 36, 후쿠시마 27)가 선정되었다. 사찰 순례지 네트워크화도 추진되고 있다. '미치노쿠 순례[みちのく巡礼]'(http://michinoku-junrei.com)는 동일본 대지진으로 인한 사망자를 위령하는 '기도의 장'을 창설하는 것을 목적으로 한 사단법인(2014년 설립)에 의해 운영된다. 주로 재해지와 그 주변부에 위치한 사원을 순례지로 하며 2011년 2월 현재 47개 사찰(이와테 11, 미야기 33, 후쿠시마 3)이 정해져 있다.

집필자 소개

고마쓰 가즈히코(小松和彦)

서장 「역병과 자연재해에 관한 대중문화론 시도」

제3장 「메기 그림과 에도의 대중문화」

1947년생. 국제일본문화연구센터(国際日本文化研究センター) 명예교수. 문화인류학, 민속학 전공.

저서로 『神隠しと日本人』, 『妖怪文化入門』, 『呪いと日本人』, 『異界と日本人』, 『鬼と日本人』, 『聖地と日本人』(角川ソフィア文庫), 『妖怪学新考──妖怪からみる日本人の心』(講談社学術文庫), 편저에 『妖怪学の基礎知識』(角川選書) 등이 있다.

2013년에 자수포장(紫綬褒章) 수상, 2016년에 문화공로자(文化功労者) 선정.

후쿠하라 도시오(福原敏男)

제1장 「역병과 괴이, 요괴 ── 막부 말기 에도를 중심으로」

1957년생. 무사시대학(武蔵大学) 인문학부 교수. 민속학, 제례사 전공.

저서로 『祭礼文化史の研究』(法政大学出版局), 『幕末江戸下町絵日記──町絵師の暮らしとなりわい』(渡辺出版), 『仮装と俄の祭礼絵巻』(岩田書院) 등이 있다.

가가와 마사노부(香川雅信)

제2장 「역병 놀이 ── 천연두신 축제와 장난감」

1969년생. 효고현립역사박물관(兵庫県立歴史博物館) 학예과장. 민속학 전공.

저서로 『江戸の妖怪革命』(角川ソフィア文庫), 『立体妖怪図鑑 モノノケハイ』(KADOKAWA), 공저에 『妖怪学の基礎知識』(角川選書) 등이 있다.

다카하시 사토시(高橋敏)

제4장 「막부 말 콜레라의 공포와 망상」

1940년생. 국립역사민속박물관(国立歴史民俗博物館) 명예교수. 근세 교육 , 사회사,

아웃로 연구 전공.

저서로 『日本民衆教育史硏究』(未来社), 『国定忠治の時代』(ちくま文庫), 『江戸の訴訟』 『清水次郎長』 『一茶の相続争い —— 北国街道柏原宿訴訟始末』(岩波新書), 『江戸のコレラ騒動』(角川ソフィア文庫) 등이 있다.

이토 신고(伊藤慎吾)

연구노트 「화재·소설·인명 —— 『가나데혼 주신구라』의 패러디를 둘러싸고」

1972년생. 고쿠가쿠인대학 도치기단기대학(國學院大學栃木短期大学) 준교수. 일본 고전문학 전공.

저서로 『中世物語資料と近世社会』 『擬人化と異類合戦の文芸史』(三弥井書店), 『南方熊楠と日本文学』(勉誠出版) 등이 있다.

다카오카 히로유키(髙岡弘幸)

제5장 「감기의 신 보내랏 —— 설화를 만들어내는 또 다른 세계」

1960년생. 후쿠오카대학(福岡大学) 인문학부 교수. 민속학 전공.

저서로 『幽霊 近世都市が生み出した化物』(吉川弘文館), 공편저로 『民俗学読本 —— フィールドへのいざない』(晃洋書房) 등이 있다.

사이토 준(齊藤純)

제6장 「오로치(大蛇)와 호라가이(法螺貝)와 천변지이」

1958년생. 덴리대학(天理大学) 문학부 교수. 일본 민속학, 박물관학 전공.

공저에 『日本人の異界観 —— 異界の想像力の根源を探る』(せりか書房), 『モノと図像から探る妖怪·怪獣の誕生』(勉誠出版) 등이 있다.

요코야마 야스코(横山泰子)

제7장 「오카모토 기도(岡本綺堂)와 역병 —— 병력(病歴)과 작품」

1965년생. 호세이대학(法政大学) 이공학부 교수. 일본 문화사, 비교문화 전공.

저서로 『江戸東京の怪談文化の成立と変遷 —— 一九世紀を中心に』(風間書房), 『綺堂

は語る、半七が走る —— 異界都市江戸東京』(教育出版), 『江戸歌舞伎の怪談と化け物』(講談社選書メチエ), 『妖怪手品の時代』(青弓社) 등이 있다.

고자이 도요코(香西豊子)

제8장「근대, 주사위의 눈, 역병 경험 —— 메이지기의 위생 스고로쿠(衛生双六)로 보는 일상과 전염병」

1973년생. 붓쿄대학(佛教大学) 사회학부 교수. 의학사, 의료사회학 전공.

저서로 『流通する「人体」—— 献体・献血・臓器提供の歴史』(勁草書房), 『種痘という〈衛生〉—— 近世日本における予防接種の歴史』(東京大学出版会) 등이 있다.

가와무라 기요시(川村清志)

제9장「변모하는 재해 기념물 —— 재해를 둘러싼 기억의 동태」

1968년생. 국립역사민속박물관 준교수. 민속학, 문화인류학 전공.

저서로 『クリスチャン女性の生活史 ——「琴」が歩んだ日本の近・現代』(青弓社), 공편저에 『民俗学読本 —— フィールドへのいざない』(晃洋書房) 등이 있다.

옮긴이 소개

류정훈(柳政勳)

고려대학교 인문사회 디지털 융합인재 양성사업단 연구교수.

고려대학교 일문과 및 동대학원 졸업. 일본 쓰쿠바대학 인문사회계연구과 대학원 졸업 (「근대일본의 괴담연구」로 박사학위를 받음).

저서로『진짜 일본은 요괴문화 속에 있다』(공저), 역서로『무주공비화』,『금색야차』 등이 있다.

현재 주요관심사는 1990년대 이후 한국과 일본 대중문화의 변용양상이다.

이가현(李佳呟)

가천대학교 아시아문화연구소 연구교수.

고려대학교 일어일문학과 졸업. 일본 쓰쿠바대학 문학박사. 일본근현대문학 전공. 주요 논문으로 「일본 NHK대하드라마 〈아쓰히메(篤姬)〉에 그려진 여성의 역할: 도쿠가와가(德川家)를 지킨 여성들」, 「동아시아 SF×BL 서사의 트랜스-휴머니즘적 상상력과 젠더·섹슈얼리티 실험」 등이 있고, 역서로『외국인 노동자의 한국어 습득과 언어환경』,『동아시아 지식의 교류』,『남양대관 1』 등이 있다.

일문연 대중문화연구 프로젝트란?

국제일본문화연구센터(国際日本文化研究センター, 일문연)가 2016년도부터 2021년도에 걸쳐 인간문화연구기구·기관 거점형 기간 연구 프로젝트로서 착수한 프로젝트(정식 명칭은 '대중문화의 통시적·국제적 연구에 의한 새로운 일본상 창출')이다. 이 프로젝트는 일본 문화 전체를 구조적·종합적으로 다시 파악하기 위해 대중문화의 통시적·국제적 고찰을 시작하여 새로운 일본상과 문화관 창출에 공헌하는 것을 목적으로 한다.

일본대중문화총서 06

재난의 대중문화
자연재해·역병·괴이

2024년 2월 5일 초판 1쇄 펴냄

엮은이 고마쓰 가즈히코
옮긴이 류정훈·이가현
펴낸이 김흥국
펴낸곳 보고사

책임편집 이소희
표지디자인 김규범

등록 1990년 12월 13일 제6-0429호
주소 경기도 파주시 회동길 337-15 보고사
전화 031-955-9797
팩스 02-922-6990
메일 bogosabooks@naver.com
http://www.bogosabooks.co.kr

ISBN 979-11-6587-668-5   94300
      979-11-6587-555-8   94080 (set)
ⓒ 류정훈·이가현, 2024

정가 26,000원